ESSAIS

SUR LA PHILOSOPHIE

ET LA RELIGION

Autres publications du même auteur :

OENESIDÈME, histoire du Scepticisme dans l'antiquité..... 1 vol. in-8.
SPINOZA, traduit en français pour la première fois........ 2 vol. in-18.
Introduction aux OEuvres de Spinoza..................... 1 vol. in-8.

DE L'IMPRIMERIE DE CRAPELET,
rue de Vaugirard, 9.

ESSAIS

SUR

LA PHILOSOPHIE

ET LA RELIGION

AU XIXe SIÈCLE

PAR ÉMILE SAISSET

PARIS
CHARPENTIER, LIBRAIRE-ÉDITEUR
17, RUE DE LILLE

1845

AVERTISSEMENT DE L'ÉDITEUR.

Les différents morceaux dont se compose ce volume ont déjà paru dans un excellent recueil littéraire [1]; l'émotion qu'ils ont excitée dans le monde politique et qui s'est manifestée jusqu'à la tribune des Chambres, l'ardente polémique dont ils ont été le sujet dans la presse et dans les partis, nous ont fait penser à les recueillir sous un titre commun. En accédant à notre vœu, l'auteur a profité des lumières acquises par la discussion; il a repris, étendu, fortifié ses premiers travaux et en a fait res-

[1] La Revue des Deux-Mondes.

sortir l'enchaînement dans une préface développée. Au milieu de la controverse philosophique et religieuse, dont le caractère chaque jour plus passionné égare et trouble l'opinion, peut-être ces pages, à la fois libres et modérées, contribueront-elles pour leur part à éclaircir les questions et à fixer les esprits.

CHARPENTIER.

25 mai 1845.

PRÉFACE.

Une pensée commune rattache étroitement ensemble les divers morceaux de controverse que nous nous hasardons à mettre une seconde fois sous les yeux du public. Hâtons-nous de le dire : c'est une pensée de conciliation et de paix. Parmi les agitations de l'ardente lutte où depuis cinq années le clergé s'est engagé avec la philosophie et bientôt avec la société laïque tout entière, tandis que des accents de colère et de vengeance retentissent autour de nous, notre situation d'esprit a cela de particulier, que nous nous sentons également incapables de partager aucune des passions violentes qui animent les partis contraires.

Est-ce de notre part pure indifférence? à Dieu ne plaise! Malheur à qui resterait indifférent en présence d'un combat où sont compromis les droits de la pensée libre et ceux de la conscience, c'est-à-dire, les biens les plus chers à tout noble cœur, ceux qui donnent à la vie humaine son prix et sa dignité.

Non, l'indifférence est loin de notre âme. Mais ce qui en bannit en même temps tout sentiment de violence et de haine, c'est cette conviction profonde que chacun des adversaires qui combattent sous nos yeux représente un grand et légitime intérêt de la civilisation. Nous croyons fermement que ces intérêts divers sont conciliables, et dès lors, le sentiment qui domine en nous tous les autres, c'est un vif regret de la lutte engagée, et par suite un désir sincère d'y voir mettre un terme.

Ceux qui pensent qu'entre l'Église et l'esprit nouveau l'opposition est invincible et absolue, doivent se réjouir des troubles qui nous divisent. La guerre, alors, la guerre acharnée, ardente, impitoyable, serait le seul moyen de préparer le règne de la justice et de la vérité; et toute tentative de conciliation ne serait pas seulement inutile, mais funeste.

Telle n'est point notre pensée. La philosophie et la religion, l'Église et l'État, sont à nos yeux des puissances distinctes et légitimes, qui importent également aux intérêts du genre humain. Prêtres et libres penseurs, pasteurs et philosophes, systèmes philosophiques et croyances religieuses, tout cela est foncièrement bon, foncièrement utile et salutaire. Il ne s'agit pas de détruire telle ou telle de ces puissances, tel ou tel de ces intruments de civilisation, mais de trouver et d'assurer les conditions de leur coexistence régulière au sein de la société.

Ce n'est pas que nous rêvions une paix fantastique entre la philosophie et la religion. La parfaite paix n'est pas de ce monde. Partout, dans l'humanité comme dans la nature, dans la société comme dans l'individu, éclate la diversité et l'opposition des principes. L'objet que doit se proposer la sagesse, ce n'est point l'identification des contraires, mais leur action à la fois diverse et harmonique sous une commune loi.

Voilà la pensée qui éclaire et caractérise la controverse où nous introduisons le lecteur. Nous y avons affaire à deux sortes d'adversaires : ceux qui veulent l'abaissement ou la ruine de la philosophie, ceux qui travaillent à la dissolution violente des institutions religieuses. Notre but dans cette polémique n'est pas de nous séparer des deux camps opposés auxquels nous nous adressons tour à tour, pour nous renfermer dans la solitude orgueilleuse d'une prétendue sagesse qui serait alors bien voisine de l'indifférence; c'est d'appeler à nous, dans chacun des partis contraires, tous les esprits capables de modération et de prévoyance, afin d'en former un unique et plus vaste parti où les opinions, d'ailleurs les plus diverses, pourraient honorablement se réunir, et qui ne laisserait hors de soi que ce double fanatisme qu'une loi nécessaire semble attacher aux deux plus respectables et plus saintes choses qui soient au monde, la religion et la philosophie, pour humilier notre nature, et lui rappeler sans cesse qu'elle incline, par ses meilleurs endroits, à l'excès, au déréglement et à l'erreur.

Nous dirons aux adversaires de la philosophie : Vous vivez au XIX⁰ siècle et vous niez que la philosophie soit une puissance légitime, une puissance essentiellement bienfaisante. Est-ce bien connaître l'histoire de la civilisation et les besoins de la nature humaine?

au fond, est-ce bien servir les intérêts de la religion chrétienne elle-même ? Car enfin, qu'est-ce que la philosophie sinon le libre développement de la raison ? Or, il faut compter avec la raison, il faut s'expliquer sur sa nature et sur ses droits. Quel parti choisirez-vous ? Contesterez-vous absolument tous les droits de la pensée libre ? Ou, sans vous précipiter dans cette négation désespérée, prétendrez-vous emprisonner la raison humaine dans l'étroite région des vérités contingentes ? Ou enfin, tout en accordant à la philosophie le droit de s'élever jusqu'à Dieu, direz-vous que ce privilége sublime devient stérile ou même dangereux entre ses mains, aussitôt qu'elle prétend l'exercer avec indépendance, et condamnerez-vous toute spéculation purement rationnelle, c'est-à-dire toute vraie philosophie, à tourner sans cesse dans un cercle d'extravagance et d'erreur ? Voilà trois opinions très-diverses, et la dernière est à coup sûr infiniment plus sage que les deux autres ; mais ce n'est encore là qu'une fausse sagesse, pleine au fond d'injustice et de périls.

Vous jetiez naguère à la philosophie le plus intrépide, le plus audacieux défi. C'était le temps de l'*Essai sur l'indifférence,* des *Soirées de Saint-Pétersbourg,* de la *Législation primitive.* Vous refusiez alors à la raison humaine non-seulement le haut privilége de porter jusqu'à l'infini, jusqu'à l'être des êtres, mais même l'humble droit de reconnaître sa propre existence et celle des objets qui frappent les sens. Descartes, cherchant pour assurer ses pas un point d'appui ferme et inébranlable, et le trouvant dans la conscience, dans l'immortel *cogito, ergo sum,* n'était à vos yeux qu'un téméraire architecte posant au sein des nuages la base ruineuse du plus fragile des édifices.

Vous avez eu la sagesse de désavouer cette doctrine, bien que sortie de votre sein, entourée du prestige d'un talent supérieur, prêchée avec ardeur par l'homme en qui l'Église avait pu voir un instant le saint Bernard de notre siècle. Vous avez senti que du même coup dont elle prétendait abattre la philosophie, elle tranchait les racines mêmes de la religion.

Toutefois, vous n'avez pas rompu sans effort avec une doctrine qui gardait toujours à vos yeux l'avantage séduisant de condamner la philosophie au scepticisme. D'autres hommes sont venus, avec moins de génie et moins de logique, mais avec une certaine apparence de modération et de sagesse, accordant à la raison humaine un ordre distinct de développement légitime, lui livrant les vérités des sens et celles du raisonnement, pour lui ravir plus sûrement les vérités morales et religieuses.

Non moins contraire à la tradition de l'Église que la doctrine de l'*Essai sur l'Indifférence*, moins rigoureuse et tout aussi vaine, hautement démentie par le témoignage de l'histoire et par celui de la conscience, périlleuse au fond pour l'autorité de la révélation, cette nouvelle théorie, héritière dégénérée de la précédente, a été également répudiée par la prudence de l'épiscopat.

Et toutefois encore, quelle fortune elle a faite dans l'Église de France! Combien la repoussent de nom et sans doute d'intention, qui au fond l'admettent et la pratiquent! Ecoutez nos plus sages évêques, vous croirez entendre M. l'abbé Bautain, et plus d'une fois M. de la Mennais lui-même. La philosophie, disent-ils, puissante à d'autres égards, est absolument stérile en matière de dogmes fondamentaux. Fondée sur la raison, c'est-à-dire sur une autorité variable et individuelle, elle ne peut comprendre ni imposer l'immuable et universelle loi du devoir [1]. Éclairés cependant par l'exemple d'égarements illustres et de chutes profondes, rappelés aux beaux souvenirs du clergé de France et à la tradition de l'Église tout entière, pressés par l'inflexible logique, mis en présence des grands résultats de l'histoire, vous vous décidez enfin à reconnaître aujourd'hui que la philosophie a une base solide dans la raison naturelle, laquelle porte en son propre fond toutes les grandes vérités morales et religieuses. Que ces vérités aient été déposées à l'origine dans la conscience de l'homme par Dieu lui-même qui les y maintient et les y grave sans cesse, nul ne le conteste; que ce don primitif du créateur soit contemporain d'un autre infiniment précieux, celui du langage, vous l'affirmez au nom de la foi, après avoir essayé naguère assez vainement de le démontrer par la science; mais quelle que soit la valeur de cette hypothèse, toujours est-il que l'homme, une fois sorti des mains de Dieu, se trouve pourvu du privilége admirable de s'élever par la force naturelle de sa raison jusqu'au principe

[1] M. l'archevêque de Paris, *Observations sur la controverse relative à la liberté d'enseignement*, page 57 et 58.

infini de son être, jusqu'à la loi régulatrice de sa destinée morale. S'il en est ainsi, pourquoi refuser à la philosophie une autorité indépendante, et le droit d'exercer en son propre nom le ministère spirituel ? Pourquoi proclamer son impuissance ? Pourquoi nier les services qu'elle a rendus à l'humanité ? Pourquoi la condamner à l'impiété et à l'erreur ? Pourquoi placer la raison dans une alternative aussi fausse que dangereuse en faisant retentir dans vos livres, dans vos journaux, dans vos chaires, cette téméraire parole : point de milieu entre le catholicisme et le panthéisme.

Vous déroulez le tableau des agitations de la raison humaine ; vous triomphez de la diversité et de la contradiction des systèmes philosophiques. Mais pourquoi vous arrêter ainsi à la surface des choses ? Pénétrez plus profondément dans cette prodigieuse variété de spéculations et de systèmes ; vous la trouverez soumise à des lois. Nul doute que la raison ne soit très-imparfaite ; nul doute qu'elle ne s'ouvre à l'erreur par tous les côtés ; mais ces erreurs ont des limites. La raison est flottante et mobile, j'en conviens, mais elle s'agite entre des barrières infranchissables, autour d'un centre d'où elle peut s'éloigner sans doute, mais où il faut toujours qu'elle revienne après ses plus grands écarts. Ce centre fixe et immobile, ce sont les vérités fondamentales dont Dieu a pour ainsi dire composé le fond de toute conscience humaine. Les grands systèmes de philosophie, images fidèles de la conscience et de la raison, recueillent et contiennent toutes ces vérités. Voyez le platonisme dans l'antiquité ; voyez dans les temps modernes la philosophie de Descartes, celle de Leibnitz, celle de Reid, celle même de Kant. Ces systèmes sont divers, par conséquent imparfaits ; ils ont des pentes funestes, ils recèlent des germes d'erreurs. Qui le nie ? Et qu'est-ce à dire, sinon qu'aucun de ces systèmes n'est la vérité absolue ? Mais la vérité absolue, ce serait l'explication absolue des choses. Nul doute que la philosophie ne l'ait point encore rencontrée. C'est son idéal, et il est dans l'infini ; mais autre chose est satisfaire complétement le désir de connaître qui tourmente l'esprit humain, et lui donner le secret peut-être impénétrable de l'existence universelle, autre chose est reconnaître, proclamer, répandre parmi les hommes toutes les vérités essentielles à leur développement spirituel. Or, je dis que toutes les grandes philosophies ont été fidèles à cette loi, remplissant ainsi à leur manière ce même ministère moral et religieux qui fait depuis dix-huit siècles l'honneur et la grandeur de la religion chrétienne.

Je sais que vous attribuez à l'influence du christianisme toutes les vérités qui se rencontrent dans les monuments les plus admirés de la philosophie moderne ; mais remontons à une époque où la religion, loin d'enseigner et de maintenir ces vérités salutaires, les altérait par des superstitions indignes. Arrêtons-nous, par exemple, sur le système de Platon. Vous l'accusez tour à tour de tomber dans le dualisme et dans le panthéisme. La vérité est que ce grand esprit qui nous conduit à Dieu par une voie si droite et si large, quand il s'agit de redescendre de cette région supérieure pour expliquer l'univers, ne parvient à dissiper que d'une manière bien imparfaite les ténèbres qui offusquent son regard. Tantôt il semble admettre hors de la perfection suprême, une matière informe à laquelle l'ouvrier divin viendra donner des lois [1] ; tantôt, embarrassé

[1] Voyez le Timée.

de ce principe bâtard qui n'est ni l'être, ni le néant, et dont l'équivoque existence ne parait pas compatible avec un système qui met en Dieu la source de toute réalité et de toute perfection, il essaie de le réduire à un principe tout logique, tout abstrait, à l'idée confuse de la diversité et de la différence; et le monde, alors, qui dans le premier cas semblait indépendant de Dieu, parait ici ne faire qu'un avec lui, et n'être autre chose que l'ensemble de ses développements nécessaires[1]. Quel est celui de ces deux systèmes auquel s'arrête Platon? on ne peut le dire. Il a mieux aimé rester indécis que de risquer d'être téméraire. Quand on le presse pour savoir de lui quel est le juste rapport du sensible à l'intelligible, du monde à Dieu, il s'écrie : De quelque manière que Dieu soit dans le monde, je suis invinciblement assuré qu'il y est en effet, et que tout ce qui existe, existe en lui et par lui[2]. On peut ici admirer la sagesse de Platon,

[1] Voyez *le Sophiste*.

[2] Voyez *le Phédon* et *le Banquet*. Je ne puis m'empêcher de citer au moins ici ce passage, qui est à mes yeux d'un prix infini :

« Socrate : Pour t'apprendre la méthode dont je me suis servi pour m'élever à la connaissance des causes, je reviens à ce que j'ai tant rebattu, et je commence par établir qu'il y a

ou regretter sa timidité. Dans les deux cas, je demande quelle grande vérité a manqué à ce noble génie? Personne a-t-il mieux compris l'étroite dépendance où le monde est par rapport à Dieu, que ce prétendu dualiste? Personne a-t-il eu un sentiment plus profond de la providence divine que ce prétendu panthéiste? L'auteur du *Phèdre* a-t-il mal connu la spiritualité de l'âme? l'auteur du *Phédon*, son immortalité? l'auteur du *Gorgias*, sa responsabilité morale? L'auteur du *Timée* a-t-il rabaissé, en osant la décrire, la majesté

quelque chose de bon, de beau, de grand par soi-même.... M'accordes-tu cet ordre de causes? — Oui, je l'accorde. — Alors, continua Socrate, je ne comprends plus et je ne saurais concevoir toutes ces autres causes si savantes que l'on nous donne. Mais si quelqu'un vient me dire : ce qui fait qu'une chose est belle, c'est ou la vivacité des couleurs ou ses formes et d'autres choses semblables, je laisse là toutes ces raisons, qui ne font que me troubler, et je m'assure moi-même sans façon et sans art et peut-être trop simplement, que rien ne la rend belle que la présence ou la communication de la beauté première, de quelque manière que cette communication se fasse; car là-dessus je n'affirme rien, sinon que toutes les belles choses sont belles par la présence de la beauté. C'est, à mon avis, la réponse la plus sûre, pour moi comme pour tout autre; et tant que je m'en tiendrai là, j'espère bien certainement ne me jamais tromper. »

(Platon, traduct. de M. Cousin, tome 1, p. 282, 283.)

du divin géomètre qui a disposé les ressorts du monde, et l'auteur des *Lois* a-t-il célébré trop faiblement cette providence infinie qui pénètre au dernier détail des choses et jusqu'aux plus secrets replis d'une conscience satisfaite ou mécontente d'elle-même?

En vain essaierait-on d'expliquer cette haute philosophie par la tradition ou par l'influence orientale. Thalès était plus près de l'Orient que Platon. Héraclite avait recueilli la tradition tout aussi bien que le fondateur de l'Académie. D'où vient que l'un et l'autre se sont arrêtés à un dieu matériel, sans conscience et sans personnalité? c'est qu'il y a dans ce magnifique développement de la philosophie grecque une loi de continuité et de progrès qu'aucune tradition, aucune influence étrangère ne peuvent expliquer, et la Grèce ou, pour mieux dire, la raison humaine a tout l'honneur de la philosophie de Socrate et de Platon.

Ce caractère compréhensif qui distingue éminemment le platonisme, vous le trouvez également empreint dans les grands systèmes de la philosophie moderne. Je suis prêt à accorder que la philosophie de Descartes peut ouvrir la porte à beaucoup d'erreurs. Elle a produit l'idéalisme de

Berkeley, le mysticisme de Poiret, le panthéisme de Spinoza. Est-ce à dire que le cartésianisme ait été une philosophie impie et malfaisante? est-ce à dire qu'elle n'ait pas accompli une mission essentiellement salutaire? est-ce à dire enfin que tous les grands esprits du xviie siècle se soient fourvoyés en l'adoptant? non certes, mais qui ne sait que peu d'esprits savent garder une juste mesure, et qu'en philosophie comme en toute autre chose, comme en religion, par exemple, l'abus est à côté de l'usage?

Il est des esprits qui ne peuvent voir qu'un seul côté des choses, pénétrants, vigoureux, logiciens, mais exclusifs. Ces esprits excèdent sans cesse, et poussent tout aux dernières limites. Aussi ce n'est point à ces sortes d'intelligences, si fortes qu'elles puissent être, qu'appartiennent la vraie gloire et la solide et durable influence. Leur rôle sans doute n'est pas inutile; car tout sert aux desseins de Dieu, et les égarements même de la raison sont pour elle une leçon et un progrès. Mais c'est à d'autres esprits que le genre humain donne sa confiance : je parle de ces amples et sobres génies, plus occupés de s'entendre avec leurs semblables que de suivre leurs propres vues, et qui tiennent bien moins à pousser un principe exclusif à ses conséquences extrêmes qu'à voir à la fois tous les principes dans leur liaison et leur harmonie, un Platon, un Descartes, un Leibnitz!

Et comment en serait-il autrement? Pourquoi ces vastes intelligences ont-elles le privilége d'exercer une influence décisive sur les idées du genre humain? c'est que le genre humain y reconnaît les plus parfaits interprètes de cette raison qui fait entendre au sein de toutes les âmes son puissant et mystérieux langage. Ce qui constitue en effet la raison dans son identité immuable et dans son essence, ce sont les vérités premières de l'ordre moral et religieux. Comment se pourrait-il faire qu'en se développant régulièrement elle fût condamnée à les détruire? Accuser la raison, ce serait accuser ici son auteur lui-même; ce serait dire que Dieu nous pousse invinciblement par le fond le plus intime de notre nature intellectuelle vers les erreurs les plus monstrueuses; ce serait faire de la raison un piége, de l'évidence une illusion, de Dieu une puissance malfaisante et trompeuse; ce serait, en un mot, se jeter soi-même dans ce scepticisme auquel on condamne les autres.

Ne dites donc plus que la raison humaine, aussitôt qu'elle veut se développer avec indépendance et aborder librement les hauts problèmes, tombe nécessairement dans le scepticisme ou dans le panthéisme. Accordez que c'est une puissance distincte, indépendante, ne relevant que d'elle-même, solidement fondée sur la raison naturelle, capable de connaître et d'enseigner les plus sublimes et les plus essentielles vérités, par conséquent de travailler par les moyens qui lui sont propres à l'éducation spirituelle du genre humain; toujours respectable, même quand elle s'égare, ne s'égarant jamais par une nécessité inhérente à sa nature, mais par des causes étrangères et accidentelles, donnée à l'homme enfin par le créateur, non comme une tentation et comme un leurre, mais comme un guide assuré, comme un bien solide, comme un instrument fécond de moralité et de progrès.

Vous vous empresserez sans doute d'ajouter que la philosophie n'est à l'usage que des intelligences cultivées, qu'elle laisse les facultés de l'imagination et du cœur sans une suffisante culture, que la religion chrétienne, outre son caractère admirable d'universalité et son attrait secret et profond pour toute âme tendre éprise du sentiment de l'idéal, présente à l'esprit humain un complément inestimable de vérités surnaturelles, voilà des prétentions que nous concevons à merveille ; voilà un terrain de discussion pacifique sur lequel on ne demande qu'à vous suivre ; mais tout débat sérieux et tout commerce loyal et sincère ne sont possibles qu'à une condition, c'est que l'indépendance absolue de la philosophie, sa compétence en matière de vérités morales et religieuses, et le caractère éminemment bienfaisant de son action soient hautement reconnus.

Hors de là, il est impossible à la religion de se maintenir elle-même, et en s'efforçant de discréditer la philosophie, de troubler et de décourager la raison, source première de toute foi, elle périt dans le naufrage universel de nos certitudes et de nos croyances.

Je me tourne maintenant vers ces esprits généreux et passionnés qui se laissant emporter aux entraînements de la lutte, ou séduire au vague espoir d'une religion nouvelle, croient servir la cause de la philosophie et celle du genre humain, en provoquant avec ardeur la dissolution du catholicisme, et je leur dis :

Vous êtes des amis ardents, dévoués, enthousiastes de la civilisation et de ses progrès; vous êtes animés du plus noble zèle pour les intérêts spirituels de l'humanité, et vous voulez détruire la religion! Je sais que vous protestez contre l'imputation d'un tel dessein, que vous vous présentez comme des hommes essentiellement religieux, que vous distinguez le catholicisme du christianisme, n'ayant pour celui-ci que des témoignages d'admiration et de sympathie, et réservant pour le catholicisme vos attaques et vos colères. A vous entendre, la religion catholique n'est qu'un christianisme corrompu et abâtardi qu'il faut détruire au plus vite en lui opposant le véritable esprit de l'Évangile, esprit de transformation incessante, de rajeunissement et de progrès.

A Dieu ne plaise que je doute un instant de la sincérité de vos intentions et de la générosité de vos sentiments; mais quittons un instant les généralités, examinons la réalité des faits, transportons-nous au sein de la société, interrogeons ses besoins, et cherchons les moyens pratiques de les satisfaire.

Avez-vous des desseins et quels sont-ils? Détruire le catholicisme en France, sans toucher au christianisme. Voilà, si je ne me trompe, le fond de votre pensée. Mais quoi de plus hasardeux et de plus mal déterminé qu'une telle entreprise? Quel est ce christianisme dont vous vous faites les apôtres? Si je ne me trompe, ce n'est pas plus le christianisme de Luther ou de Calvin que celui du concile de Trente; c'est un christianisme qui n'est ni la religion catholique, ni la religion protestante, mais je ne sais quelle religion supérieure, tellement sublime que vous paraissez craindre de la profaner en la définissant. Or, je le demande, est-ce là autre chose qu'une brillante chimère? Et comment un esprit un peu positif qui songe à pourvoir au besoin religieux de plusieurs millions de ses semblables pourrait-il prendre au sérieux un christianisme sans symbole précis et sans culte régulier, un christianisme réduit à quelques vagues idées de fraternité et de liberté, un christianisme commun à saint Augustin et à Pélage, à Calvin et à Rousseau, à Fénelon et à Voltaire, commun au concile de Nicée et à l'Assemblée constituante, et qui fait des montagnards de la Convention nationale les héritiers légitimes des Athanase, des saint Thomas et des Bossuet ? Est-ce là un christianisme digne du nom de religion, un christianisme qui puisse suffire aux besoins profonds et variés des âmes, les instruire de leurs devoirs et de leurs espérances, en un mot exercer sur toutes les classes de la société une influence efficace et régulière ? Il est trop manifeste, et sans doute les plus clairvoyants d'entre vous ne l'ignorent pas, que détruire les institutions catholiques pour n'en laisser subsister que ce christianisme de fantaisie, bon tout au plus à satisfaire quelques mélancoliques et quelques rêveurs, c'est travailler en effet à la ruine de toute religion positive.

Plus d'un esprit sincère vous attribue, je le sais, la pensée de substituer à cette forme du christianisme qui domine en France, celle qui prévaut en Allemagne, au catholicisme le protestantisme. Ce serait là du moins un dessein sérieux et précis. Est-ce le vôtre ? je ne le crois pas.

En tout cas, vous viendriez trop tard Vous proposeriez à la France d'entreprendre aujourd'hui ce qu'elle a pu et ce qu'elle n'a pas voulu faire au xvie siècle. Croyez-vous qu'elle ait si mal agi et s'aperçoit-on que, pour avoir conservé l'unité catholique, elle ait failli à ses destinées ? Sans rompre cette unité, qu'elle a jugée légitime et salutaire, n'a-t-elle pas su, elle aussi, accomplir sa réformation ? Quel a été le grand objet et le grand résultat de la révolution opérée par Luther ? elle a fait deux choses : premièrement, elle a mis un terme à l'excessive autorité du saint-siége ; en second lieu, et c'est là son côté le plus profond, elle a introduit l'esprit d'examen au sein de la religion elle-même. Mais quoi ? la France n'a-t-elle pas réglé de tout temps avec sagesse et avec vigueur ses rapports avec Rome et imposé à l'autorité papale de justes limites ? n'a-t-elle pas donné libre et ample carrière à l'esprit d'examen ? n'a-t-elle pas tiré de son sein un fruit plus précieux encore et plus beau que le protestantisme, je veux dire la philosophie moderne ? n'a-t-elle pas porté tout ensemble Descartes et Bossuet ? Bossuet, qui relâche d'une main ferme et prudente les nœuds qui rattachent la religion à son centre, mais sans les briser ; Descartes qui délivre la raison du joug de l'autorité, mais sans la mettre en guerre avec la foi ? La France de Louis XIV n'a-t-elle pas eu de la sorte dans le gallicanisme de 1682 sa réforme religieuse, dans le cartésianisme partout accepté et partout triomphant sa féconde émancipation intellectuelle? Or, à travers cette double révolution, la France n'a jamais rompu avec l'unité spirituelle. C'est que la force de la France est dans ce profond et indestructible besoin d'unité. Elle est catholique, pour être une en sa religion comme elle est une en toutes choses ; et du jour où le catholicisme périrait en France, le protestantisme lui-même serait entraîné dans la chute universelle des cultes. S'il eût été dans les destinées de la France d'embrasser le protestantisme, elle eût fait cela il y a trois cents ans, alors que la réforme avait un grand objet ; mais après deux siècles de philosophie, le passage du catholicisme au protestantisme est un fait impossible et qui n'aurait pas de sens.

Ne vous faites donc aucune illusion sur la portée de vos entreprises; en poussant à la dissolution du catholicisme, c'est le renversement du christianisme lui-même que vous essayez.

Or, il est d'abord très-aisé de démontrer que vous ne pouvez remplacer ce que vous voulez détruire. Vous êtes ici dans la nécessité de choisir entre trois hypothèses également déraisonnables : lesquelles consistent à remplacer le christianisme par une révélation nouvelle, par la religion naturelle ou par la philosophie. Par la philosophie ? elle n'a de prise que sur les esprits cultivés, et il s'agit ici du genre humain. Par une révélation nouvelle ? on ose à peine vous proposer cette alternative, de peur de paraître se trop défier de votre bon sens. Celui qui parlerait sérieusement aujourd'hui d'un Messie, n'exciterait que la risée universelle ou la plus profonde compassion. Et quant à la religion naturelle, séparée des religions positives, elle n'est plus, dans les âmes où l'action philosophique ne peut pénétrer, qu'un germe à peu près inutile.

Je ne connais pas une quatrième hypothèse, et il ne vous reste à dire qu'une chose, c'est qu'il suffit de savoir que certaines institutions sont mauvaises pour être autorisé à travailler en conscience à leur destruction. L'homme ne peut, direz-vous, prédire l'avenir ni le régler, c'est à la Providence d'y pourvoir. Voilà un raisonnement dont la sagesse est assurément très-contestable. Mais fermons les yeux sur sa témérité, ne parlons que de sa justesse. Il suppose évidemment entre le catholicisme et l'esprit nouveau une opposition invincible.

Or, cette opposition que vous affirmez sans cesse, vous ne la démontrez jamais.

Vous répétez avec insistance (et c'est même là à peu près tout le fond de votre philosophie) que l'église catholique est aujourd'hui déchue, qu'elle n'est plus animée de l'esprit de vie, qu'elle a laissé échapper de ses mains, non-seulement le gouvernement temporel du monde, mais l'empire des sentiments et des idées, qu'elle n'est plus qu'un corps inerte et sans vie, d'où Dieu s'est retiré. Luther au xvie siècle, Descartes au xviie, Voltaire au xviiie lui ont ravi tour à tour les éléments de sa puissance, qui n'existe plus aujourd'hui que de nom.

Il y a ici une grande confusion, qui tend malheureusement à se répandre dans les esprits, au détriment de la vérité et des plus chers intérêts du genre humain.

Nul doute que depuis environ trois siècles, une autre puissance que celle du christianisme n'ait paru parmi les hommes. Cette puissance est celle du libre examen, de l'esprit de réflexion et d'analyse, de la raison s'interrogeant elle-même avec indépendance, en un mot de la philosophie. Que la première apparition de cette puissance nouvelle ait amené ce grand déchirement de l'Église auquel reste attaché le nom de Luther; qu'un siècle plus tard, cette même puissance, se choisissant une sphère distincte de développement, se soit régulièrement établie dans le monde; que, sous le nom de philosophie cartésienne, elle ait séduit et attiré à elle l'Église elle-même; que de progrès en progrès, elle en soit venue à se proposer pour objet la refonte complète de la société; et qu'elle ait enfin réussi dans ce prodigieux dessein, marquant ainsi en traits éternels sa fécondité glorieuse par l'événement le plus considérable de l'histoire, la Révolution française; qu'il y ait entre cette suite de changements insensibles ou de commotions violentes un incontestable lien, que Luther et Calvin, Descartes et Leibnitz, Voltaire et Rousseau soient les anneaux d'une même chaîne et les flots d'un même courant toujours plus fort et plus invincible, voilà ce qu'aucun homme éclairé ne peut aujourd'hui contester. Nul doute aussi que, dès les premiers commencements de l'esprit nouveau, l'Église n'en ait pris ombrage, qu'une lutte, tantôt sourde, tantôt ouverte, n'ait existé entre les deux puissances contraires, que l'Église n'ait toujours médité le secret dessein d'étouffer sa rivale, enfin, que dans la lutte suprême qui s'est engagée à la fin du xvIII^e siècle entre l'esprit nouveau et les institutions établies, l'Église n'ait paru succomber pour jamais avec tout le reste.

Mais il faut pénétrer au delà de ces combats et de ces ruines; et quelque haute portée qu'on doive reconnaître à cette grande lutte, il faut aller plus avant encore et sonder la constitution intime des deux puissances opposées. Et d'abord, en fait, la dissolution du culte catholique n'a été qu'une passagère éclipse au sein de la plus terrible tempête qui fut jamais. Or, peut-on croire que s'il avait existé entre le catholicisme et l'esprit de la Révolution française une opposition absolue, le catholicisme eût jamais retrouvé une place dans la France régénérée? peut-on concevoir que le plus légitime enfant de cette révolution eût mis sa gloire et sa force à relever l'autel abattu? Et pense-t-on que nous eussions assisté à cette renaissance religieuse qui a si puissamment concouru à produire notre littérature et notre philosophie contemporaines? C'est que le véritable adversaire de l'esprit nouveau, ce n'était pas le catholicisme en lui-même, mais l'esprit d'intolérance et de domination temporelle qui animait ses représentants. Les priviléges injustes du clergé, les désordres de la vie monastique, les superstitions et les abus de tout genre, voilà ce que le flot vengeur de la Révolution a emporté ; la religion catholique en a été purifiée, loin d'en être atteinte.

Oubliez un instant ces crises orageuses, perdez de vue les excès, les violences qui ont compromis la religion et dont la philosophie ne s'est pas toujours préservée, et considérez ces deux grandes forces spirituelles dans leur plus essentiel objet. Le but suprême de la philosophie et de la religion n'est-il pas le même ? n'est-il pas de cultiver et de satisfaire l'instinct sublime qui porte l'homme à s'inquiéter du mystère de son origine et de sa destinée, à élever ses regards au-dessus des choses de la terre, vers cet avenir inconnu dont il trouve en soi-même l'infaillible pressentiment ? Dans cette sphère intime et supérieure, par delà toutes leurs querelles, toutes leurs prétentions opposées, toutes leurs tendances contraires, au-dessus de tous ces mauvais desseins que suscite l'ambition des hommes et de toutes ces mauvaises passions qui s'agitent au fond de leurs cœurs, la religion et la philosophie s'unissent dans la même pensée ; elles enseignent les mêmes vérités, prescrivent les mêmes devoirs, nourrissent les mêmes espérances, courbent nos fronts devant le même Dieu.

Opposer au poids de la chair le sentiment de l'invisible et du divin, arracher l'homme à son égoïsme natif pour lui inspirer l'amour de ses semblables, n'est-ce pas là, je le demande, la mission sainte de la philosophie ? Or, au fond, le catholicisme fait-il autre chose quand il enseigne un Dieu en esprit et en vérité, invisible et visible tout ensemble, qui a voulu mourir pour tous les hommes, afin de leur être à tous un vivant précepte de sacrifice et d'amour ?

C'est par ce côté élevé qu'il faut envisager le catholicisme et son action sur la société ; c'est à ce haut point de vue que la philosophie vient se rencontrer avec lui ; c'est dans ces régions sereines que les misères, les passions et les disputes des hommes disparaissent, pour ne nous laisser voir que ces deux grands objets : d'un côté l'âme humaine altérée de croyance et de lumière ; de l'autre, le prêtre et le philosophe se proportionnant aux divers besoins de sa nature, aux divers degrés de son développement, et lui proposant, sous des formes appropriées, les mêmes vérités essentielles.

Que ceux qui sonnent à grand bruit les funérailles du catholicisme, qui proclament l'absolue incompatibilité de l'Église et de la philosophie, veuillent bien articuler enfin, d'une voix distincte, un de ces principes religieux qui doivent constituer l'Évangile de l'esprit nouveau. Qu'ils nous parlent de Dieu, de sa providence, de l'âme humaine, de sa nature et de sa destinée. Pour peu que leur pensée s'éclaircisse, je me charge d'en trouver le fond dans quelqu'un des dogmes constitutifs du catholicisme. Ne m'opposez pas les préjugés de tel ou tel siècle, les vices de tel ou tel homme, les tendances de telle ou telle compagnie, les actes d'intolérance de tel ou tel pouvoir, tout cela est changeant et passager; j'ajoute que tout cela est réprimable, sans que l'essentiel de la religion soit compromis. Mais cherchez un spiritualisme plus pur que celui de l'Église, une loi de charité plus universelle que la loi de l'Évangile, et j'ose dire que vous n'y parviendrez pas. Tant qu'il subsistera un peuple au monde où la foi à l'invisible et le sentiment de l'amour n'auront pas encore pénétré, croyez que le catholicisme ne périra pas;

car il lui restera à accomplir une œuvre grande et sainte, où la philosophie ne peut venir qu'après lui ; il lui restera à retrouver dans des âmes humaines obscurcies par l'ignorance et la superstition, l'image effacée de Dieu.

C'est donc bien mal comprendre et bien mal servir les intérêts de la civilisation, que de soutenir que le catholicisme a cessé d'être utile et nécessaire au monde. La philosophie, tout en se sachant elle-même la forme la plus élevée de la raison, peut voir sans ombrage le catholicisme se développer à côté d'elle et aspirer, comme elle, à gouverner les esprits et les âmes, à civiliser et à conquérir le genre humain. De même le catholicisme, tout en professant l'insuffisance de la philosophie et la nécessité absolue de chercher en son propre sein un complément indispensable de vérités et d'espérances, ne peut, sans s'accuser lui-même, sans marquer peu de foi pour ses destinées, traiter en ennemie une puissance essentiellement bonne, légitime, bienfaisante, et qui repose en définitive sur le don primitif de la raison, c'est-à-dire sur Dieu même. Alors donc que la philosophie se proposerait comme but final de transformer en soi le catholicisme, que le catholicisme à son tour espérerait absorber un jour la philosophie dans sa propre sphère, ce ne sont point là des conditions d'incompatibilité absolue et d'hostilité nécessaire ; c'est la source d'une lutte généreuse et pacifique, où les adversaires n'ont d'autres armes que la force de l'intelligence et l'amour de la vérité, et où chaque combat est une victoire pour la cause générale du genre humain. C'est cette lutte féconde, c'est ce mouvement régulier, aussi éloigné de l'inertie que du désordre et de la violence, que nous voudrions voir succéder aux querelles passionnées et stériles dont nous sommes témoins depuis cinq ans.

Je ne sais si je me trompe ; mais il me semble que le sentiment public est chaque jour plus d'accord avec le mien. Quels efforts a faits récemment le clergé pour communiquer aux esprits les sentiments et les passions d'un autre âge ! Que de préventions ont été excitées, que de calomnies répandues, que de tristes souvenirs évoqués, que de sophismes soutenus, que de sentiments honnêtes et de mauvaises passions à la fois remués! A quoi tout ce déchainement a-t-il abouti? à soulever l'opinion publique contre le clergé et à faire perdre à la religion catholique tout le terrain qu'elle avait gagné par dix années de modération.

Des représailles étaient inévitables; elles ont été vives, quelquefois jusqu'à l'excès. Mais s'aperçoit-on que les tentatives qui ont été faites pour ranimer l'esprit éteint du xviii° siècle aient réussi à entrainer l'opinion à leur suite, ou que meilleure fortune soit destinée aux esprits chimériques qui courent après le fantôme d'une religion nouvelle? On ne refuse point sans doute à ces esprits généreux une honorable sympathie. On admire les grâces et les vives saillies de leur talent; on applaudit à la noble ardeur de leur éloquence, mais on sent bien qu'il n'y a sous cette explosion brillante de nobles sentiments et d'ardentes paroles, aucune doctrine précise, aucun dessein bien déterminé, rien en un mot de substantiel et de durable.

Faut-il s'étonner ou s'affliger d'un tel résultat? assurément non; à moins de méconnaitre le trait distinctif qui caractérise et honore le plus notre temps. Le xix° siècle est ainsi fait, grâce à Dieu, qu'il est incapable d'aucun fanatisme. Ce seraient deux entreprises également vaines de l'armer contre la philosophie qui a gagné sa foi et sa reconnaissance par des services immortels, ou d'allumer sa haine contre la religion catholique qui a civilisé l'Europe moderne et qui est appelée à maintenir son ouvrage et à civiliser l'univers entier. Il faut donc que les esprits ardents et enthousiastes en prennent leur parti. Certes l'enthousiasme est aujourd'hui comme toujours une sainte et divine chose; mais il ne peut se faire accepter de notre temps que réglé par une raison sévère et tempéré par la tolérance.

Mai 1845

DE
LA PHILOSOPHIE
DU CLERGÉ.

DE LA PHILOSOPHIE

DU CLERGÉ.

Mai 1844.

Nous assistons, depuis quelques années, à un spectacle bien fait pour porter le trouble et le découragement dans une âme encore peu éprouvée. Suspendue pour un temps par la grande commotion politique de 1830, la guerre s'est rallumée entre le clergé et les philosophes avec une nouvelle ardeur, et, au moment où nous écrivons, elle est parvenue au dernier degré de violence et d'acharnement. La paix serait-elle donc impossible entre la philosophie et la religion, et faut-il absolument que l'une des deux périsse, pour faire place à l'empire exclusif de l'autre? Qui ne serait attristé par une telle pensée? Quelle âme élevée et généreuse n'a désiré, n'a espéré pour soi-même et pour ses semblables ce bel accord de la raison et de la foi, de la liberté et de la règle, des clartés de l'intelligence et des mystérieux besoins du cœur? Qui ne s'est complu à rêver pour l'espèce humaine, comme le dernier terme de ses agitations et de ses progrès, cet équilibre admirable qui s'est réalisé à un instant suprême dans l'âme d'un Bossuet et d'un Leibnitz, pour disparaître si vite, et qui a imprimé à tous les monuments du siècle privilégié qui porta ces grands hommes un caractère si particulier de sérénité, de mesure et de majesté?

De nobles esprits ont pensé que cette harmonie de la religion et de la philosophie, que le xviiie siècle a brisée, le xixe était destiné à la rétablir. Que voyons-nous cependant autour de nous? partout la discorde, partout la guerre. La philosophie de notre temps, échappant aux entraves où le scepticisme des Hume, des Kant, des Voltaire, semblait l'avoir emprisonnée pour jamais, s'est jetée avec ardeur sur les pas de Schelling et de Hégel dans des voies inconnues et périlleuses, hors des barrières que la hardiesse de Descartes avait respectées. De son côté, l'Église, à qui le siècle semble échapper, au lieu de s'associer au mouvement nouveau des intelligences pour le contenir et le régler, s'est, pour ainsi dire, jetée en travers, et confondant en sa réprobation des erreurs passagères avec une cause éternellement respectable et sainte, elle a condamné toute philosophie à l'impiété et à l'extravagance.

En présence d'un si étrange spectacle, il est plus que jamais nécessaire de rappeler aux amis de la philosophie, comme à ceux de la religion, que cette lutte des deux grandes puissances morales qui se disputent l'empire du genre humain tient étroitement à leur nature et aux conditions mêmes de leur existence et de leur progrès. Consultez l'histoire : les plus belles époques de la pensée ont été souvent les plus orageuses. Le xviie siècle lui-même, si calme et si régulier, a vu l'orthodoxie aux prises avec Jansénius, avec Claude et Jurieu, avec Fénelon. La vie de Bossuet fut un long combat. Que dirais-je du siècle d'Athanase, de celui de saint Augustin, de celui de Luther et de Bruno? C'est dans ces fortes épreuves, c'est au sein des persécutions et des combats, que la philosophie et la religion font paraître toute leur puissance et l'inépuisable vitalité qui est en elles. Il semble, au contraire, que toute époque entièrement étrangère à ces nobles agitations ne porte que des âmes dégénérées et abâtardies, incapables d'oublier les misérables intérêts de ce monde pour ceux de l'âme immortelle et de l'avenir.

Il ne faut pas croire que la philosophie et la religion se consument en querelles stériles ; toute grande lutte entre ces deux adversaires profite au témoin de leurs combats, je veux dire à l'humanité. La religion devient-elle oppressive? cesse-t-elle d'être en harmonie avec l'état des intelligences et des âmes ? la philosophie s'arme contre elle au nom de la raison et de la liberté. La philosophie, à son tour, devient-elle téméraire, s'emporte-t-elle au delà des limites que lui marque le sens commun? vient-elle, dans l'entraînement de ses systèmes, dans l'ivresse de sa puissance, à obscurcir, à altérer, à nier quelqu'une de ces vérités éternelles dont Dieu a commis la garde à la conscience religieuse de l'humanité? la religion élève sa voix vénérée, elle proteste au nom de Dieu, elle fait entendre ses menaces et ses anathèmes. Toute lutte sérieuse entre la philosophie et la religion sert donc la cause de l'une et de l'autre. Tel système philosophique peut y périr, telle forme religieuse peut y subir de mortelles atteintes; mais la religion, en ce qu'elle a d'universel et d'essentiel, y gagne toujours, comme aussi la philosophie, j'entends cette immortelle philosophie, *perennis quædam philosophia*, comme l'appelle Leibnitz, à laquelle travaille le genre humain, au travers des générations et des siècles, par les mains du génie et sous l'œil de la Providence.

Pour ne parler ici que des temps les plus voisins du nôtre, la restauration a vu s'élever entre la philosophie et la religion une lutte éclatante et acharnée. Croit-on qu'elle ait été sans gloire et sans fruit? Et d'abord, n'est-ce rien que d'avoir suscité un si grand nombre d'écrivains éloquents, de hardis et fermes penseurs, d'écrivains brillants et ingénieux? Un Benjamin Constant, si abondant, si limpide, si disert; un Jouffroy, si grave dans sa haute ironie, pensée lumineuse et sereine, âme mélancolique et douce, destinée incomplète, hélas! et sitôt ravie; en face de ces dignes champions de la liberté, l'héroïque défenseur du passé, Joseph de Maistre, vigoureux et perçant génie, plume étincelante, noble cœur; Bonald, l'ingénieux et subtil métaphysicien, si habile à donner à des théories un peu creuses je ne sais quel air de sagesse et de profondeur, et entre ces esprits d'élite, le plus hardi de tous, Lamennais, âme inquiète et troublée, avide d'émotions et d'orages, toujours différent de lui-même dans ses systèmes, toujours le même par l'indomptable énergie du caractère, la grandeur et la témérité des entreprises, la sincérité passionnée des convictions. Cette lutte déjà si grande par le talent, l'ardeur, le génie des adversaires, pense-t-on qu'elle n'ait rien laissé après soi? Les livres de *l'Indifférence*, de *la Religion*, du *Pape*, sont-ils donc condamnés à l'oubli? Le *Globe* a sa place marquée dans l'histoire, et les *Soirées de Saint-Pétersbourg*, les *Mélanges philosophiques*, à qui suffirait pour durer l'admirable beauté du style, resteront aussi comme d'illustres dates inséparables des progrès de l'esprit humain. Croit-on enfin que le sentiment religieux ait perdu, dans cette lutte de quinze années, quelque chose de son autorité, de sa légitime influence? non certes. Si la liberté a triomphé, ce n'est point la religion qui a été vaincue; ce sont les doctrines ultramontaines, c'est ce mélange adultère de l'esprit religieux et de l'esprit de domination temporelle, ce sont ces regrets insensés pour le passé, ces espérances folles pour l'avenir, tant d'intolérance avec tant d'hypocrisie, tant de violence avec tant de faiblesse, voilà ce que 1830 a emporté. Et plaise à Dieu que ce soit pour toujours!

On accusait hautement la philosophie d'impuissance; on la condamnait au scepticisme. Qu'est-il arrivé? Au plus fort de la mêlée, du sein même de l'orage, la philosophie a montré une fécondité inattendue. Elle a produit, on sait avec quel éclat, quel prestige, quel cortége de sympathies et d'espérances, une méthode nouvelle, un système nouveau. On conteste aujourd'hui très-vivement la vérité de ce système, et on en a parfaitement le droit; mais qu'une nouvelle école philosophique ait été fondée sur la base solide d'un spiritualisme conciliateur, que cette école dès sa naissance ait fait de nombreuses conquêtes, qu'elle ait inspiré à la génération nouvelle, en même temps qu'une curiosité intelligente pour le passé, un noble et puissant essor vers les hautes régions spéculatives; qu'elle ait produit enfin tout un mouvement intellectuel dont les destinées sont loin d'être épuisées, voilà des résultats, voilà des effets que nul esprit sincère, ami ou ennemi, ne peut méconnaître.

La nouvelle lutte qui s'est engagée et se poursuit sous nos yeux sera-t-elle aussi féconde? Le clergé comprendra-t-il enfin que c'est mal servir les intérêts du christianisme que de les mettre en opposition déclarée avec les besoins nouveaux que le progrès des temps a désormais consacrés; que la foi ne se sépare jamais impunément de la science; qu'il y a pour l'Église quelque chose de mieux à faire que de maudire la philosophie, c'est de se régénérer par elle; que chaque pas qui éloigne le clergé de l'esprit nouveau qui depuis trois siècles a pénétré l'Europe le détourne des sources mêmes de la vie, et prépare au catholicisme un isolement intellectuel plus dangereux mille fois que les persécutions qui s'attachèrent à son berceau? A son tour, la philosophie du xixe siècle, qui, dans l'élan mal réglé de ses premiers mouvements, s'est trop souvent égarée à la suite des guides aventureux de l'Allemagne, sentira-t-elle que pour la raison la plus libre et la plus hardie, il y a des croyances universelles, des sentiments indestructibles, des instincts légitimes et puissants qu'on ne peut froisser sans péril, et qu'il ne s'agit pas pour le philosophe de changer de fond en comble la foi du genre humain, mais de l'épurer et de l'éclaircir, de l'expliquer et de la satisfaire? Nous sommes loin de penser que de tels résultats se puissent réaliser en un jour; mais une discussion impartiale peut dès ce moment les préparer : espérons que l'avenir les accomplira.

I.

Du temps de Bossuet et de Malebranche, le clergé avait une philosophie, celle de Descartes. Bien qu'elle ne fût pas née dans son sein, le clergé ne dédaignait pas d'en faire usage pour consolider et vivifier les croyances religieuses. C'est ainsi que saint Augustin avait fait servir la philosophie de Platon, et saint Thomas celle d'Aristote, à l'établissement, à la défense, à la systématisation des dogmes fondamentaux du christianisme. De nos jours, ces illustres exemples n'ont pas paru dignes d'être imités, et, chose triste à dire, la philosophie du clergé se réduit maintenant à un cri de guerre universel contre la philosophie. C'est là le véritable sens de cette formule célèbre où se résume toute la pensée du clergé sur les questions philosophiques : *le rationalisme aboutit nécessairement au panthéisme*. Cette sentence d'accusation a partout retenti depuis dix années : dans les chaires de théologie de la Sorbonne, sous les voûtes de Notre-Dame, et jusque dans les mandements et les instructions pastorales de l'épiscopat. Il s'est rencontré de graves docteurs pour la réduire en système, des prélats justement respectés pour en recommander l'usage, des prédicateurs éloquents, des écrivains instruits pour la développer et la répandre.

Au premier regard jeté sur cette formule, il est aisé de reconnaître que, depuis les luttes mémorables de la restauration, la polémique du clergé a subi deux changements essentiels : on n'attaque plus aujourd'hui la philosophie, du moins on ne l'attaque plus en face et par son nom, mais seulement ce qu'on appelle le rationalisme. On ne condamne plus la raison au scepticisme universel, c'est-à-dire à une impuissance absolue; on se borne à la menacer d'un faux système, et ce monstrueux système qui accompagne inévitablement le rationalisme, et par là même le dénonce et l'accuse, c'est le panthéisme. Que signifie cette double transformation de la polémique du clergé? Est-elle en tout point sérieuse et profonde? Et d'abord, que faut-il penser de cette distinction si accréditée entre la philosophie et le rationalisme? Voilà le premier point à éclaircir et à discuter d'une manière complète ; car, tant qu'on ne s'entendra pas sur cette question capitale, tout espoir de conciliation sera perdu.

Qu'on s'explique donc clairement et sans réticence. Qu'appelle-t-on le *rationalisme?* Entend-on par là une certaine espèce particulière de philosophie qui consisterait à prendre la raison et la raison seule pour guide? Mais en vérité il n'y a pas une autre philosophie que celle-là. Le développement libre de la raison, voilà la philosophie ; elle est cela, ou elle n'est pas. La liberté de la pensée ne constitue pas seulement un des caractères, un des droits de la philosophie ; c'est son essence, c'est son être.

Faut-il être obligé de rétablir de tels principes deux siècles après Descartes? Ce grand homme ne serait-il point par hasard, aux yeux du clergé, un vrai philosophe et le père de la vraie philosophie? Si l'on ose répondre non, le débat sera terminé, et l'on saura à quoi s'en tenir sur la grande distinction de la philosophie et du rationalisme. Que si l'on veut bien accorder la qualité de philosophe à Descartes, je rappellerai la première règle de son *Discours de la Méthode*, qu'on paraît avoir oubliée : *Ne recevoir jamais aucune chose pour vraie que je ne la connusse évidemment être telle.* Cela est-il clair? Et quelle est la première application de cette règle? le doute universel. Cela est-il équivoque? Ce doute est, dit-on, un jeu d'esprit, un artifice d'exposition et de style. Commode et naïve explication! Non, le doute de Descartes est bien autre chose; c'est toute une méthode, toute une révolution.

Un écrivain du clergé, un docteur de Sorbonne, nous déclare qu'il accepte de grand cœur la philosophie de Descartes [1]; il ne fait qu'une réserve, il retranche le doute méthodique; c'est avoir la main malheureuse. Que dirait-on d'un philosophe qui accepterait tout le catholicisme, sauf le péché originel? En vérité, la jeune Sorbonne est plus susceptible que l'ancienne, qui daignait accepter la dédicace des *Méditations!* Et Fénelon était moins scrupuleux que M. l'abbé Maret, quand il se servait si loyalement du doute méthodique dans son *Traité de l'existence de Dieu* [2], pour asseoir sur la base de la raison, et de la raison seule, l'édifice entier des grandes vérités morales et religieuses.

Entend-on par rationalisme tout système de philosophie contraire à la révélation? Voilà une nouvelle définition, mais qui repose, comme la précédente, sur une étrange confusion d'idées, et trahit un singulier oubli des conditions et de la nature même de la philosophie. On a l'air ici de reconnaître la philosophie comme une puissance indépendante; on se borne à exiger d'elle qu'elle ne contredise point les vérités révélées. Qu'est-ce à dire? Exige-t-on d'un philosophe, pour qu'il soit vraiment philosophe, un enga-

---

[1] M. l'abbé Maret, *Essai sur le Panthéisme*, p. 1.
[2] Fénelon, *de l'Existence de Dieu*, seconde partie, ch. 1.

gement pris d'avance de ne rien admettre pour vrai qui ne soit conforme à telle religion? Une fois cette promesse faite, on laissera, dit-on, le philosophe parfaitement libre, mais pas avant. Qui ne voit la puérilité ou l'artifice d'une telle combinaison? qui ne voit qu'elle porte une égale atteinte à la dignité de la religion et à l'existence de la philosophie? Quoi! la religion est-elle donc si peu de chose qu'on puisse y croire dans sa pensée et dans son cœur, et rester libre? non. Cette liberté n'est qu'un leurre, et ceux qui la donnent savent bien ce qu'elle vaut, et qu'ils ne cèdent rien. Faut-il rappeler que le christianisme contient sous le voile de ses mystères et de ses symboles toute une haute métaphysique qui embrasse dans ses cadres immenses et résout par des principes étroitement coordonnés les éternels problèmes qui font l'objet de toute grande religion et de toute grande philosophie? Quiconque enchaîne sa raison à un tel système religieux l'engage tout entière. Il n'est plus libre sur une seule question. C'est donc entièrement méconnaître la nature de la philosophie que de vouloir qu'elle s'engage d'avance, ne fût-ce que sur un seul problème. La philosophie n'a pas de parti pris, ni pour, ni contre quoi que ce puisse être, ou, si l'on veut, elle en a un, mais c'est de ne rien admettre au monde que sur la foi de l'évidence et de la raison.

Un membre éminent du clergé, M. l'archevêque de Paris, n'hésite pas à compter Descartes au nombre des vrais philosophes; mais il prétend séparer sa cause de celle du rationalisme. Descartes, à l'en croire, n'admettait point une liberté absolue de penser, et acceptait expressément les vérités révélées à titre de limite à la spéculation philosophique [1]. C'est là une erreur. Le doute méthodique n'excepte rien, pas même Dieu. Avant de s'y engager, Descartes, prévoyant qu'il pourra durer plus d'un jour et le mener loin, sent la nécessité de se donner des règles provisoires de conduite, et, en vrai sage, c'est à la religion qu'il les emprunte, à la religion de ses pères, à celle où, comme il dit, *Dieu lui a fait la grâce d'être instruit dès son enfance*. La religion, ici, n'est point considérée comme un système de vérités spéculatives, mais comme une règle pour la pratique. Descartes le déclare expressément : c'est une morale qu'il se donne, rien de plus, et *une morale par provision* [2]. Je me sers de ses termes afin que toute équivoque soit impossible. Ce serait donc une tentative bien vaine que celle de nier ou d'obscurcir ce qu'il y a dans le cartésianisme de plus clair et de plus avéré, je veux dire le fait de la sécularisation définitive de la raison. L'éternel honneur de Descartes, c'est d'avoir accompli ce grand ouvrage que les siècles avaient préparé. Si l'on a conçu de nos jours la funeste pensée de l'ébranler ou de le détruire, qu'on renonce du moins à prendre Descartes pour complice.

---

[1] *Recommandation* de M. l'archevêque de Paris, dans la *Théodicée chrétienne* de M. l'abbé Maret, p. 5.
[2] *Discours de la Méthode*, troisième partie.

Les écrivains du clergé se récrient contre cette indépendance absolue de la philosophie ; ils demandent si elle prétend tout connaître, tout pénétrer, sonder tous les mystères, percer tous les voiles, ne reconnaître enfin aucune limite. Ils se déclarent en état de démontrer rationnellement que la philosophie a des bornes étroites, qu'elle est incapable de satisfaire les besoins les plus impérieux de la nature humaine, que si elle ose l'entreprendre, elle mène au scepticisme, au matérialisme, au panthéisme. Je ne crois pas qu'une seule de ces assertions soit vraie ; mais j'avoue que nous voilà sur un terrain où la discussion est possible et légitime. La philosophie ne peut souffrir qu'on la limite en vertu d'une autorité étrangère ; mais du moment qu'on s'appuie sur la raison pour assigner des bornes à la philosophie, la philosophie serait infidèle à son propre principe si elle refusait le débat. La question est donc de savoir quelles sont les limites de la raison, quelle est la portée de la philosophie en matière de questions morales et religieuses, ou plutôt la question est de savoir si le clergé, sous prétexte de limiter la philosophie, n'en veut point consommer la ruine. C'est ce qui va s'éclaircir de plus en plus.

Depuis la controverse célèbre à laquelle l'auteur de l'*Essai sur l'indifférence* a attaché son nom, deux opinions nouvelles se sont produites au sein du clergé, avec plus ou moins d'éclat et d'autorité, touchant les droits et la portée de la raison.

M. de Lamennais, M. Gerbet et leurs amis soutenaient que la raison sans l'autorité, la philosophie réduite à ses propres forces, la philosophie telle que Descartes l'a faite, avec la conscience pour point de départ et l'évidence rationnelle pour lumière, étaient radicalement et absolument impuissantes. Ils ne contestaient point à la raison, à la philosophie, tel ou tel de ses droits ; ils les niaient tous sans exception et sans réserve, et condamnaient tout usage de la liberté de penser au scepticisme absolu. Tel fut l'excès, telles furent les violences où s'emportèrent M. de Lamennais et ses amis. La sagesse du clergé s'alarma ; l'épiscopat fit entendre sa voix. Le jeune clergé, un instant séduit, fut contenu et surveillé. L'Église, les catholiques, le public tout entier, abandonnèrent M. de Lamennais, et cette doctrine, désertée par ses plus fervents adeptes, reçut le dernier coup de son auteur même, qui l'abandonna formellement et n'en parla plus que par honneur.

Le caractère commun des deux opinions qui ont succédé dans les rangs du clergé à l'ancienne doctrine lamennaisienne, c'est de ne point nier absolument la philosophie et de faire à la raison sa part ; mais les uns la font plus grande, les autres plus petite.

Ceux-ci prétendent réduire la raison aux vérités d'expérience et de raisonnement, et lui interdire absolument le domaine des principes, c'est-à-dire, en termes plus clairs, l'ordre entier des vérités morales et religieuses. A les en croire, la raison naturelle ne dépasse pas l'horizon de ce monde visible ; pour s'élever plus haut, pour atteindre la région des vérités éternelles, pour trouver Dieu, le devoir, la vie future, il faut à l'âme humaine appesantie sous la chair les ailes divines de la foi. Si la raison refuse de se soumettre au joug salutaire des vérités révélées, incapable dès ce moment d'une autre lumière que celle des sens, elle aboutit nécessairement au matérialisme et à l'athéisme. Telle est la doctrine qui a été développée, non sans vigueur et sans éclat, par un esprit distingué, par un professeur célèbre, M. l'abbé Bautain, l'homme peut-être le plus considérable, comme écrivain et comme penseur, qu'ait produit le clergé depuis qu'il a perdu M. de Lamennais. Il est incontestable que cette doctrine a fait une très-grande fortune dans le clergé; elle a exercé, elle exerce encore une influence qui, pour n'être pas toujours avouée, n'en est pas moins décisive. Toutefois, si l'on ne regarde qu'aux signes purement extérieurs, on peut dire qu'elle n'a point obtenu l'approbation de l'épiscopat. On sait avec quelle fermeté M. l'évêque de Strasbourg s'est prononcé contre elle. D'autres prélats l'ont également rejetée, et, à leur tête, un archevêque dont la parole a une grande autorité, à qui l'étendue de ses connaissances administratives, la modération ordinaire de son langage, la fermeté et l'habileté de sa plume, donnent une considération méritée, M. l'archevêque de Paris.

Cette partie imposante du clergé, ennemie, à ce qu'il semble, de tout excès, de toute extrémité, semble sérieusement disposée à reconnaître les droits de la raison. Non-seulement elle lui accorde une certaine autorité, et lui trace un domaine où elle peut se développer avec liberté, mais elle lui reconnaît le droit de s'élever jusqu'à certaines vérités supérieures de l'ordre moral et religieux. La raison naturelle porte jusqu'à Dieu, puisqu'elle en démontre l'existence ; voilà sa grandeur et voilà son droit, mais voilà aussi sa limite éternelle. La philosophie prouve Dieu, mais elle ne le connaît pas. Elle élève l'âme au-dessus du monde des sens et la conduit jusqu'au monde invisible, mais elle n'en touche que la limite. Arrivée au seuil du temple éternel, elle y laisse l'âme entre les mains de la religion qui la conduit par degrés jusqu'au sanctuaire. Toute philosophie qui veut sonder la nature de Dieu est frappée de vertige ; elle se trouble, se confond dans ses propres pensées, et finit par se précipiter dans le panthéisme. Un Dieu séparé du monde, un Dieu qui se suffit à soi-même, un Dieu créateur et providence, tout cela n'est que scandale pour l'humaine raison. Le panthéisme, voilà le terme inévitable où une philosophie qui oublie sa faiblesse aboutit nécessairement.

Cette doctrine, que l'épiscopat a généralement adoptée, que M. l'archevêque de Paris a esquissée avec sa discrétion, sa dextérité et son talent ordinaires, dans ses *Instructions pastorales* et sa brochure sur la *Liberté de l'Enseignement*, a été développée et réduite en système par un professeur de théologie, M. l'abbé Maret, soit dans ses cours de la Sorbonne, soit dans deux ouvrages fort accrédités auprès du clergé, l'*Essai sur le Panthéisme* et la *Théodicée chrétienne*. Les révérends pères Lacordaire et de Ravignan l'enseignent à Notre-Dame, et l'on peut dire qu'elle est aujourd'hui la doctrine dominante du clergé de France.

Nous sommes loin de nier qu'il n'y ait des différences considérables entre les trois opinions que nous venons d'esquisser tour à tour sur la question si délicate et si décisive des limites de la raison. Assurément il faut féliciter le clergé français de ne pas s'être laissé séduire à cette doctrine excessive, téméraire, extravagante, qui refuse à la raison humaine, à la philosophie, le droit de s'assurer d'aucune vérité, même de l'existence personnelle. C'est un premier pas vers la vérité que de reconnaître, avec M. Bautain et son école, qu'il y a un certain nombre de vérités d'expérience et de raisonnement qui sont indépendantes de l'autorité de l'Eglise, et qu'on peut savoir que l'aimant attire le fer et que le soleil se lèvera demain sans consulter l'Écriture sainte ; c'est un second pas, c'est un progrès plus grand encore de maintenir, comme M. de Strasbourg, M. de Paris et l'immense majorité de l'épiscopat, que la raison peut s'élever par sa propre vertu jusqu'à la notion du bien et du mal et jusqu'à l'existence de Dieu, double base de la loi et de la religion naturelles. Mais qu'on ne se fasse aucune illusion sur les dispositions et les sentiments du clergé de France, qu'on ne soit pas trompé par la modération calculée du langage, qu'on pèse les paroles et les déclarations, qu'on mesure l'étendue des concessions en les rapprochant soigneusement des restrictions qui les limitent ou les annulent, et l'on se convaincra que les différences qui séparent ces trois opinions sont plus apparentes que réelles, qu'elles consistent dans les mots plus que dans les choses, dans quelques distinctions logiques et abstraites plus que dans les effets réels et les conséquences pratiques.

Accusé hautement d'incliner au lamennaisianisme, M. l'archevêque de Paris a protesté avec énergie, au nom de l'épiscopat tout entier[1], de son profond éloignement pour les doctrines de l'*Essai sur l'indifférence*, de son respect pour les droits de la raison, pour la saine philosophie. Examinons, en respectant à notre tour la loyauté des déclarations, les pièces du procès. Laissons les mots et les personnes, allons aux choses et aux doctrines.

M. l'archevêque de Paris s'est expliqué récemment encore sur les droits de la philosophie. Jamais la modération de son langage et l'habileté de sa dialectique, jamais l'art des tempéraments et des correctifs, n'avaient été poussés plus loin. Eh bien! la pensée qui fait le fond de la nouvelle *Instruction pastorale*, et qui éclate même à des yeux médiocrement exercés sous cet appareil d'impartialité et de justice, c'est

---

[1] *Théodicée chrétienne*, p. 8.

que la philosophie, utile peut-être dans une sphère inférieure comme épreuve intellectuelle, est radicalement impuissante en tout ce qui se rapporte aux intérêts moraux et religieux de l'humanité. La philosophie réduite à la logique, c'est-à-dire détruite comme philosophie, la philosophie déshéritée du droit de parler aux hommes de Dieu, de la providence et de leurs devoirs, la philosophie quittant le domaine des choses divines et des vérités éternelles pour descendre au rang d'une science particulière, voilà ce qu'on appelle faire à la philosophie sa part et la renfermer dans ses limites. M. l'archevêque de Paris le déclare en propres termes : *La philosophie*, dit-il, *si féconde sous tous les autres rapports, est frappée, quand il s'agit de dogmes fondamentaux, d'une éternelle stérilité*[1]. Or, quels sont ces dogmes fondamentaux ? M. l'archevêque de Paris vient de le dire : ce sont l'existence de Dieu, la providence et la justice divines, l'immortalité de l'âme. Voilà donc cette philosophie si respectable, si utile, si féconde ! Voilà cette bonne et saine philosophie, bien différente du rationalisme ! Le rationalisme a l'insigne audace, depuis Pythagore et Platon, de parler aux hommes de leurs droits et de leurs devoirs, de Dieu et de la vie future. La vraie philosophie est plus sage ; elle se tait sur tout cela, de crainte d'en mal parler ; par prudence, elle consent à ignorer Dieu, et elle est si modeste qu'elle se réduit volontairement à la logi-

[1] *Instruction pastorale sur l'union nécessaire*, etc., page 17.

que. Telle est l'idée avantageuse et grande que M. l'archevêque de Paris se fait de la philosophie, et c'est là qu'éclate, en dépit de lui-même, l'intime accord qui l'unit avec l'école de Strasbourg et celle de M. de Lamennais. La réduction de la philosophie à la logique, et la substitution de la théologie à la philosophie en toute matière morale et religieuse, c'est là proprement en effet l'entreprise de M. Bautain, héritière trop fidèle de l'*Essai sur l'indifférence*. A quoi sert, je le demande, que la philosophie puisse prouver Dieu, si elle doit rester absolument étrangère aux intérêts moraux et religieux du genre humain, comme le professe expressément M. l'archevêque de Paris? Et s'il faut réduire la philosophie, comme on le faisait au xiie siècle et comme le veut M. Bautain, à commenter l'Écriture sainte ou à contempler sans fin les innocentes beautés du syllogisme, je dis alors que la philosophie n'est plus, et qu'il faut recourir, comme M. de Lamennais, à la seule autorité.

Je rends hommage, dit M. l'archevêque de Paris, à la fécondité de la philosophie; elle n'est stérile que sur les dogmes fondamentaux. Je ne conteste point, dit M. Bautain avec une égale naïveté ou une égale ironie, comme on voudra, la puissance de la philosophie; je ne lui ôte qu'un droit, celui de poser des principes [1]. N'est-ce point là le même esprit et le même langage? Il faut entendre les écrivains du

---

[1] *Philosophie morale*, préface, p. iv.

clergé apprécier la valeur de cette espèce de philosophie qu'il leur plaît d'appeler le rationalisme, et qui est tout simplement la philosophie de Platon, d'Aristote, de Descartes, de Malebranche, de Leibnitz. Elle n'est propre, suivant M. Maret, qu'à créer de vaines hypothèses et à enfanter des doutes [1]. C'est une terre basse, obscure, froide et stérile [2], suivant le révérend père de Ravignan. Depuis six mille ans, elle n'a trouvé que le désespoir ou le doute sur les faits intérieurs de la conscience, sur les rapports de l'âme avec Dieu, et sur notre fin dernière [3]. Le révérend père Lacordaire n'hésite point à déclarer que hors de la certitude *mystique et translumineuse* que donne la foi, il n'y a pas de philosophie possible [4]. M. l'abbé Bautain, considérant l'ensemble des spéculations philosophiques depuis deux siècles, n'y voit que *vieilleries renouvelées des Grecs* [5]. C'est dans ce noble et beau langage, c'est avec cette étendue de coup d'œil et cette profondeur de critique que le clergé de France fait l'histoire de la pensée humaine. Croirait-on que M. l'archevêque de Paris a voulu enchérir sur ces pauvretés? Lui, le chef du clergé libéral et mesuré, le prélat éclairé et conciliateur, vient nous dire que la philosophie n'a pas produit une idée nouvelle depuis

---

[1] *Théodicée chrétienne*, p. 315.
[2] *Conférences de Notre-Dame*, 5 mai 1843.
[3] M. de Ravignan, *ibid.*
[4] *Conférences de Notre-Dame*, 1844.
[5] *Philosophie du christianisme*, t. I, p. 364.

quatre mille ans[1], et, perdant enfin toute charité avec toute mesure, s'emporte jusqu'à dire que « les sauvages du nouveau monde adorant le grand esprit sur les bords de leurs fleuves ou au sein de leurs immenses forêts sont plus rapprochés de la vérité que certains philosophes contemporains dont les noms et les écrits ont retenti dans toute l'Europe[2]. »

Mais ce ne sont là que des assertions, des moqueries et des injures. Écoutons les raisonnements et les preuves. L'esprit qui anime le clergé et les desseins qu'il médite sur la philosophie s'y caractérisent en traits non pas plus clairs, mais plus profonds encore. Tout le corps de l'argumentation du clergé pour établir l'impuissance de la philosophie en matière morale et religieuse se réduit à trois idées fondamentales : la raison humaine, étant finie, est incapable d'atteindre l'infini ; — étant individuelle, elle ne peut constituer une morale universelle ; — étant inséparable de la parole, elle doit le peu qu'elle sait naturellement de Dieu et du devoir à la tradition. — J'ose dire qu'un examen un peu sérieux de ces trois idées ne laissera aucun doute sur leur origine lamennaisienne et sceptique, et nous fera toucher au doigt les vrais sentiments du clergé sur l'autorité de la raison et les limites de la philosophie.

Pour établir premièrement l'impuissance de la rai-

---

[1] *Recommandation* de M. l'archevêque de Paris, p. 75, dans la *Théodicée* de M. Maret.

[2] *Instruction pastorale*, p. 17.

son en matière religieuse, M. l'archevêque de Paris s'appuie sur ce principe, qu'une intelligence finie ne peut connaître l'infini. Il est nécessaire de bien s'entendre sur le sens précis et la juste portée de ce principe si cher aux sensualistes, et dont les pyrrhoniens ont tant abusé. Si l'on veut dire que l'intelligence humaine ne peut comprendre Dieu, en donnant au mot *comprendre* son sens le plus strict et le plus rigoureux, en marquant par ce mot une conception complète, absolue, égale à son objet, alors le principe est incontestable, et je ne connais aucun philosophe qui ne l'ait expressément reconnu. Pour ne citer qu'un seul exemple, mais décisif, je demanderai s'il y a un penseur plus hardi, plus téméraire, plus pénétré, et pour ainsi dire plus enivré de la puissance de la raison que Spinoza. Eh bien! cet audacieux génie qui écrivait à la fin du premier livre de l'*Éthique* : *J'ai expliqué la nature de Dieu,* convient hautement qu'il y a dans cette nature absolument infinie une infinité d'attributs et de modes dont nous n'avons pas la moindre idée. Si donc M. l'archevêque de Paris ne veut pas dire autre chose, son principe est incontestable assurément, mais en même temps inutile. Comment ce principe prouverait-il quelque chose contre la possibilité d'une théologie rationnelle, étant formellement adopté par tous ceux qui l'ont entreprise? C'est se moquer en vérité que de prêter à la philosophie, qui se définit elle-même la raison développée, l'extravagant dessein de s'affranchir des limites de la raison. La philosophie ne s'arroge pas le droit de percer tous les mystères, de sonder toutes les profondeurs de la nature divine : la révélation même ne promet pas cela et ne peut pas le promettre ; mais la philosophie réclame hautement, et a su, depuis bien des siècles, faire reconnaître aux hommes le droit qu'elle emprunte à la raison de s'élever au delà du monde visible, et d'embrasser dans son horizon le principe éternel de l'existence et la nature de Dieu même, de méditer sans cesse cette nature infinie pour apprendre aux hommes à la connaître et à l'adorer toujours davantage ; elle réclame le droit de donner à la justice humaine une règle invariable, au droit méconnu un vengeur, à l'artiste un idéal, à toutes les sciences une suprême unité, le droit de montrer au physicien qui 'oublie la main qui donna le branle à l'univers, à l'astronome absorbé par le calcul des mouvements célestes, l'éternel géomètre qui, par une mathématique immuable, en régla et en conserve l'admirable économie.

Voilà les droits que revendiquent la philosophie et la raison, et ce sont ces droits qu'on leur veut ravir quand on proclame la stérilité de la philosophie en matière de dogmes fondamentaux. En invoquant ce principe, qu'une intelligence finie ne peut connaître l'infini, M. l'archevêque de Paris a donc voulu dire, non-seulement que la philosophie est incapable de *comprendre* Dieu, ce qui est évident et accordé de tous, mais qu'elle est absolument incapable de connaître d'aucune façon sa nature, de se former aucune idée de ses attributs. En même temps, on accorde qu'elle peut prouver l'existence de Dieu. N'est-ce point là une inconséquence ou une dérision? Quoi! la raison prouve invinciblement qu'il est un Dieu, et elle est dans une absolue ignorance de sa nature? Et comment, je vous prie, prouve-t-elle son existence? n'est-ce point par l'idée de l'infini, de l'être parfait, toujours présente, bien que trop souvent éclipsée, au plus profond de la conscience humaine? Vous soutenez donc que, lorsque ma raison me donne l'idée de l'être parfait, elle ne me parle pas de sa nature! Qu'est-ce donc que la perfection absolue de l'être, sinon la nature même de Dieu? Soutiendrez-vous que Fénelon, Leibnitz, Malebranche, n'avaient pas le droit de traiter, comme ils l'ont fait, de la divine providence, par les lumières de la seule raison et sans jamais faire appel à l'autorité? Le traité tout philosophique ou, si l'on veut prendre ce langage, tout rationaliste de Bossuet sur la prescience et le libre arbitre, les *Essais de théodicée* de Leibnitz, sont-ce là des scandales pour nos modernes théologiens? Mais ils ne manqueront pas de dire que tous ces grands esprits étaient éclairés des lumières surnaturelles du christianisme; je demanderai alors où était le christianisme quand Platon découvrait aux hommes le Dieu de la *République* et du *Timée*, source éternelle de la vérité et de l'être[1], invisible so-

---

[1] *République*, livre VI.

leil des intelligences, beauté sans tache et sans souillure[1], exemplaire immuable de toute justice et de toute sainteté, architecte et providence de l'univers, père des hommes[2]; ce Dieu qui a fait le monde par une effusion de sa bonté parfaite, et qui, voyant s'agiter sous sa main cette image vivante de ses perfections infinies, goûte une joie sublime et rentre dans son repos accoutumé. De quelle lumière surnaturelle était donc éclairée l'intelligence d'Aristote, quand il écrivait le xiie livre de sa *Métaphysique*, et décrivait en traits immortels son moteur immobile du monde[3], en dehors, au-dessus de l'espace et du temps, intelligence absolue, pure de tout mélange, qui, se possédant pleinement elle-même, trouve au sein de cette contemplation éternelle une éternelle félicité, une vie ineffable et parfaite[4]; idéal de la nature et de l'humanité, objet de l'aspiration universelle des êtres, énergie pure et infinie qui enveloppe l'univers de son attraction toute-puissante, centre où tout est suspendu, et qui, appelant tout à soi, répand partout le mouvement, l'ordre et la vie[5]?

Ce ne sont là apparemment que des rêveries et des chimères pour ceux qui soutiennent que la philoso-

---

[1] *Banquet*, traduction de M. Cousin, p. 272.
[2] *Timée*, t. XII, p. 119 et 120.
[3] *Physique*, livre VIII.
[4] *Métaphysique*, XII, ch. 7.
[5] *Ibid.*, XII, ch. 9 et 10.

phie est absolument stérile en matière de dogmes fondamentaux. Eh bien! que ces contempteurs altiers de la philosophie aient le courage de leur opinion, qu'ils cessent de recourir à des tempéraments qui ressemblent à des subterfuges, et de faire des concessions qu'on pourrait prendre pour des piéges. Qu'ils ne viennent pas nous dire que la raison peut prouver Dieu, mais qu'elle est du reste absolument incapable de rien dire aux hommes de sa nature; qu'ils poussent à sa vraie conséquence leur principe que l'infini ne peut être atteint par une intelligence finie, et qu'ils osent dire que la stérilité de la philosophie en matière de religion a pour cause l'impossibilité absolue où est la raison naturelle d'atteindre, de quelque façon que ce puisse être, l'objet même de la religion, l'être des êtres, l'infini, Dieu.

Voilà du moins une doctrine nette; c'est celle de l'école de Strasbourg. Expressément enseignée dans la *Philosophie du christianisme*, blâmée par l'épiscopat, rétractée par l'auteur, elle reparaît en se déguisant, moins excessive en apparence et par là même plus dangereuse, dans les écrits de M. l'archevêque de Paris, dans les conférences de Notre-Dame, qu'il approuve, puisqu'il les autorise et y préside, dans les cours de théologie de la Sorbonne, qui se font sous son inspiration et sa surveillance, enfin dans les livres de M. l'abbé Maret, qu'il approuve aussi, puisqu'il les recommande publiquement à son clergé. Rendons ici pleine justice à

M. l'abbé Maret : il est l'écrivain le plus modéré de son parti. Comme M. l'évêque de Strasbourg et M. l'archevêque de Paris, il professe que la raison est capable de prouver Dieu ; mais il a bien soin de retirer d'une main ce qu'il accorde de l'autre. Ainsi, M. Maret veut bien accorder à la théodicée de Platon quelque valeur ; mais, au fond, c'est pure politesse, et il trouve que saint Augustin a bien mieux établi l'existence de Dieu. Or, toutes ces preuves qui satisfont si parfaitement M. l'abbé Maret sont empruntées à Platon. Il en est une, en particulier, fondée sur l'idée du beau, et qui est de la dernière sublimité. M. l'abbé Maret, qui la lit dans saint Augustin avec enthousiasme, ne s'aperçoit pas qu'elle est traduite littéralement de Platon, et que ce même Père de l'Église, qui relisait avec émotion le IVe livre de l'Énéide, ne se plaisait pas moins au Banquet d'Agathon, et savait faire servir à la gloire de Dieu les discours mêmes de la belle Diotime. M. l'abbé Maret applaudit aux preuves de l'existence de Dieu données par Descartes, qui est pourtant à ses yeux le père du rationalisme, et partant du panthéisme et de l'athéisme modernes ; mais croit-on que M. Maret consente à faire honneur de ces hautes preuves à la raison ? nullement. C'est à la *conscience chrétienne* que Descartes les a empruntées. Il y a donc deux consciences pour M. l'abbé Maret, comme il y a deux raisons et deux certitudes pour M. l'abbé Lacordaire, la raison naturelle et la raison catholique, la certitude rationnelle, qui est simplement lumineuse, et la certitude mystique ou *translumineuse ;* distinctions significatives et déplorables, inconnues à Bossuet et à l'Église, et qui préparent, si l'on n'y prend garde, une scission violente et définitive entre le catholicisme et la raison.

L'*Essai sur l'indifférence* et la *Philosophie du christianisme* donnent la clef de toutes ces distinctions. Sait-on quel est, aux yeux de M. Bautain, le plus grand philosophe des temps anciens et modernes? c'est Kant. Et à quel titre le père de la philosophie critique obtient-il cette distinction signalée? c'est qu'il a détruit toutes les preuves de l'existence de Dieu, et par conséquent, suivant M. Bautain, condamné à jamais la raison humaine à l'athéisme. « Il nous a paru *piquant*, dit M. Bautain dans sa rétractation, de détruire toute raison et toute philosophie par les propres mains des philosophes [1]. » Badinage impie! indigne langage! Pascal au moins avait l'âme déchirée quand il contemplait avec un tressaillement de joie douloureuse *la superbe raison invinciblement froissée par ses propres armes, et l'homme en révolte sanglante contre l'homme*, et qu'il donnait pour dernier conseil à cette raison superbe et imbécile de renoncer à elle-même et de *s'abêtir*.

Voilà où conduit nécessairement cette doctrine, que la philosophie et la raison sont absolument stériles en matière religieuse; elle n'a d'autre base que le principe

[1] *Philosophie morale*, préface, p. iv.

essentiellement sensualiste et pyrrhonien qu'une intelligence finie ne peut rien connaître d'infini, et ce principe, dont assurément le clergé n'aperçoit pas toutes les conséquences, n'est rien moins que la ruine de toute philosophie et de toute religion. Qu'il est triste d'entendre des hommes graves et religieux, des interprètes consacrés de la doctrine de l'Église, chercher des armes contre la philosophie dans l'arsenal du scepticisme, et prendre pour auxiliaires David Hume et l'auteur du *Leviathan!* Le sens du christianisme est-il donc perdu? Cet élan prodigieux qui emportait autrefois les esprits et les âmes vers l'infini et qui a conquis le monde à la religion du Christ, ce sentiment profond de la perfection qui palpitait au cœur des Athanase et des Augustin, cette immense curiosité des choses divines qui inspirait le *Monologium* de saint Anselme, et la *Somme* de saint Thomas, tout cela n'est-il plus qu'un glorieux souvenir? Hommes imprudents et aveugles, qui voulez que la philosophie périsse et ne voyez pas que pour la détruire vous tarissez dans les âmes l'instinct sublime de l'infini, source immortelle de toute philosophie comme de toute croyance religieuse. Et d'où vient donc la grandeur du christianisme? où est le secret de sa durée, de sa puissance, de sa robuste vitalité, si ce n'est dans cette communication perpétuelle qu'il établit entre le fini et l'infini, entre la terre et le ciel, entre l'homme et Dieu? Quoi! le fini ne peut connaître l'infini sans un miracle! Argument d'école qui ne prouve rien ou qui prouve trop. Logique vaine, contre laquelle s'élève le cri de la conscience et du cœur ! Ne voyez-vous pas que vous condamnez à l'athéisme toute intelligence qui n'a pu entendre vos dogmes ou qui se refuse à fléchir? Mais ce n'est pas tout. Vous rendez la révélation elle-même impossible, car si le fini ne peut absolument pas connaître, ni par conséquent aimer, adorer l'infini, voilà l'homme éternellement séparé de Dieu, voilà toute philosophie et toute religion coupées à leur racine. Et ce sont des chrétiens, des prêtres, des évêques, qui tiennent ce langage ou qui l'autorisent !

Toutes les religions ont connu Dieu ; mais les religions orientales, dans leur mystique fatalisme, écrasaient l'homme en quelque sorte sous le poids de l'infini. Les religions de la Grèce et de Rome, plus humaines, plus sociales, tombaient dans l'excès opposé, et, pour rapprocher Dieu de l'homme, elles humanisaient Dieu. C'est l'honneur de la religion du Christ d'avoir annoncé aux hommes un Dieu assez grand pour se suffire à soi-même, hors de l'espace et du temps, dans les splendeurs et les joies éternelles de l'indivisible Trinité, et qui a assez aimé les hommes, après leur avoir donné l'être, pour descendre au milieu d'eux, se revêtir de leur nature, et, en s'humiliant jusqu'à leur bassesse, les élever jusqu'à sa grandeur. Tel est l'esprit du christianisme : ce Dieu fait homme, ce Verbe fait chair, cette personne unique où s'unissent sans se confondre la nature divine et la nature humaine, cette victime sainte qui descend des hauteurs de l'infini pour devenir l'aliment de nos âmes et le pain même de notre bouche, ne sont-ce point là de touchants et magnifiques symboles de l'union intime et permanente qui s'accomplit entre l'homme et Dieu au fond de la conscience et dans ses plus secrets sanctuaires? Cette union est un mystère, dit-on. Oui certes, c'est un profond, un insondable mystère, mais un mystère naturel. Ce mystère, c'est la vie, c'est nous-mêmes. Qu'est-ce à dire, d'ailleurs? un mystère peut-il être contraire à la nature des choses? Nul théologien ne le dira, et cela nous suffit. S'il n'est pas contraire à la nature des choses que le fini s'unisse à l'infini par l'intelligence et par l'amour, que signifie alors le principe qu'on invoque? Que vient-on nous dire que la raison s'égare nécessairement quand elle médite l'infini, que la révélation seule peut nous le faire connaître? Dieu seul, dit-on, peut se faire connaître à l'homme. Oui sans doute, mais quelle est donc cette lumière qui éclaire tout homme venant en ce monde? n'est-ce point Dieu même? J'en appelle à saint Augustin et à Fénelon.

La doctrine du clergé sur l'impuissance de la philosophie, en matière de morale, est plus caractéristique et plus nette encore, s'il est possible, qu'en ce qui touche les questions religieuses. M. l'archevêque de Paris pratique encore ici sa méthode favorite, qui est de faire des concessions pour les retirer un peu après. Il déclare que la raison distingue le bien du mal, qu'il y a une morale naturelle. Mais à ce compte, la philosophie, qui n'est que la raison développée, pourrait donc faire de la morale une science, et parler aux hommes de leurs droits et de leurs devoirs avec autorité et avec fruit. Telle n'est point l'opinion de M. l'archevêque de Paris. Et quel est son grand argument pour établir l'impuissance de la philosophie en matière morale? le voici : « Si la raison, dit-il, est investie d'une parfaite indépendance, si elle est le seul juge compétent, supposition commune à tous les philosophes, il est évident que chaque individu pourra faire sa morale, ou plutôt il n'y aura plus de morale. La morale est essentiellement une loi, et toute loi, ainsi que le dit l'école et le bon sens, est une règle commune à tous, et non une règle particulière, une règle permanente et non variable à l'infini, une règle émanée d'un pouvoir supérieur, et non du sujet qui doit s'y soumettre [1]. »

Ce langage est clair. La raison humaine est essentiellement individuelle, variable, subjective, et de là son impuissance radicale à sortir de l'étroite enceinte du moi, à poser aucune loi, à rien concevoir d'éternel et de nécessaire. C'est là encore la doctrine de M. Bautain, qui soutient que, sans la révélation, l'homme ne peut trouver d'autre loi que soi-même [2]. Si l'on en croit l'auteur de la *Philosophie du chris-*

---

[1] *Observations sur la liberté d'enseignement*, p. 57.
[2] *Philosophie du christianisme*, t. II, p. 85.

lianisme, le rationaliste dit avec fierté : Ma raison, c'est moi [1]. Quel est donc ce personnage de fantaisie qu'on se plaît à mettre ici en scène sous le nom de rationaliste? est-ce Platon? est-ce Leibnitz? Sait-on bien qui a soutenu sans cesse ce principe immoral de l'individualité de la raison invoqué par M. l'archevêque de Paris? Certes, ce ne sont point ces nobles génies qu'on veut flétrir du nom de rationalistes. C'est Pyrrhon, c'est Carnéade; ce sont les sophistes, dont Socrate a combattu, au prix de sa vie, la pernicieuse influence, les Calliclès et les Thrasimaque; c'est Montaigne, c'est Hobbes, c'est Bayle; c'est de nos jours M. de Lamennais. Ce langage des matérialistes, des sophistes et des pyrrhoniens est-il bien digne de la sagesse de l'épiscopat? Elles sont d'un de ses membres les plus éminents, ces fortes paroles : « A défaut de génie et d'instruction suffisante, on aura recours à l'exagération et à l'enflure; au lieu de montrer l'insuffisance de la raison, on la présentera comme impuissante à jamais arriver à la certitude; au lieu d'affirmer la nécessité de la foi pour connaître, pour observer la vérité religieuse, on rendra son domaine absolu, universel, on révoltera au lieu de persuader; *au lieu de faire des croyants, on préparera des sceptiques.* » Qui parlait au clergé, il y a deux ans, ce ferme et digne langage? c'est M. l'archevêque de Paris lui-même, qui vient nous dire aujourd'hui que la morale, sans la révélation, est à la merci de nos

---

[1] *Philosophie du christianisme*, t. I, p. 170.

caprices, et cela, au nom de la variabilité et de l'individualité de la raison, c'est-à-dire au nom du scepticisme absolu. Il est vrai que M. l'archevêque de Paris répète plusieurs fois qu'il y a une morale et une religion naturelles; mais c'est ici le dernier trait qui achèvera de caractériser la doctrine du clergé. Croit-on, par hasard, que nos théologiens accordent à l'âme humaine le pouvoir de s'élever, par la vertu des principes qu'elle porte au fond d'elle-même, jusqu'à l'idée de l'ordre et jusqu'à Dieu? tant s'en faut. Tout cela nous est donné par la parole, par l'enseignement, c'est-à-dire par une tradition qui remonte au premier homme. Il suffit de constater ici, pour la dernière fois, sur un point capital, l'accord parfait de M. l'archevêque de Paris avec trois personnages également ennemis de toute philosophie, l'ancien abbé de Lamennais, M. de Bonald et M. Bautain. Suivant cette doctrine, ce sont les mots qui créent les idées; ôtez le mot Dieu, le genre humain devient athée. C'est par la tradition orale que Platon s'éleva, au sein du paganisme, à l'idée d'un Dieu unique et spirituel, source de l'être et père des hommes. Nous n'avons point à discuter ces théories: nous voulons seulement les constater, pour mettre en lumière, par une décisive et dernière preuve, l'étroite union qui existe entre les principes du clergé et ceux d'un écrivain qu'il désavoue vainement, et dont il subit, sans le vouloir et sans le savoir, la vivace et funeste influence.

Je crois donc avoir le droit de conclure que le triple principe sur lequel repose toute la polémique du clergé contre la philosophie, savoir : l'impuissance où est une intelligence finie de concevoir l'infini, la variabilité et l'individualité de la raison, enfin l'incapacité absolue de l'esprit humain sans une révélation faite au premier homme et transmise par la parole, ce triple principe vient directement de M. de Lamennais, qui l'avait emprunté lui-même à Pascal, c'est-à-dire à Montaigne et au scepticisme. Elle est donc peu sérieuse, cette distinction du rationalisme et de la philosophie. Il n'est donc que sur les lèvres ce respect qu'on professe pour Descartes, pour Malebranche, pour tous ces glorieux interprètes de la pensée libre, et ce désir qu'on étale de renfermer la philosophie dans ses justes limites couvre le dessein prémédité de la discréditer et de la détruire. Comment respecterait-on la philosophie? on ne la connaît pas. On parle de son histoire de manière à faire pitié aux moins instruits. On cite Platon sans le comprendre ; on traite Aristote comme on ferait un médiocre écolier [1]. On parle de Spinoza, et ce vigoureux génie, dévoyé sans doute, mais qui marche d'un pas si ferme et d'un cœur si sincère vers les abîmes, on le caractérise par ces deux traits : sophiste et mauvais logicien [2]. Il est clair, en un mot, que les sentiments de

---

[1] M. Bautain, *Philosophie du christianisme*, t. I, p. 361.

[2] M. l'archevêque de Paris, *Recommandation*, etc., dans la *Théodicée chrétienne* de M. l'abbé Maret.

modération qu'on affiche cachent des rancunes implacables ; qu'en parlant de paix, c'est la guerre qu'on médite au fond de l'âme, qu'on n'en veut pas à cet être de fantaisie, à ce fantôme qu'on appelle rationalisme, mais à la raison même et à la liberté.

Que le clergé du moins soit sincère : qu'il n'ait point d'illusion et n'en laisse aucune aux autres sur ses desseins et ses espérances. S'il persiste dans cette guerre impie qu'il a déclarée à la raison, qu'il ait le courage d'effacer de son drapeau ce mot équivoque : le rationalisme mène au panthéisme, pour y inscrire celui-ci, dont la responsabilité est pesante, mais dont le sens est clair : la raison, la philosophie mènent nécessairement au panthéisme ; ou, comme l'a dit en termes plus significatifs encore un écrivain considérable du clergé dont il faut honorer la franchise : *point de milieu entre le catholicisme et le panthéisme* [1].
Il nous reste à considérer, sous ce dernier point de vue, les sentiments et les doctrines du clergé.

II.

La philosophie, si l'on en croit les écrivains du clergé, aboutit nécessairement au panthéisme. Ce qui nous frappe avant tout dans cette doctrine, c'est moins sa nouveauté, qui la doit toutefois rendre fort suspecte aux théologiens, c'est moins sa fausseté même, qui va, nous l'espérons, devenir évidente pour tout le monde, que l'étonnante imprudence,

[1] M. l'abbé Maret, *Essai sur le Panthéisme*, p. 94.

l'inconcevable témérité qui s'y font sentir, et le sérieux péril qu'elle crée pour le catholicisme et pour toute religion.

Les esprits téméraires qui ont imaginé cette doctrine, les écrivains qui la répandent, l'épiscopat qui l'autorise, le clergé qui l'accepte, en ont-ils bien mesuré toute la portée? Si l'on se bornait à dire avec M. l'abbé Bautain, cette fois bien inspiré, que le panthéisme est capable d'exercer un puissant attrait sur un grand et noble esprit, « parce qu'il enseigne de profondes vérités, mêlées à des erreurs d'autant plus séduisantes qu'elles sont sublimes [1], » il n'y aurait rien dans ce langage qui ne fût très-digne d'un théologien philosophe ; mais ce n'est là, dans la *Philosophie du Christianisme*, qu'une phrase isolée : les écrivains du clergé et M. Bautain lui-même sont si loin d'entendre le panthéisme de cette façon équitable et relevée, qu'ils le confondent presque toujours avec le matérialisme et l'athéisme, basses et dégradantes doctrines où l'on chercherait vainement la plus faible trace de grandeur. Et l'on ne se borne point à dire que la raison peut conduire au panthéisme, ni même qu'elle y incline; on soutient qu'elle y aboutit fatalement, comme une cause produit son effet nécessaire, comme un principe conduit à sa conséquence inévitable.

Quelle est donc cette vertu mystérieuse et toute-puissante que possède le panthéisme d'attirer vers soi

[1] *Philosophie du Christianisme*, t. II, p. 168.

toute pensée libre, toute âme philosophique? Il n'y a point ici de hasard, ni apparemment de miracle. Cet irrésistible attrait du panthéisme ne lui saurait donc venir que de son parfait accord avec les tendances secrètes et l'essence même de la raison. Mais alors la raison dans son fond le plus intime, dans ses lois les plus universelles, est donc panthéiste. Le panthéisme est donc un système de philosophie essentiellement et parfaitement raisonnable, que dis-je? c'est le seul raisonnable. Quiconque suit la raison d'un esprit libre et ferme ne peut manquer d'être panthéiste, et tout philosophe qui rejette le panthéisme est un hypocrite ou un esprit faible. Or, si la raison, dans ses conceptions nécessaires et ses immuables lois, réfléchit la vérité même, il s'ensuit que le panthéisme, étant conforme à la raison, est aussi conforme à la vérité, et qu'étant le seul système raisonnable, il est aussi le seul véritable. En un mot, le panthéisme est le vrai.

Voilà où conduit la polémique du clergé, pressée par une logique un peu rigoureuse. Voilà l'abîme où elle veut précipiter la raison. Certes la témérité de Pascal était grande, quand il laissait échapper cette mémorable parole : « le pyrrhonisme est le vrai. » Mais quoi ! le clergé se récrie contre un tel excès. Il s'indigne même qu'on l'impute à Pascal, et, par des correctifs imaginaires et de vains raffinements, il essaie d'atténuer, d'affaiblir ce mot énergique et désolant, ce cri d'une âme que le doute avait profondément troublée. Aveuglement étrange, singulière inconséquence! le clergé s'inscrit en faux contre le scepticisme de Pascal, et lui-même, que fait-il? il l'imite, et je dis plus, il le surpasse. Pascal disait : Point de milieu entre le catholicisme et le scepticisme, et il ne voyait pas que cette terrible alternative était plus propre à faire des sceptiques qu'à affermir de vrais chrétiens. Les écrivains du clergé disent aujourd'hui : Point de milieu entre le catholicisme et le panthéisme, et ils ne s'aperçoivent pas que cette alternative est tout aussi fausse et mille fois plus dangereuse que celle de Pascal. Le scepticisme, en tout temps, est une doctrine désolante, sans attrait pour le cœur, sans prestige pour l'imagination, contraire à tous les instincts, à tous les besoins de notre nature; et on peut dire qu'au siècle de Descartes et de Bossuet, ce pyrrhonisme absolu où se consuma l'âme ardente de Pascal avait peu de prise sur les âmes, et partant peu de périls. Mais en est-il de même aujourd'hui du panthéisme? et croit-on faire paraître une haute prudence quand on vient dire à un siècle malade et profondément agité par les doctrines de Spinoza et de Hégel qu'il n'y a point de milieu entre le catholicisme et ces doctrines, ce qui revient à dire au fond, je le répète, que le panthéisme est avoué par la raison, bien loin de lui être contraire; que c'est même le seul système vraiment raisonnable, et que, pour renoncer au panthéisme, il faut en même temps renoncer à tout libre exercice de son intelligence.

Je le demande à tout homme sage, à tout esprit impartial et mesuré, est-ce là une ligne de conduite vraiment droite, vraiment conforme à une direction prévoyante? Que diraient de nos théologiens et de nos évêques ces grands esprits du xviie siècle, si fermes dans la foi, si dociles pour l'autorité de l'Église, mais si libres en même temps et si attachés aux droits de la raison? Fénelon a écrit une réfutation de Spinoza; s'est-il servi pour cela des saintes Écritures? nullement, il a combattu Spinoza en philosophe, par les seules armes de la logique et de la raison. Il est vrai qu'en réfutant Spinoza, il lui dit peu d'injures, il ne l'appelle point sophiste et pauvre logicien; mais, pour être réduite à de bons arguments, sa réfutation en est-elle moins solide? Bossuet, lui aussi, a engagé le père Lami à écrire contre Spinoza. S'agissait-il d'une discussion théologique? pas le moins du monde. Il s'agissait de se placer sur le terrain même de Descartes, et par les propres principes du maître, que Spinoza, suivant Bossuet, avait mal entendus, de ramener au vrai de téméraires et infidèles disciples. Comme Bossuet et Fénelon, Clarke et Leibnitz attaquèrent avec force le spinozisme, sans emprunter jamais d'autre appui que celui d'une métaphysique profonde. Voilà les exemples que le xviie siècle a légués au clergé, voilà les traditions que les défenseurs du catholicisme devraient recueillir et continuer au lieu de s'engager dans des voies nouvelles, inconnues à la sagesse de leurs plus glorieux devanciers, pleines d'écueils et de dangers Mais non. Si nous en croyons la haute prudence de M. l'abbé Bautain, la profondeur de M. l'abbé Maret, il faut dire que Bossuet, Fénelon et Leibnitz ont manqué de prévoyance et de pénétration. Ces grands esprits ont pensé que le panthéisme était aussi contraire à la raison qu'à la foi, qu'on ne pouvait être à la fois raisonnable et panthéiste. Erreur, faiblesse d'esprit ! c'est le contraire qui est la vérité. Le panthéisme est sans doute opposé à la foi, mais il est parfaitement conforme à la raison. Quiconque cherche avec sa raison à s'expliquer la nature de Dieu et ses rapports avec le monde, quiconque en un mot aspire à s'éclairer, d'un esprit libre et d'une âme sincère, sur les grands problèmes qui intéressent l'humanité, loin d'aboutir à la philosophie généreuse des Descartes, des Fénelon et des Leibnitz, tombe nécessairement, par la force même des choses, dans le panthéisme. Et comme le panthéisme est au fond identique à l'athéisme, il s'ensuit finalement que l'athéisme est le dernier mot de la philosophie et de la raison.

Que les hommes sages du clergé y prennent garde : la direction actuelle de sa polémique est un danger immense pour la religion. Les apologistes du catholicisme, depuis trente années, sont entièrement dévoyés. Au lieu de suivre la grande route du xviie siècle et de soutenir avec force l'accord de la révélation avec la raison, ils prennent la route opposée, celle d'un pessimisme funeste, également contraire à la dignité et aux intérêts du christianisme. Que la raison s'égare, que la philosophie chancelle et fasse un faux pas, qu'un système erroné séduise un instant les intelligences, au lieu de conseiller et de redresser la raison, le clergé la pousse dans sa fausse voie, non pour la ramener ensuite et pour la sauver, mais pour la perdre à jamais. Qu'arrive-t-il de là? c'est qu'au lieu de combattre l'erreur, on la fortifie. Oui, Pascal en son temps, et M. de Lamennais dans le sien, ont servi à leur insu la cause du scepticisme, et j'ose dire qu'à l'heure qu'il est, les livres de M. Bautain, ceux de M. Maret, et les recommandations de M. l'archevêque de Paris, loin de nuire au panthéisme, ce qui est sans aucun doute leur intention, ne servent qu'à le fortifier et à le répandre. Ajoutez que les erreurs se succèdent sans cesse, d'autant plus éphémères qu'elles sont plus éloignées du vrai. Hier c'était le scepticisme, aujourd'hui c'est le panthéisme; demain, peut-être, ce sera un autre système. Quel spectacle que celui d'une polémique qui, au lieu de reposer sur des principes constants, comme il sied si bien aux organes d'une religion immuable, change ses principes au gré du temps et des circonstances, et, après avoir un certain jour condamné pour jamais la raison et la philosophie à une erreur particulière, vient leur imposer le lendemain, avec la même assurance, l'erreur justement opposée. Dans ces variations déplorables, dans cette stratégie qui paraît si habile et qui est si vaine, périssent avec toute puissance, toute noblesse et toute dignité.

On s'attend bien que nous n'allons point discuter, l'histoire de la philosophie à la main, la vérité de cette thèse, toute de circonstance, que la philosophie aboutit nécessairement au panthéisme. Si cette découverte des modernes apologistes du catholicisme avait le moindre fondement, quelle serait la conséquence? c'est évidemment que tous les grands systèmes de philosophie ne sont que des formes diverses du panthéisme, par conséquent que Pythagore et Socrate, Platon et Aristote, Bacon et Descartes, Locke et Leibnitz sont des panthéistes. Admirons la critique profonde des adversaires du panthéisme et leur incomparable habileté. Voilà les coups qu'ils portent à l'erreur, voilà les services qu'ils rendent à la religion. Ils ont peur apparemment que le prestige du génie de Spinoza et de Hégel ne suffise point à séduire les âmes; ils mettent le panthéisme sous le patronage des noms les plus vénérés et les plus glorieux. Il n'y a pas un sage, il n'y a pas un homme de génie qu'ils n'appellent à son secours, et ils lui font un invincible rempart de tout ce que la philosophie a produit de plus grand, de tout ce que le genre humain respecte le plus.

Et admirez aussi la logique des écrivains du clergé. Que nous disions après Hégel que Malebranche c'est Spinoza chrétien; que nous répétions ce mot de Leibnitz : que Spinoza a cultivé certaines semences de la philosophie de Descartes[1], on se récrie, on

---

[1] Voyez Leibnitz, *Lettre à l'abbé Nicaise*, page 139 de l'édition

s'emporte, on nous accuse de faire trop d'honneur à Spinoza en le regardant comme un fils légitime, quoique égaré, de la grande famille cartésienne; et voici que ces adversaires ardents du spinozisme lui donnent, non plus seulement Malebranche pour complice, mais Leibnitz, mais Bacon, mais Descartes lui-même.

Il paraîtra impossible à plusieurs que des théolo-

Erdmann. — Le mot de Leibnitz ayant été diversement interprété, je mettrai le passage tout entier sous les yeux du lecteur : « Quoique je veuille bien croire qu'il a été sincère [Descartes ou un de ses disciples] dans la profession de sa religion, néanmoins les principes qu'il a posés renferment des conséquences étranges, auxquelles on ne prend pas assez garde. Après avoir détourné les philosophes de la recherche des causes finales, ou ce qui est la même chose, de la considération de la sagesse divine dans l'ordre des choses, qui, à mon avis, doit être le plus grand but de la philosophie, il en fait entrevoir la raison dans un endroit de ses principes, où, voulant s'excuser de ce qu'il semble avoir attribué arbitrairement à la matière certaines figures et certains mouvements, il dit qu'il a eu le droit de le faire, parce que la matière prend successivement toutes les formes possibles, et qu'ainsi il a fallu qu'elle soit enfin venue à celles qu'il a supposées. Mais si ce qu'il dit est vrai, si tout possible doit arriver, et s'il n'y a point de fiction, quelque absurde et indigne qu'elle soit, qui n'arrive en quelque temps ou en quelque lieu de l'univers, il s'ensuit qu'il n'y a ni choix, ni providence; que ce qui n'arrive point est impossible, et que ce qui arrive est nécessaire; justement comme Hobbes et Spinoza le disent en termes plus clairs. Aussi peut-on dire que *Spinoza n'a fait que cultiver certaines semences de la philosophie de M. Descartes*, de sorte que je crois qu'il importe effectivement pour la religion et pour la piété, que cette philosophie soit châtiée par le retranchement des erreurs qui sont mêlées avec la vérité. »

giens, des prêtres, des docteurs de Sorbonne, se soient jetés dans cet excès. Qu'on lise les ouvrages de M. Bautain et de ses disciples ; qu'on ouvre, par exemple, un livre composé sous les yeux du théologien de Strasbourg par un de ses disciples fidèles, M. l'abbé Isidore Goschler, on y verra les fruits de cette méthode pessimiste et désespérée, aujourd'hui dominante dans le clergé, et qui consiste à retrouver partout l'erreur présente et à y condamner pour toujours l'esprit humain. M. l'abbé Goschler a imaginé un procédé infaillible pour répandre le panthéisme à pleines mains dans l'histoire de la philosophie, en dépit de toute critique et de toute vérité. C'est de distinguer autant d'espèces de panthéisme qu'il y a de systèmes philosophiques : à l'aide de cet étrange procédé, nous voyons arriver tour à tour le panthéisme *physique*, le panthéisme *imaginatif*, le panthéisme *rationnel*, le panthéisme *intellectuel*, et d'autres panthéismes encore. Spinoza est à côté d'Aristote, et Platon tient sa place à côté d'Akiba et des kabbalistes. Voilà l'histoire de la philosophie à l'usage de l'école de Strasbourg, mère déplorable de cette grande distinction du rationalisme et de la philosophie, et de cette merveilleuse loi que toute philosophie rationnelle est panthéiste. L'*Essai sur le Panthéisme*, de M. l'abbé Maret, qui passe pour un livre savant et profond dans tout le clergé, et la *Théodicée chrétienne*, ouvrage supérieur encore, à ce que M. l'archevêque de Paris assure, ne sont guère que la thèse de M. Goschler développée. Et il y a en France, sur les sièges les plus élevés de l'épiscopat, des hommes qui encouragent ces déréglements et chargent leur esprit et leur caractère de la responsabilité de ces folies!

Nous ne les discuterons pas : nous ne prendrons pas au sérieux une histoire de la philosophie, toute d'imagination et de fantaisie, que le clergé changera peut-être demain. Nous chercherons seulement s'il y a dans l'état actuel de la philosophie une explication suffisante de cette espèce de terreur panique qui a gagné le clergé et qui fait voir à ses yeux troublés, dans tout philosophe, un panthéiste et un ennemi. Nous nous demanderons si la philosophie française, si la philosophie européenne sont en effet panthéistes; mais, avant d'entrer dans l'examen de cette question, nous croyons utile de placer ici quelques observations qui serviront à faire comprendre pourquoi elle a été traitée le plus souvent d'une manière si confuse et si embrouillée, et résolue en des sens si divers et si équivoques.

Un premier fait, dont il est difficile de n'être pas frappé, c'est l'extrême défiance du clergé en matière de doctrines philosophiques. Tout l'inquiète, tout lui fait peur, tout lui est un sujet d'ombrage. Sans cesse il perd de vue, sans cesse il viole cette règle de haute tolérance et de sagesse profonde qu'exprima si fortement un Père de l'Église : *In certis unitas, in dubiis libertas, in omnibus charitas*. Tantôt les opinions les plus innocentes sur les matières les plus libres lui paraissent grosses d'hérésie, infectées de panthéisme et d'athéisme; tantôt des doctrines éminemment chrétiennes, où la plus stricte orthodoxie n'a rien à désavouer, deviennent, à ses yeux, téméraires, impies, sacriléges, par cela seul qu'elles se rencontrent sous la plume d'un philosophe. Je donnerai un exemple décisif de chacun de ces deux genres d'illusion.

S'il y a au monde une doctrine généreuse et pure de toute impiété, c'est celle du progrès. Cette doctrine est chère à notre siècle, et à juste titre, car elle honore l'homme et glorifie Dieu. Elle est la clef de l'histoire, et, en donnant au genre humain le secret de ses misères et de ses agitations à travers les âges écoulés, elle lui découvre vers l'avenir des perspectives infinies. En quoi la religion peut-elle s'alarmer de ces nobles espérances? Et quelle inspiration fatale pousse les écrivains du clergé à heurter de front les instincts les plus vivaces de notre temps et à prodiguer aux intelligences d'élite qui savent les comprendre et s'efforcent de les régler, les accusations les plus flétrissantes?

J'accorde sans peine que la théorie du progrès n'est point de mise en pure et stricte théologie. Une religion n'existe en effet qu'à condition d'avoir un symbole de foi immuable. Quel catholique pourrait concevoir la folle pensée d'ajouter, de retrancher, de changer un seul article au symbole des apôtres? Toucher au symbole, c'est toucher à Dieu; modifier le symbole, c'est corriger Dieu. Le théologien par excellence, l'Ange de l'école, ce vaste et pénétrant génie, cet Aristote du xiii° siècle, capable de tout comprendre et de tout oser, mit sa gloire à n'être que l'exact et fidèle interprète de la doctrine chrétienne, *expositor et definitor*. Mais si la doctrine du progrès est, en un sens, inadmissible en théologie, est-ce une raison de la proscrire dans l'ordre des vérités philosophiques et sociales? De ce qu'on croit que Dieu a révélé aux hommes un certain nombre de vérités essentielles, est-ce à dire qu'il ait condamné le genre humain à une absolue immobilité, et que, pour éclairer notre raison, il ait dû la pétrifier?

Après s'être ainsi très-gratuitement inscrit en faux contre la doctrine du progrès, on va plus loin. On ose accuser de panthéisme, c'est-à-dire d'athéisme, quiconque ose prétendre que la vérité et la justice ne se manifestent et ne s'établissent parmi les hommes qu'à l'aide du temps. Croirait-on qu'il n'en faut pas davantage à de graves écrivains[1] pour ranger parmi les panthéistes les esprits les plus sobres, les plus mesurés, les plus discrets en toute matière théologique, M. Jouffroy, par exemple? Oui, M. Jouffroy est panthéiste pour avoir écrit des phrases comme celles-ci : « Ce n'est point de la vérité à l'erreur, et de l'erreur à la vérité, que voyage l'esprit humain,

---

[1] M. l'abbé Maret, *Essai sur le Panthéisme*, p. 27 et suiv., 47 et suiv.

mais d'une vérité à une autre, ou, pour mieux dire, d'une face de la vérité à une autre face, » Cette pensée fût-elle fausse, je demande ce qu'elle a à démêler avec le panthéisme. Quelle est cette mystérieuse affinité qui unit le panthéisme et la théorie du progrès[1]? Si c'est être impie et panthéiste que d'admettre que la vérité, immobile en elle-même, n'ap-

[1] Je rappellerai ici qu'un des pères de la doctrine moderne du progrès, c'est le plus austère des catholiques, Pascal. Voici quelques passages du célèbre morceau : *De l'autorité en matière de philosophie*. « Les secrets de la nature sont cachés ; quoiqu'elle agisse toujours, on ne découvre pas toujours ses effets : le temps les révèle d'âge en âge : et quoique toujours égale en elle-même, elle n'est pas toujours également connue... Cependant il est étrange de quelle sorte on révère le sentiment des anciens. On fait un crime de les contredire et un attentat d'y ajouter, comme s'ils n'avaient plus laissé de vérités à connaître.

N'est-ce pas là traiter indignement la raison de l'homme, et la mettre en parallèle avec l'instinct des animaux, puisqu'on en ôte la principale différence, qui consiste en ce que les effets du raisonnement augmentent sans cesse, au lieu que l'instinct demeure toujours dans un état égal? Les ruches des abeilles étaient aussi bien mesurées il y a mille ans qu'aujourd'hui, et chacune d'elles forme cet hexagone aussi exactement la première fois que la dernière. Il en est de même de tout ce que les animaux produisent par ce mouvement occulte. La nature les instruit à mesure que la nécessité les presse; mais cette science fragile se perd avec les besoins qu'ils en ont : comme ils la reçoivent sans étude, ils n'ont pas le bonheur de la conserver ; et toutes les fois qu'elle leur est donnée, elle leur est nouvelle, puisque la nature n'ayant pour objet que de maintenir les animaux dans un ordre de perfection bornée, elle leur inspire cette science simplement nécessaire et toujours égale, de peur qu'ils ne tombent dans le dépérissement, et ne permet pas

paraît dans l'homme que sous la condition du progrès et du temps, il y a un panthéiste et un athée que je

qu'ils y ajoutent, de peur qu'ils ne passent les limites qu'elle leur a prescrites.

« Il n'en est pas ainsi de l'homme qui n'est produit que pour l'infinite. Il est dans l'ignorance au premier âge de sa vie ; mais il s'instruit sans cesse dans son progrès ; car il tire avantage, non-seulement de sa propre expérience, mais encore de celle de ses prédécesseurs : parce qu'il garde toujours dans sa mémoire les connaissances qu'il s'est une fois acquises, et que celles des anciens lui sont toujours présentes dans les livres qu'ils en ont laissés. Et comme il conserve ces connaissances, il peut aussi les augmenter facilement : de sorte que les hommes sont aujourd'hui en quelque sorte dans le même état où se trouveraient ces anciens philosophes, s'ils pouvaient avoir vieilli jusqu'à présent, en ajoutant aux connaissances qu'ils avaient celles que leurs études auraient pu leur acquérir à la faveur de tant de siècles. De là vient que, par une prérogative particulière, non-seulement chacun des hommes s'avance de jour en jour dans les sciences, mais que tous les hommes ensemble y font un continuel progrès, à mesure que l'univers vieillit, parce que la même chose arrive dans la succession des hommes que dans les âges différents d'un particulier. De sorte que toute la suite des hommes, pendant le cours de tant de siècles, doit être considérée comme un même homme qui subsiste toujours, et qui apprend continuellement : d'où l'on voit avec combien d'injustice nous respectons l'antiquité dans ses philosophes ; car, comme la vieillesse est l'âge le plus distant de l'enfance, qui ne voit que la vieillesse de cet homme universel ne doit pas être cherchée dans les temps proches de sa naissance, mais dans ceux qui en sont les plus éloignés ?

« Ceux que nous appelons anciens étaient véritablement nouveaux en toutes choses, et formaient l'enfance des hommes proprement ; et comme nous avons joint à leurs connaissances l'expérience des siècles qui les ont suivis, c'est en nous que l'on peut trouver cette antiquité que nous révérons dans les autres. »

dénonce à la vigilance de M. l'abbé Maret ; c'est celui qui a écrit cette parole : *Veritas filia temporis, non auctoritatis* [1].

Les écrivains du clergé ne se bornent point à commettre témérairement la révélation sur des questions où il serait infiniment plus sage de laisser toute liberté. Leur zèle aveugle s'emporte jusqu'à condamner, dans les livres des philosophes, des doctrines que l'Église approuve expressément par l'organe de ses plus saints docteurs. Pourrait-on croire, si on ne lisait de ses propres yeux les mandements et les instructions pastorales de nos évêques, qu'on ait sérieusement reproché à M. Cousin de soutenir que la raison qui éclaire nos intelligences, variable et faillible en chacun de nous, parce que nos imperfections et nos misères en souillent trop souvent la pureté, échappe en elle-même et dans son fond aux limites de la personnalité humaine, qu'elle est divine dans son essence, qu'elle est Dieu même? Faut-il plaider devant des chrétiens la cause d'une telle doctrine? Faut-il citer encore une fois les paroles de saint Jean : *Le Verbe est la lumière qui éclaire tout homme venant en ce monde*, et ce commentaire décisif : *Nous avons tous reçu de sa plénitude?* Faut-il rappeler saint Augustin se complaisant, dans *la Cité de Dieu*, à mettre en lumière l'accord parfait de la philosophie et de la foi, et empruntant avec joie au saint vieillard Simplicien ce mot d'un platonicien qui

---

[1] Saint Augustin.

s'écriait en lisant l'Évangile de saint Jean, qu'il fallait l'écrire en lettres d'or au seuil de toutes les églises? A son tour, saint Augustin rend hommage à Platon « pour avoir enseigné que cette lumière d'esprit qui nous rend capables de comprendre toutes choses, c'est Dieu même qui les a créées[1]. » Les Pères platoniciens sont-ils suspects? je citerai saint Thomas[2], que ses sympathies pour Aristote et son réalisme assez équivoque n'ont pas empêché de se mettre d'accord sur ce point avec toute la tradition chrétienne. Bossuet enfin paraîtra-t-il à nos modernes apologistes un théologien assez attentif, assez scrupuleux, assez correct en orthodoxie? Qu'on ouvre le traité de *la Connaissance de Dieu et de soi-même :* Bossuet y répète à dix reprises différentes que nos

[1] *Cité de Dieu,* livre XII. — Je citerai encore ce beau passage des *Confessions* : « Si ambo videmus verum esse quod dicis, et ambo videmus verum esse quod dico, ubi, quæso, illud videmus? Nec ego utique in te, nec tu in me, sed ambo in ipsa, quæ supra mentes nostras est, incommutabili Veritate. » Livre XII, ch. 25.)

[2] Nous voyons tout en Dieu, dit saint Thomas, en tant que nous connaissons et discernons toutes choses par la participation de sa lumière. » (*Somme,* part. I, quest. 12, art. XI. — Voici le texte même du saint docteur : « Omnia dicimur in Deo videre et secundum ipsum de omnibus judicare, in quantum per participationem sui luminis omnia cognoscimus et dijudicamus. Nam et ipsum lumen naturale rationis participatio quædam est divini luminis, sicut etiam omnia sensibilia dicimur videre et judicare in sol, id est per lumen solis... sicut ergo ad videndum aliquid sensibiliter, non est necesse quod videatur substantia solis, ad videndum aliquid intelligibiliter non est necessarium quod videatur essentia Dei. »

idées universelles et nécessaires viennent de Dieu, sont Dieu même [1].

Toutefois il paraît que le grief principal, le crime irrémissible, c'est surtout d'avoir écrit cette pensée, d'où le panthéisme et l'impiété coulent à pleins bords : « La raison est le médiateur nécessaire entre Dieu et l'homme, ce *logos* de Pythagore et de Platon, ce Verbe fait chair qui sert d'interprète à Dieu et de précepteur à l'homme, homme à la fois et Dieu tout ensemble. » Nous ne sommes point théologien, mais il suffit de n'être pas entièrement étranger à la méditation du Nouveau Testament et à la lecture des Pères pour être assuré qu'il n'y a rien dans ces paroles dont se puisse alarmer à bon droit l'orthodoxie la plus sévère, pourvu qu'elle soit éclairée. Car enfin, où est ici la grande hérésie? est-ce de penser que la raison est le médiateur entre Dieu et l'homme? Mais saint Paul, alors, est hérétique, quand il dit que la seconde personne de la sainte Trinité, le Fils, est le *caractère de la substance du Père*, ce qui signifie pour tout le monde que le Verbe est la raison éternelle qui détermine l'être divin et le rend intelligible à soi-même et à tous les êtres raisonnables. L'impiété consisterait-elle à faire honneur à Pythagore et à Platon d'avoir comme pressenti la doctrine de l'incarnation? Mais on oublie donc ce mot de saint Clément d'Alexandrie, « que la philosophie fut pour les

---

[1] Particulièrement chapitre 9, article 5, pages 164, 166, 167, de l'édition de M. Jules Simon.

Grecs ce qu'avaient été pour les Juifs la loi et les prophètes, et qu'elle prépara les peuples à entendre la prédication de l'Évangile. » Loyales paroles auxquelles Bossuet n'a pas craint d'applaudir dans son *Discours de l'Histoire universelle*, et que la haine aveugle de nos modernes théologiens voudrait vainement effacer! Où est donc enfin le mystère d'impiété qui se cache en cette phrase tant dénoncée? C'est sans doute qu'elle nous montre dans le dogme de l'incarnation et dans le sacrement de l'eucharistie un symbole de l'union intime qui existe dès cette vie entre l'homme et Dieu par l'intermédiaire divin de la raison. Si l'on veut absolument que M. Cousin soit ici coupable, il faudra au moins convenir qu'il a d'illustres complices. Je n'en citerai que deux : avant le christianisme, Platon ; après, Malebranche [1].

Ces ombrages du clergé, cette défiance aveugle, cette espèce de peur superstitieuse que la philosophie lui inspire, et qui ont leur source, il faut bien le dire, dans l'extrême abaissement où sont tombées les études théologiques, telle est, selon nous, la première cause qui a empêché les apologistes contemporains de voir bien clair dans la question du panthéisme. Une seconde cause de confusion et d'erreur, c'est l'inconcevable incohérence des idées que s'est formées le clergé sur la nature, le caractère et l'origine des systèmes panthéistes. On écrit de gros livres contre le panthéisme moderne. Cherchez-y une définition pré-

[1] *Méditations chrétiennes*, VI, 3.

cise, une idée nette du panthéisme; pour une définition que vous demandez, vous en trouverez trois ou quatre, toutes fort différentes, quelques-unes absolument contradictoires. Que résulte-t-il de là? c'est que tel philosophe ne peut plus convenir qu'il accepte un principe pur au fond de tout panthéisme, sans avoir l'air de s'accuser lui-même ; tel autre philosophe, panthéiste en effet, peut soutenir avec vraisemblance et en certains cas mêmes doit soutenir qu'il ne l'est pas. Par suite, des ambiguïtés perpétuelles, des accusations calomnieuses, des rétractations équivoques, des professions de foi à double entente, l'absence de toute loyauté dans l'attaque, de toute franchise et de toute liberté dans la défense, une obscurité, une incertitude, une confusion impénétrables.

La définition du panthéisme la plus généralement admise, et cependant la plus fausse de toutes, est celle-ci : le panthéisme consiste à absorber Dieu dans l'univers, l'infini dans le fini ; en un mot, c'est la théorie de l'univers-Dieu [1]. Concevoir l'ensemble des êtres comme un tout composé de parties, voir dans chaque partie de ce tout une partie de Dieu, et Dieu dans le tout lui-même, voilà bien, en effet, un système de philosophie qui, à défaut d'autres avantages, possède incontestablement celui d'être clair.

---

[1] M. l'abbé Maret, *Essai sur le Panthéisme*, p. 101. — *Ibid.*, p. 208. — M. l'abbé Goschler, *du Panthéisme*, p. 15. — M. l'abbé Bautain, *Philosophie du Christianisme*, t. II, lettre 27, 33 et 34. — M. l'évêque de Chartres, *Lettres à l'Univers religieux*.

Ce système n'est pas nouveau ; avant Cabanis et Volney, Gassendi et Hobbes l'avaient professé, et avant eux Épicure et Démocrite. Il porte un nom bien connu, c'est le matérialisme. Certes, s'il plaît aux écrivains du clergé d'appeler ce système le panthéisme, ils ont bien raison de soutenir que le panthéisme équivaut à l'athéisme ; car il est clair que n'admettre d'autre réalité que celle de ce monde visible, ce n'est pas unir Dieu avec le monde, ce n'est pas répandre Dieu dans le monde, c'est nier Dieu. On dit bien qu'il y a un Dieu, savoir, le tout ; mais, en conservant le nom, on ôte la chose. Voilà une doctrine assurément bien basse, bien grossière, bien dégradante ; mais, de grâce, à qui persuadera-t-on que cette doctrine soit celle qui exerce aujourd'hui sous le nom de panthéisme une sorte de fascination sur les imaginations et les âmes ? Qui consentira à reconnaître sous ces traits ce système des Plotin, des Bruno, des Spinoza, qu'on appelle avec emphase la grande hérésie du xixe siècle ? Je demanderai aussi par quelle incohérence d'idées déplorable, M. l'abbé Maret, par exemple, est conduit à définir le panthéisme l'absorption de l'infini dans le fini, pour l'identifier un instant après[1] tout aussi faussement avec une doctrine diamétralement opposée celle qui absorbe le fini dans l'infini, l'univers en Dieu, et aboutit à cette extravagante conclusion que Dieu seul existe et que le monde n'est pas ? Étrange polémique

---

[1] *Essai sur le Panthéisme*, p. 133. — *Ibid.*, p. 189.

en vérité qui combat sous le même nom les deux systèmes les plus contraires qui se puissent concevoir !

On nous dispensera sans doute de démontrer que la doctrine de l'école d'Élée n'est pas celle de Fichte, de Schelling et de Hégel, celle de M. Cousin, de M. de Lamennais, de Jouffroy. Chose singulière, on accuse tous ces philosophes de spinozisme, identifiant ainsi, et cette fois avec raison, le spinozisme et le panthéisme. Or il arrive qu'à s'en tenir strictement aux deux précédentes définitions du panthéisme, Spinoza cesserait d'être panthéiste. On tombe en effet dans une double méprise au sujet de Spinoza. Tantôt on nous le représente comme un mystique absorbé dans la contemplation de l'infini, enivré par une perpétuelle extase, oubliant et le monde et soi-même au sein de Dieu; tantôt on veut faire de lui un grossier matérialiste, un athée sans pudeur qui s'épuise à prouver géométriquement qu'il n'y a point de Dieu. L'erreur est égale de part et d'autre, et l'on défigure presque également l'austère et calme physionomie de ce métaphysicien-géomètre élevé à l'école de Descartes, en le représentant comme un *mouni* indien, ou comme un pourceau d'Épicure. La clef du système de Spinoza, qui est aussi celle du panthéisme, c'est la conception d'une activité infinie qui se développe, par la nécessité de sa nature, à travers l'espace et le temps, en une variété inépuisable d'êtres successifs et limités, qui apparaissent tour à tour sur la scène changeante du monde pour bientôt disparaître et céder la place à de nouveaux êtres, dans une métamorphose perpétuelle, sans terme et sans repos. Cette source qui ne tarit pas, ce centre immobile et fécond d'où la vie rayonne, cette éternité du sein de laquelle s'écoule le temps, cet océan sans fond et sans rives, dont tous les êtres sont des flots, voilà Dieu. Ce nombre infini d'êtres mobiles et fugitifs qui se succèdent dans la durée, qui se bornent dans l'étendue, s'opposent ou s'unissent, se combinent ou se séparent en mille façons variées, mais suivant un ordre nécessaire, voilà le monde. Dans un tel système, il est clair que Dieu n'est pas plus sans le monde que le monde sans Dieu. Le monde sans Dieu, c'est une série infinie d'effets sans cause, de modes sans substance, de phénomènes sans ordre et sans raison. Dieu sans le monde, c'est l'être absolument indéterminé, sans attributs et sans différence, incompréhensible et ineffable, c'est-à-dire une abstraction stérile et morte, un véritable néant d'existence. Et cependant on ne saurait dire que Dieu et le monde soient ici confondus et rigoureusement identifiés. Ils ne sont point séparés sans doute, ni même séparables : ils existent l'un avec l'autre, et, pour ainsi dire, l'un par l'autre; mais ils restent distincts, comme l'éternité est distincte du temps, l'immensité des formes de l'étendue, la substance une et identique de la variété et de la multiplicité de ses modes, la cause enfin de ses effets, même nécessaires. C'est donc imposer à la doctrine de Spinoza et au panthéisme deux formules également fausses que de les définir : l'absorption du fini dans l'infini, formule du théisme extravagant de l'école d'Élée, rêve à la fois grandiose et puéril de la philosophie grecque au berceau ; ou bien, l'absorption de l'infini dans le fini, formule de l'athéisme absolu de Démocrite et d'Épicure. La vraie formule du panthéisme, c'est l'union nécessaire du fini et de l'infini, la consubstantialité et la coéternité d'un univers toujours changeant et d'un Dieu immuable[1].

Le panthéisme ainsi défini et nettement séparé de

[1] Dans ces derniers temps on a trop considéré Spinoza comme un mystique, en qui le sentiment de l'infini avait étouffé celui de la réalité et de la vie. On lui attribue des pensées de renoncement et de mortification toutes chrétiennes et par conséquent très-opposées à l'esprit de sa philosophie ; celle-ci, par exemple : *La vie n'est que la méditation de la mort*, pensée admirable dans le *Phédon* et dans l'*Imitation de Jésus-Christ*, mais qu'il serait étrange de rencontrer dans l'*Éthique*. Aussi bien y trouve-t-on en termes exprès la maxime diamétralement opposée : « La chose du monde, dit Spinoza, à laquelle un homme libre pense le moins, c'est la mort, et sa sagesse n'est point une méditation de la mort, mais de la vie. » — *Homo liber de nulla re minus quam de morte cogitat, et ejus sapientia non mortis, sed vitæ meditatio est. Ethices*, pars IV, prop. LXVII.) — Dans un autre passage, Spinoza se plaint qu'on représente aux hommes la vie vertueuse comme une vie triste et sombre, une vie de privation et d'austérité, où toute douleur est une grâce et toute jouissance un crime : *Oui*, ajoute-t-il avec force, *il est d'un homme sage d'user des choses de la vie et d'en jouir autant que possible, de se réparer par une nourriture modérée et agréable, de charmer ses sens du parfum et de l'éclat verdoyant des plantes, d'orner même son vêtement, de jouir de la musique, des jeux, des spectacles et*

ce qui n'est pas lui, il faut reconnaître que sa place est grande aujourd'hui dans le mouvement de la philosophie européenne. Depuis quarante ans, il triomphe en Allemagne ; si l'Italie le repousse avec énergie par l'organe de ses penseurs les plus respectés, les Galuppi, les Ventura, les Rosmini ; si l'Angleterre, fidèle à ses vieilles traditions, refuse d'abandonner cet empirisme héréditaire que Bacon légua à Locke, Locke à Hume et à Bentham, on ne saurait contester qu'en France, les spéculations hardies de Schelling et de Hégel n'aient rencontré tout au moins de très-vives sympathies. C'est là sans nul doute un fait considérable, et les adversaires de la philosophie ont parfaitement le droit de le constater ; mais le droit de prendre acte d'un fait n'est pas celui de le défigurer, et tout homme sage conviendra que c'est un mauvais moyen de guérir une époque malade que de la tromper et de se tromper soi-même sur la nature, la gravité et les causes de son mal.

Le clergé veut reconquérir le siècle : c'est son droit ; mais c'est aussi son devoir et en même temps son intérêt de ne pas méconnaître, de ne pas calomnier ceux qu'il désire appeler à lui. On déclame contre le matérialisme et l'impiété ; on prodigue l'accusation d'athéisme. Calomnies stériles ! vains anathèmes que le siècle ne comprend pas et qu'il écoute à peine ! C'est que le siècle n'est point impie ; le matérialisme

de tous les divertissements que chacun peut se donner sans dommage pour personne. Éthique. trad. franç., t. II, p. 207.)

n'a guère de prise aujourd'hui que sur les esprits vulgaires. Le siècle a adopté avec transport une philosophie plus noble; il demande, il implore une foi; il est avide de Dieu. On m'objectera la prédominance incontestable du panthéisme dans la philosophie européenne. Je réponds, au risque de surprendre et même de scandaliser certaines personnes, que parmi les causes qui expliquent ce phénomène philosophique, la principale, à mes yeux, c'est la renaissance du sentiment religieux en France et en Europe depuis ces quarante dernières années. J'avoue que ce rapprochement est un paradoxe et un scandale pour ceux qui identifient le panthéisme avec le matérialisme et l'athéisme. Quiconque cependant portera un regard attentif et libre sur la nature du panthéisme n'hésitera point à reconnaître qu'il dérive avant tout d'un sentiment essentiellement religieux à sa source, bien qu'égaré dans son terme et dans tout son cours, je veux dire le sentiment profond de l'inconsistance des choses finies et de l'immensité, de la toute-puissance, de la toute-présence de Dieu. C'est ainsi que s'explique la coexistence de ces deux faits, qui sont assurément les plus considérables de notre époque : d'une part, le réveil de l'instinct religieux; de l'autre, les progrès du panthéisme, qui tend à succéder en philosophie au sensualisme et au scepticisme de nos pères. Qu'on veuille bien prêter ici quelque attention à des éclaircissements nécessaires, et j'ose croire que l'intime union du sentiment religieux et du vrai panthéisme prendra un caractère d'évidence incontestable.

La philosophie a un double objet, comme la connaissance humaine a une double condition. L'infini et le fini, l'existence absolue et l'existence relative. Dieu et le monde, voilà les deux termes de la philosophie, les deux pôles de la pensée. Toute âme un peu élevée sent d'une manière plus ou moins confuse, mais invincible, que le fini ne se suffit pas, que ce monde si harmonieux et si beau, mais où tout s'écoule, dérobe à nos faibles yeux une existence éternelle ; qu'il faut à l'intelligence, au delà de ces limites et de ces phénomènes, un plus haut principe, à l'amour un plus digne objet. Et d'un autre côté, quel philosophe, quel homme, si haut que la conception de l'infini ravisse sa pensée, peut fermer absolument les yeux à l'attrayant et riche spectacle que nous offre ce monde visible, et perdre à ce point le sentiment de la réalité et de la vie, s'oublier à ce point soi-même, que ce double univers de la conscience et de la nature ne soit plus pour lui qu'une vaine fantasmagorie? Si l'athéisme est le dernier degré de l'abaissement intellectuel et moral, un pareil théisme porté à son excès serait le dernier terme de la folie. Ce sont là de véritables monstres, dans le monde philosophique, et l'on peut dire avec Pascal que la nature soutient ici la raison impuissante et l'empêche d'extravaguer jusqu'à ce point. Mais si la nature, si le sens commun fournit à toute âme humaine les deux termes du problème philosophique, et nous parle si haut de la nature et de Dieu, il ne nous dévoile qu'avec une confusion extrême l'essence intime et le mystérieux rapport de l'un et de l'autre. Or, la grande affaire, en haute métaphysique, ce n'est point de trouver l'un ou l'autre de ces termes, qui sont donnés par la conscience et le sens commun, mais d'en pénétrer assez profondément la nature pour en comprendre la coexistence et les mettre en un juste rapport. C'est ici que commence le rôle de la science, de la philosophie. Ce qui se manifeste sourdement à la conscience du genre humain par de vagues aspirations, par des pressentiments obscurs et mystérieux, la philosophie veut le traduire en conceptions précises, en explications lumineuses, et, sans se séparer jamais du sens commun, elle aspire à l'emporter à sa suite dans une carrière qui s'agrandit sans cesse avec les âges.

Qu'on veuille bien songer un instant à la prodigieuse difficulté d'une telle entreprise. Il ne faut point sans doute un grand effort à une âme un peu philosophique pour s'élever au-dessus de ce torrent d'êtres périssables et de formes fugitives jusqu'à l'être invisible et parfait, jusqu'à Dieu; mais cette haute région une fois atteinte, il s'agit de la reconnaître et de s'y orienter : il s'agit de trouver au sein même de cet infini, où la pensée a un moment oublié le monde, une voie qui nous y ramène. Venons-nous à concevoir Dieu comme un être nécessaire au monde, mais séparé de lui, de telle sorte que la substance et l'être même du monde soient en dehors de la substance de Dieu, qu'en retranchant le monde, Dieu reste tout entier, et qu'il ne manque au monde, après qu'on a supprimé Dieu, que l'ordre, le mouvement et la vie : la raison ne peut se satisfaire d'une telle conception, Dieu n'est plus l'être des êtres, la source même et le dernier fond de toute existence, mais un certain être, excellent sans doute, mais d'une excellence misérable, pour ainsi dire, au prix de la perfection absolue : Dieu infécond, qui meut les mondes et ne peut donner l'être à un grain de sable; Dieu solitaire et égoïste, sans providence et sans amour, pour qui penser au monde ce serait déchoir; Dieu limité au fond et presque inutile dans l'éclat trompeur de son oisive perfection.

Effrayée de ce dualisme qui, en séparant Dieu du monde, prête au monde une indépendance et une stabilité qu'il n'a pas et rabaisse étrangement la majesté divine, la pensée humaine se jette sans mesure à l'extrémité opposée. Pénétrée jusqu'à l'excès du sentiment de la faiblesse de son être, de la profonde insuffisance de ce monde qui s'écoule et qui passe, l'âme, avide de l'infini, cherche une existence absolue et parfaite qui porte et soutienne son néant ; cet être parfait, souverain, infini, elle le sent, elle le voit partout, dans la nature comme au fond d'elle-même. Dans son désir, dans son ivresse, elle dépouille l'univers de tout ce qu'elle y trouve de beauté, de grandeur, de perfection, et ne lui laisse que ses limites ;

elle se dépouille elle-même de toute existence propre et distincte, de toute liberté. Elle ne voit dans la nature que la force de Dieu, dans l'âme que sa pensée : elle proclame que la nature et l'humanité ne sont autre chose que le développement varié de l'activité divine, seule immuable, seule éternelle. Mais cet enchantement ne peut durer. L'esprit humain, un instant séduit, ne peut tarder à reconnaître qu'en rattachant si étroitement le monde à son principe, non-seulement on abaisse outre mesure l'homme et la nature, mais on enchaîne et on dégrade le premier principe lui-même. Si le monde, si la nature et l'humanité ne sont rien sans Dieu, que sera Dieu sans le monde? l'activité absolue non encore développée, la pensée indéterminée sans conscience d'elle-même, une existence qui, dans sa perfection stérile, touche au néant. Si Dieu, considéré en soi, n'a pas conscience de lui-même, il faut s'écrier avec cet ancien : Que devient sa dignité? Τὶ ἂν εἴη τὸ σεμνόν [1]; si Dieu ne peut pas ne pas produire le monde, où est son indépendance, sa plénitude, sa liberté? Dans la nécessité absolue de ce développement éternel s'évanouissent avec la liberté, et la sagesse, et la justice, et la bonté, et tous ces attributs sublimes qui font Dieu accessible et adorable au genre humain. A quoi donc a-t-il servi de dépouiller ce monde de sa part légitime d'individualité, de ravir à l'âme humaine son attribut le plus

---

[1] Aristote, *Métaph.*, livre XII, ch. 9.

excellent, la liberté, pour la refuser ensuite à Dieu même, et le rabaisser presque, dans son aveugle et fatale activité, au-dessous de cette humanité misérable et imparfaite qui n'existe qu'en lui et par lui?

Voilà la pensée humaine suspendue entre deux écueils. Être dualiste, c'est presque renoncer à Dieu; être panthéiste, c'est presque renoncer à soi-même. Extrémités fatales entre lesquelles le génie et la sagesse même ont bien de la peine à tenir la route! Les métaphysiciens du clergé s'imaginent que le christianisme a levé la difficulté par le dogme de la création; c'est se méprendre étrangement. En vérité, si peu que l'on connaisse l'histoire de l'esprit humain et les terribles difficultés des problèmes métaphysiques, il est difficile de retenir un sourire en voyant ces contempteurs altiers de la philosophie, qui font si bon marché du panthéisme et le réfutent en quelques lignes, qui le prennent si haut avec Platon, avec Aristote, avec Spinoza, nous donner le dogme de la création comme l'explication merveilleuse, inattendue, incomparable, du rapport qui unit le fini avec l'infini. La création, voilà le grand mot de l'énigme, voilà la parole magique qui fait tomber tous les voiles et dissipe toutes les ténèbres. Et sans doute le dogme de la création est digne de tous nos respects; mais qu'on aille au fond de ce dogme : à la place d'une explication positive du problème, on n'y trouvera qu'une règle de sagesse sur un mystère impénétrable, une sorte de digue opposée par la sagesse des conciles aux témérités des théologiens et des philosophes[1]. Or si le sens commun se contente de cette sage

[1] « Quand la métaphysique chrétienne s'organisa dans les écrits des Pères et par les décrets des conciles, elle rencontra ces deux grands adversaires, le Dualisme et le Panthéisme, et les combattit tous deux avec une égale vigueur. Contre le Dualisme, elle établit la parfaite unité du premier principe. Contre le Panthéisme, elle maintint la distinction radicale de Dieu et du monde. A ses yeux, le Dualisme n'est qu'un Manichéisme déguisé; et le Panthéisme, une tentative sacrilége de diviniser la nature. Oui, sans doute, Dieu est distinct du monde; mais le monde est son ouvrage, et l'être du monde dépend du sien. Et, d'un autre côté, ce lien de dépendance, si fort qu'il puisse être, laisse au monde une réalité propre, fondée sur la volonté de Dieu, et profondément distincte de sa substance. Le Verbe seul est consubstantiel à Dieu; Dieu ne le fait pas, ne le crée pas, il l'engendre (*genitum, non factum, consubstantialem Patri*). Dire que le monde est une émanation de la substance divine, c'est une parole aussi sacrilége que de soutenir que le Verbe est une créature du Père. Dans le premier cas, on élève le monde à la dignité de Dieu; dans le second, on abaisse Dieu au niveau de la misère humaine. Dieu a donc fait le monde, et il l'a fait de rien : en d'autres termes, il l'a fait sans le tirer de soi-même et sans avoir besoin d'aucun principe étranger. Voilà la création.

« Si l'on demande maintenant comment Dieu a fait le monde, le système de la création ne répond pas. Ce système n'est point une explication du rapport du fini à l'infini, une troisième conception métaphysique substituée à la conception dualiste et à la conception panthéiste. En d'autres termes, c'est une troisième conception, si l'on veut, mais qui est tout entière dans l'exclusion commune des deux autres.

« Toute philosophie qui admet la coexistence du fini et de l'infini, de Dieu et du monde, reconnaît que le monde dépend de Dieu, que l'infini agit sur le fini. Ce sont les termes mêmes du problème. Le problème, c'est d'expliquer la nature de cette dépen-

réserve, elle ne suffit pas à la science, à l'ardente et insatiable curiosité de l'esprit humain. Même au sein du christianisme, même aux époques où la raison acceptait sans murmure et sans réserve le joug béni de la révélation et de ses mystères, vous voyez reparaître le grand problème, vous le voyez ramener les deux solutions opposées que l'antiquité lui donna

dance, le *comment* de cette action. Le Dualisme l'explique à sa manière, le Panthéisme à la sienne ; le système de la création ne l'explique pas. C'est peut-être un trait de sagesse profonde de ne rien expliquer ici ; mais enfin on n'explique rien. On écarte d'une main le Dualisme, de l'autre le Panthéisme, et on laisse étendu sur le problème lui-même le voile épais que chacun de ces systèmes essayait de soulever.

On remarquera que cette question : Le monde a-t-il ou non un commencement dans le temps? n'est pas strictement engagée dans celle de la création. La plupart des métaphysiciens chrétiens, en donnant un commencement au monde, n'ont voulu qu'exprimer fortement la liberté du Dieu créateur. Si, en effet, la création est éternelle, elle peut paraître nécessaire et fondée sur l'essence de Dieu plutôt que sur sa volonté; pour être parfaitement libre, il faut donc qu'elle ait commencé. Toutefois, cela n'est point strictement nécessaire, et il ne faut pas s'étonner de voir Leibnitz, partisan sincère de la création, incliner à un monde infini et éternel, ni de rencontrer dans les Pères les plus accrédités, dans saint Augustin, par exemple, des pensées comme celles-ci :

« Dieu a toujours été avant les créatures, sans jamais exister sans elles, parce qu'il ne les précède point par un intervalle de temps, mais par une éternité fixe. » (*Cité de Dieu*, livre XII.)

« C'est que le commencement de la création n'est qu'une expression très-sensible et très-forte de ce que le christianisme veut surtout inculquer aux âmes, savoir : que la création est distincte du Créateur, et qu'elle est l'ouvrage de sa libre volonté. » (*Introduction aux Œuvres de Spinoza*, trad. franç., t. I, p. 77, 78.)

tour à tour, et les théologiens et les penseurs se passionner tantôt pour l'une et tantôt pour l'autre, sans que jamais l'esprit humain ait pu se satisfaire d'aucune des deux. Quel est en effet le sens de ces grandes querelles du nominalisme et du réalisme qui ont si fortement agité, au moyen âge, et l'Église et l'État? Dans cette nuit épaisse d'arides discussions, l'historien philosophe découvre les éternels problèmes qui tourmentent toute âme élevée : sous cette écorce de barbarie, il sent pour ainsi dire battre le cœur de l'humanité, toujours inquiète, toujours avide de lumière et de vérité au sein même des époques les plus misérables. Qu'est-ce qui a fait la force du réalisme, sinon ce principe que la véritable existence n'est point dans ces frêles individualités qu'un jour fait naître et qu'un autre jour détruit, mais dans un premier Universel qui possède l'être en propre et le dispense à toutes choses? Et contre le réalisme qui triomphe sous la protection puissante du christianisme, qui soutient les efforts toujours opprimés et toujours renaissants du nominalisme, sinon ce sentiment énergique et profond de l'individualité et de la liberté humaine, qui fit la gloire et les malheurs d'Abélard et d'Okkam? Le dualisme et le panthéisme reviennent donc ici sous la forme du nominalisme et du réalisme; or, si l'on y prend garde, quels sont les philosophes et les théologiens qui ont laissé éclater pour le réalisme une incontestable sympathie? ce sont les génies essentiellement spiritualistes et religieux, un Platon, un Plotin, un saint Augustin, un saint Anselme ; et de quel côté penchait, je le demande, celui qui a dit : *Dieu n'est pas loin de chacun de nous ; c'est en lui que nous vivons, que nous nous mouvons, que nous existons?* L'apôtre qui écrivait ces hautes paroles ne s'inspirait-il pas lui-même de cette autre parole que l'Écriture place dans la propre bouche de Dieu : Je suis celui qui est, *ego sum qui sum?*

Mais je dois me hâter d'expliquer ma pensée et de la circonscrire dans de justes limites. Personne n'est plus éloigné que moi de penser que le christianisme et le panthéisme puissent jamais s'accorder Comment soutenir en effet une identité, un accord aussi étranges, lorsqu'il est incontestable, d'une part, que le principe fondamental du panthéisme, c'est la coexistence nécessaire et la consubstantialité de Dieu et de l'univers ; de l'autre, que le principe contraire est écrit, pour ainsi dire, en caractères éclatants à chaque page de la métaphysique chrétienne? Qu'exprime en effet, pour un chrétien philosophe, le dogme de la sainte Trinité, sinon que Dieu considéré en soi, dans la plénitude solitaire de son existence absolue, n'est point un être indéterminé, une activité purement virtuelle, une abstraite et inerte unité, mais un principe vivant, une intelligence qui se possède et qui s'aime, féconde sans sortir de soi, n'ayant rapport nécessaire qu'à soi, n'ayant besoin que de soi, se suffisant pleinement à soi-même dans son éternelle et ineffable béatitude? De là la parfaite indépendance de

Dieu et la parfaite liberté de l'acte créateur. En donnant l'être au monde, Dieu n'augmente ni ne diminue son incommunicable et indéfectible perfection. Ce n'est point en effet de sa substance qu'il tire l'univers, ni d'une substance étrangère. Il dit, et les mondes sortent du néant. Voilà le miracle, voilà le mystère de la création. Dieu ne tire de soi que ce qui est égal à soi. Le Père engendre le Fils, le Saint-Esprit procède de l'un et de l'autre, et, dans cette région sublime, la coéternité et la consubstantialité sont nécessaires. Partout ailleurs elles sont impossibles et sacriléges. Tout ce qui n'est pas Dieu diffère infiniment de Dieu et est séparé de lui par un abîme infranchissable [1].

Ce Dieu si prodigieusement éloigné de l'homme, un mystère d'amour l'en va rapprocher : Dieu s'incarne dans l'homme. Ne croyez pas pourtant que Dieu et l'homme deviennent consubstantiels. La personne divine et la personne humaine s'unissent, il est vrai, et même s'identifient dans le divin Rédempteur; mais la distinction des natures subsiste. Et comme en Dieu la triplicité des personnes n'ôte pas l'unité de substance, dans l'homme-Dieu l'unité de la personne ne saurait effacer la diversité des natures, tant le christianisme a voulu maintenir dans

---

[1] Le caractère que nous assignons ici à la Trinité est parfaitement exprimé dans les images que les artistes chrétiens en ont tracées. Voyez la curieuse et savante *Iconographie chrétienne* de M. Didron.

la variété nécessaire de la vie divine l'unité du principe divin, et dans l'union intime de l'homme et de Dieu l'ineffaçable séparation de la créature et du créateur.

Rendue à sa pureté par son union avec Dieu, l'âme humaine redevient digne du ciel, et Jésus-Christ, sorti vivant des bras de la mort, lui en montre la route; mais en vain l'âme religieuse, dans un mystique élan, aspire à se perdre elle-même au sein de l'objet aimé : Dieu ne peut lui promettre que ce que l'éternelle raison permet d'accorder; s'il veut l'unir à soi par une intelligence plus immédiate et plus pleine, par un amour plus épuré, il ne peut l'égaler à soi. Ce n'est point l'identification impossible rêvée par la chimérique Alexandrie que le christianisme promet à ses saints, mais la vision béatifique, la contemplation face à face; union adorable et profonde, mais qui maintient encore au comble du plus pur amour le principe nécessaire et sauveur de la séparation des substances. Certes, quiconque sait entendre cette haute métaphysique, et s'est résolu, dans son esprit et dans son âme, à ne laisser jamais échapper la chaîne solide que forme la suite de ces dogmes, ne tombera jamais dans le panthéisme. Nous sommes donc aussi éloigné que personne de soutenir que les grands docteurs de l'Église aient jamais professé expressément le principe de la consubstantialité du monde et de Dieu; mais nous disons qu'ils y ont visiblement incliné, sans le vouloir et sans le savoir, toutes les fois que, ne pouvant se contenter de la règle de haute réserve donnée par l'Église, ils ont voulu porter la lumière sur le rapport mystérieux et inexpliqué qui unit la terre au ciel, le fini à l'infini, l'homme à Dieu[1]. Arrivés par l'irrésis-

---

[1] Qu'il nous suffise de citer pour preuve la fameuse théorie de la *prémotion* ou *prédétermination physique*, proposée par saint Thomas, adoptée par la plupart des éminents théologiens, et qui, pour expliquer le libre arbitre de l'homme, le détruit de fond en comble, et l'étouffe en quelque sorte sous l'action divine. Voici comment Bossuet expose cette doctrine dans son *Traité du libre arbitre* :

« D'autres ajoutent [ce sont les thomistes] que Dieu fait encore immédiatement en nous-mêmes que nous nous déterminons d'un tel côté ; mais que notre détermination ne laisse pas d'être libre, parce que Dieu veut qu'elle soit telle ; car, disent-ils, lorsque Dieu dans le conseil de sa providence dispose des choses humaines et en ordonne toute la suite, il ordonne par le même décret ce qu'il veut que nous souffrions par nécessité, et ce qu'il veut que nous fassions librement. Tout suit, et tout se fait, et dans le fond et dans la manière, comme il est porté par ce décret. Et, disent ces théologiens, il ne faut point chercher d'autres moyens que celui-là pour concilier notre liberté avec les décrets de Dieu ; *car comme la volonté de Dieu n'a besoin que d'elle-même pour accomplir tout ce qu'elle ordonne, il n'est pas besoin de rien mettre entre elle et son effet : elle l'atteint immédiatement, et dans son fond, et dans toutes les qualités qui lui conviennent....*

« L'efficace de la volonté divine est si grande que non-seulement les choses sont absolument dès là que Dieu veut qu'elles soient, mais encore qu'elles sont telles, dès que Dieu veut qu'elles soient telles, et qu'elles ont une telle suite et un tel ordre dès que Dieu veut qu'elles l'aient ; *car il ne veut pas les choses en général seulement ; il les veut dans tout leur état, dans toutes leurs propriétés, dans tout leur ordre...* Dieu donc veut le premier, parce qu'il est le premier être et le premier libre ; et *tout le reste veut après lui, et veut à la*

tible essor d'une curiosité sublime à ce faîte des spéculations humaines, je dis que leur raison a quelquefois perdu ce sage équilibre que le christianisme ordonne, et que, plus pressés de rattacher l'homme à Dieu que de maintenir les droits de l'individualité des êtres libres, ils ont penché vers le principe séduisant et périlleux de la consubstantialité universelle[1].

Nous ne voulons tirer de là qu'une conclusion très-simple et qui ne sera constestée d'aucun esprit impartial, pourvu qu'il soit libre de faux préjugés : c'est que, si forte que puisse être l'opposition du panthéisme et du christianisme, si téméraire que fût la pensée de les concilier, cette erreur serait moindre encore que l'identification opérée par le clergé entre

manière que Dieu veut qu'il veuille... Car le propre de Dieu, c'est de vouloir, et en voulant de faire dans chaque chose et dans chaque acte ce que cette chose et cet acte sera et doit être... C'est ainsi qu'il fait tout ce qu'il lui plaît dans le ciel et dans la terre, et que *dans sa seule volonté suprême est la raison a priori de tout ce qui est.* » (Bossuet. *Du libre arbitre*, ch. VIII.

[1] A défaut d'une démonstration régulière, je citerai ici quelques passages significatifs de saint Augustin, de Bossuet et de Fénelon :
« Non ergo essem, Deus meus, non omnino essem, nisi esses in me. An potius non essem, nisi essem in te, ex quo omnia, per quem omnia, in quo omnia. » (*Confessions*, livre I, ch. 2.—Comp., ibid., livre VI, ch. 3.

« O Dieu ! dit Fénelon, il n'y a que vous. Moi-même, je ne suis point. » — « Je ne suis qu'un amas de pensées successives et imparfaites. » — « Il n'y a que l'Unité ; elle seule est tout, et après elle, il n'y a plus rien ; tout le reste paraît exister. » (*De l'Existence de Dieu*, seconde partie.

le panthéisme et l'athéisme. Nous sommes heureux de consigner ici un aveu échappé à la sincérité d'un membre du clergé dont nous avons reconnu plusieurs fois l'équitable modération : « La raison moderne, dit M. l'abbé Maret, ne nie pas formellement Dieu ; mais après avoir perdu l'intelligence du dogme chrétien, agitée par une inquiète et douloureuse ardeur, elle cherche, dit-elle, quelque chose de mieux que ce dogme : elle poursuit une conception de Dieu plus parfaite. » Nobles paroles dans la bouche d'un prêtre, et qui honorent également la pénétration et la loyauté de l'écrivain qui a eu le courage de les prononcer ! Mais si tel est le véritable état des choses, je demande alors au clergé et à M. l'abbé Maret lui-même quel aveugle emportement les entraîne à confondre le panthéisme et le matérialisme dans la même définition et les mêmes anathèmes ?

Que le clergé connaisse mieux l'esprit de notre siècle, et s'il aspire à ressaisir l'empire des intelligences, qu'il leur parle un langage mieux fait pour elles. Ce n'est pas en rompant brutalement en visière à l'esprit nouveau qu'on parviendra à s'en rendre maître. La première condition pour gouverner les âmes, c'est de comprendre et de partager leurs besoins. A quoi sert de s'armer des préjugés d'une foule ignorante ? C'est aux esprits d'élite qu'il faut parler ; ceux-là mènent les autres. Les violences, les injures, ne sont point ici de mise. De tels moyens, mortels pour les mauvaises causes, sont nuisibles pour les meilleures. C'est par la discussion, c'est par la liberté, que le clergé peut espérer de reconquérir une influence légitime et durable. De nos jours plus que jamais, les idées seules gouvernent les hommes.

La philosophie, au XIXe siècle, n'est plus le privilége de quelques intelligences supérieures ou le rêve de quelques solitaires. Elle a tout envahi. Elle a pénétré dans nos mœurs, dans nos institutions, dans nos codes; elle est dans chacune des libertés, dans chacun des droits que la société a conquis. Pourquoi l'Église déclarerait-elle la guerre à l'esprit nouveau? La place qui lui a été faite est belle encore; il n'y a qu'à la garder et à l'agrandir régulièrement. Que le clergé renonce à d'inutiles regrets, à de vaines espérances. Qu'il devienne libéral au sein d'une société libre, philosophe à une époque où la philosophie est l'aliment nécessaire des âmes, pacifique enfin, quand tout autour de lui aime et désire la paix.

Le clergé français s'inquiète beaucoup de l'invasion récente des spéculations allemandes dans notre pays. Derrière le panthéisme de Schelling et de Hégel, il voit l'exégèse de Strauss, et en présence de tels adversaires on ne peut, il est vrai, lui conseiller de rester désarmé. Aussi bien, son tort n'est-il pas de se défendre, mais de se défendre mal. Au lieu de se servir de la philosophie et de la raison contre le panthéisme, il a conçu la déplorable entreprise de se servir du panthéisme, qu'il défigure et n'entend pas, contre la philosophie et la raison. Si le clergé, mieux inspiré et plus fidèle à ses traditions glorieuses, engageait sérieusement aujourd'hui contre le panthéisme de l'Allemagne une loyale et légitime lutte, les auxiliaires lui viendraient de toutes parts, et il les verrait sortir des rangs mêmes de ces philosophes qu'il calomnie et qu'il connaît si mal. Les esprits attentifs ne voient-ils pas à l'horizon philosophique poindre les premiers commencements d'une réaction salutaire contre ces spéculations panthéistes dont l'Allemagne a rempli la France et l'Europe? Depuis trente années, il est vrai, la France a honoré la littérature et la philosophie germaniques d'une sympathie et d'un enthousiasme qui sont allés jusqu'à l'engouement. On commence aujourd'hui à se désenchanter, et à admirer l'Allemagne, que l'on connaît mieux; avec plus de calme, de discrétion et de mesure. En vérité la France philosophique a été, depuis près d'un siècle, et trop modeste et trop docile. Elle s'est d'abord traînée avec Condillac sur les pas de Locke et de la philosophie anglaise. Plus tard elle a cherché dans la philosophie écossaise un refuge contre le matérialisme de Cabanis et de Tracy; heureusement délivrée aujourd'hui de ce double esclavage, n'aurait-elle rien de mieux à faire que de se jeter dans les bras de la philosophie allemande? Il est temps que la France se souvienne qu'elle n'a pas besoin de courir l'Europe pour y trouver des maîtres, et que, sans rester fermée aux découvertes de ses voisins, la patrie de Descartes doit avant tout être elle-même.

La nouvelle génération philosophique est entrée avec ardeur dans cette voie nouvelle. Ces systèmes qui dans un obscur lointain lui apparaissaient sous des aspects si imposants, ces spéculations audacieuses de Fichte, de Hégel, de Oken, vues de plus près aujourd'hui, sont plus froidement et plus sévèrement appréciées. On commence à s'apercevoir que cette barbare et ambitieuse terminologie ne couvre pas toujours des profondeurs, que la fausse originalité se complaît dans ces ténèbres volontaires dont l'originalité véritable n'a pas besoin ; on se souvient que Descartes prit soin de se débarrasser de ce formidable appareil de formules scolastiques quand il voulut gagner l'Europe à la philosophie la plus simple à la fois et la plus profonde qui fut jamais, que Leibnitz, tout Allemand qu'il était, exprimait aussi avec simplicité, d'un trait ferme et clair, les pensées du monde les plus originales et les plus hautes. Il y a des causes de défiance non moins légitimes et plus profondes. La solidité de l'esprit français n'accueille qu'avec réserve ces *constructions* merveilleuses où l'on se place d'emblée dans l'absolu, pour se former des univers de fantaisie, du haut desquels on regarde en pitié l'expérience, l'histoire et le sens commun. Tous les hommes sérieux, en présence de ces déréglements de la spéculation en délire, ont senti le besoin de tempérer la témérité naturelle de l'esprit de système par le contre-poids d'une méthode sévère, et ils se sont ralliés avec force à cette grande méthode psychologique fondée par Descartes et que ce grand esprit abandonna trop vite ; dont le fatal oubli égara Malebranche et perdit Spinoza; méthode salutaire et prévoyante qui condamne d'avance les excès du panthéisme en donnant pour base à toute spéculation rationnelle l'invincible sentiment du moi, de son activité et de sa liberté, fondement de ses droits, de ses devoirs, de ses espérances immortelles.

Qu'y a-t-il dans ce mouvement des intelligences dont la conscience publique se puisse alarmer, et que le clergé ait le droit de réprouver et de maudire? La philosophie relève le drapeau de Descartes et de Leibnitz, le drapeau d'un spiritualisme rajeuni et fécondé par l'esprit nouveau, capable de satisfaire ces nobles besoins religieux qui éclatent de toutes parts avec une si grande puissance. Que le clergé suive cette impulsion généreuse au lieu de la défigurer et de la combattre; qu'il nous rende la théologie profonde de Bossuet et de Fénelon en l'appropriant à l'esprit de notre siècle ; ou, s'il ne peut suffire à cette tâche, s'il s'en reconnaît incapable, qu'il cesse alors de prétendre au gouvernement des intelligences, et laisse faire à d'autres ce qu'il ne lui est pas donné d'accomplir. Il faut le dire nettement : la première et la principale source des mauvais sentiments et des mauvais desseins du clergé à l'égard de la philosophie, c'est le défaut de lumières. Plus instruit, il aurait moins d'ombrages ; plus fort et plus sûr de lui-même, il ferait voir plus de calme et de gravité ; meilleur théologien, il serait plus philosophe. C'est une belle parole, et que le clergé se complaît à rappeler, mais trop souvent sans la bien comprendre, que celle de Bacon : Un peu de philosophie éloigne de la religion, beaucoup de philosophie y ramène. Je ne crois pas être infidèle à la pensée de ce grand homme en affirmant que si un christianisme superficiel éloigne en ce moment beaucoup d'esprits de la philosophie, un christianisme profond les y ramènera.

DE L'ECOLE D'ALEXANDRIE.

DE L'ÉCOLE D'ALEXANDRIE[1].

Septembre 1844.

Aucun genre de grandeur n'a manqué à l'école d'Alexandrie ; le génie, la puissance, la durée ont consacré son souvenir. Ranimant, à une époque de décadence, la fécondité d'une civilisation vieillie, elle a suscité toute une famille d'éminents esprits, de nobles caractères ; Plotin, son vrai fondateur, a fait revivre Platon ; Proclus a donné à Athènes un autre Aristote. Déjà si grande dans l'ordre de la pensée, elle a eu la noble ambition de gouverner les affaires humaines ; avec Julien, elle a été la maîtresse du monde. Durant trois siècles, elle a tenu en échec la plus grande puissance qui jamais ait paru parmi les hommes, le christianisme, et si elle a succombé, c'est en entraînant dans sa chute l'antique civilisation dont elle était le dernier rempart.

Avant de devenir une grande école de philosophie et une puissance politique et religieuse, Alexandrie

[1] Ce morceau a été écrit pour la *Revue des Deux-Mondes* à l'occasion de l'ouvrage de M. Jules Simon sur l'école d'Alexandrie.

avait été un brillant foyer littéraire et scientifique, et comme une seconde Athènes. Avant de produire les Longin, les Origène, les Porphyre, elle avait donné à la poésie Callimaque et Apollonius ; à l'histoire Duris de Samos et Manéthon; aux sciences médicales Hérophile, Érasistrate, Dioscoride ; aux mathématiques Euclide; à l'astronomie Sosigène ; à l'érudition enfin toute une génération de grands critiques, un Ératosthènes, un Zénodote, un Aristarque. C'est dans ce centre des lettres, des sciences et des arts, où la Grèce, Rome, Pergame et l'Égypte venaient à l'envi répandre et mêler leurs trésors, que se forma peu à peu cette doctrine philosophique destinée à réunir dans un vaste et puissant éclectisme toutes les pensées, toutes les croyances, toutes les traditions, toutes les gloires du passé pour les opposer à l'esprit nouveau.

L'éclectisme d'Alexandrie n'exclut pas une originalité profonde. Il a pour base le platonisme, mais il y assimile avec puissance une foule d'autres éléments, et présente au monde un panthéisme mystique que la pensée grecque n'avait pas connu. A la Trinité chrétienne, il oppose la sienne ; au principe de la création, celui de l'émanation. Il a son Verbe, son médiateur, ses légions d'anges et de démons ; il a sa théorie de la grâce et de la prière, ses pratiques de mortification et de pénitence, son culte épuré et rajeuni, ses prophètes, ses inspirés, ses miracles; il a des docteurs et des prêtres, des prédicateurs et des martyrs. Spectacle unique dans les annales du monde! à côté du Musée d'Alexandrie grandit et s'élève le Didascalée des chrétiens. Dans la même cité, le Juif Philon et le pyrrhonien Œnésidème fondent leurs écoles. Saint Pantène, Ammonius Saccas, vont y venir. Bientôt Lucien la traversera au moment où y enseigne Clément d'Alexandrie. Après Plotin, nous y trouverons Arius et Athanase. Le scepticisme grec, le judaïsme, le platonisme et la religion du Christ y auront des interprètes non loin du temple de Sérapis.

Mais ce qui fait à nos yeux le plus puissant intérêt de cette curieuse époque, ce sont les surprenantes analogies qui la rapprochent de la nôtre. Loin de nous la pensée d'assimiler en aucune façon la religion de la Grèce et de Rome avec le christianisme ; mais, quelle que soit la supériorité de la religion la plus sainte et la plus pure qui fut jamais, et quoi qu'on puisse penser de l'éternité promise à l'Église, personne ne contestera que, depuis trois siècles, son unité n'ait été profondément ébranlée, et que de graves symptômes de dissolution et de décadence n'éclatent de toutes parts. A Dieu ne plaise aussi que nous voulions prédire à la philosophie de notre temps les tristes destinées de l'école d'Alexandrie! Non, nous sommes profondément convaincu que l'avenir appartient à la philosophie du XIXe siècle : mais les plus légitimes espérances ne doivent pas nous fermer les yeux sur les réalités du temps présent. Ne semble-t-il pas que la philosophie européenne, comme la philosophie grecque au temps d'Ammonius et de Plotin, soit en quelque sorte épuisée par sa fécondité, et qu'elle succombe sous le poids de ses propres fruits? Ne la sentons-nous pas profondément atteinte par les coups que le scepticisme du xviiie siècle lui a portés? Et comme la philosophie ancienne avait eu son demi-scepticisme, conciliable avec les besoins de la vie et une certaine sagesse, dans les Arcésilas et les Cicéron, son scepticisme radical et métaphysique dans les Pyrrhon et les Agrippa, son scepticisme ironique et railleur dans Lucien, ne retrouvons-nous pas dans Bayle, dans David Hume, dans Voltaire, des formes analogues du scepticisme renaissant? Ne rencontrons-nous pas autour de nous ces brillants et ingénieux *académiciens*, ces douteurs systématiques et obstinés, et la cohorte pour longtemps nombreuse des enfants dégénérés de l'auteur de *Candide?*

Dans cet état d'universelle défaillance, les esprits les plus fermes reculent devant la responsabilité d'une doctrine nouvelle. Autant à d'autres époques l'on cherche la grande originalité, autant elle fait peur aujourd'hui. Même quand ils inventent, nos philosophes mettent leurs nouveautés sous la protection des grands souvenirs. Ammonius et Plotin se donnaient pour de simples disciples de Platon : nous ne voulons être que ceux de Descartes.

Si Descartes, en effet, si Malebranche et Leibnitz n'ont bâti que de fragiles systèmes que le souffle du temps a emportés sans retour, pourquoi recommencer après eux une carrière où ils se sont égarés et perdus? Comment ne pas désespérer, après tant de philosophies impuissantes, de la philosophie elle-même? Mais non, tout n'a pas péri dans le naufrage de ces grands systèmes. La vérité n'est pas à découvrir tout entière; elle est déjà dans le passé; il suffit de savoir l'y reconnaître et de la recueillir. C'est sur la foi de ces pensées que nous entreprenons de réconcilier Descartes et Bacon, Leibnitz et Locke, comme autrefois Plotin et Proclus réconciliaient Platon avec Aristote. C'est ainsi que nous sommes plus historiens qu'inventeurs, plus érudits que philosophes, impartiaux, tolérants, conciliateurs, en un mot éclectiques.

Si ces traits de ressemblance ne sont point chimériques, n'avons-nous pas, au xixe siècle, quelques leçons à demander à l'histoire de l'école d'Alexandrie? Cette généreuse et noble école a entrepris deux grands desseins : s'allier avec l'antique religion contre l'esprit nouveau; organiser à la fois une école de philosophie et une Église. L'école d'Alexandrie a échoué dans ces deux entreprises. Reniée par le paganisme qu'elle altérait en le voulant transformer, elle a été vaincue par l'esprit nouveau et a péri avec la religion et la philosophie helléniques. De nos jours aussi, nous voyons reparaître ces tentatives où Porphyre, où Jamblique, où Julien, ont échoué. Tandis que des esprits étroits ou frivoles continuent contre le christianisme et contre toute religion une guerre insensée, rêvant je ne sais quelle religion de la nature; tandis qu'un parti non moins aveugle dans ses desseins, non moins violent dans ses implacables haines, s'acharne à la destruction de toute libre philosophie, les esprits plus sages ou plus généreux se partagent en deux directions contraires : les uns nous proposent un mélange impossible de la philosophie avec le christianisme, les autres courent hardiment après la chimère d'une religion nouvelle. Sur des entreprises analogues, l'histoire a prononcé une fois. Écoutons et méditons ses arrêts, et, tout en comprenant la différence des temps passés et des temps nouveaux, faisons servir l'étude approfondie des siècles qui ne sont plus à l'utilité du nôtre. C'est l'œil toujours fixé sur ce but que nous allons introduire nos lecteurs dans l'histoire de l'école d'Alexandrie.

L'école d'Alexandrie était profondément inconnue en France il y a vingt-cinq ans. Qui s'intéressait alors à l'histoire de la philosophie? Qui lisait Platon et Aristote, saint Anselme et Gerson, Bruno ou Campanella? Descartes et Leibnitz étaient les anciens. En lisant Spinoza, on eût craint de se jeter dans l'érudition et d'être taxé de pédanterie. Aux uns, Condillac suffisait pleinement; aux autres, Reid. Aussi, lorsqu'en 1819 M. Cousin annonça qu'il allait publier les manuscrits inédits de Proclus, il n'y eut qu'un cri parmi ses amis contre une entreprise aussi ingrate, aussi stérile, aussi insensée. C'était quitter la philosophie pour une vaine et laborieuse érudition, c'était déserter les problèmes eux-mêmes pour leur histoire, c'était jeter l'esprit moderne dans une fausse voie. M. Cousin laissa dire ses amis. La publication de Proclus se rattachait à ses yeux à un grand dessein; il voulait renouer la chaîne des traditions, que le xviiie siècle avait rompue. Il voulait donner à la philosophie de notre temps une base large et puissante dans les travaux accumulés du passé. En proposant à ceux qui l'entouraient cette pénible tâche, M. Cousin ne se ménageait pas : il éditait Proclus, traduisait Platon, restituait Xénophane, débrouillait Eunape et Olympiodore et méditait d'avance la scolastique et Abélard. Aujourd'hui que ces travaux en ont suscité tant d'autres d'un si grand prix, et que la plupart des monuments de la pensée humaine, dans l'antiquité, le moyen âge et les temps modernes, ont été explorés, déchiffrés, approfondis, nous pouvons juger de la grandeur et de l'utilité de l'entreprise, et payer un juste tribut de reconnaissance à celui qui l'a conçue et qui a tant fait pour l'accomplir.

L'ouvrage de M. Jules Simon sur l'histoire de l'école d'Alexandrie est le plus récent résultat et à coup sûr un des plus remarquables de ce grand mouvement historique. De toutes les écoles de l'antiquité, celle-là avait été la plus négligée. Depuis les premiers travaux de M. Cousin, un livre savant et utile, il est vrai, mais où l'histoire de la philosophie avait peu de place, celui de M. Matter, et un mémoire excellent de

M. Berger sur la doctrine de Proclus, voilà tout ce qu'avait à son service un historien d'Alexandrie. Je ne parle pas de quelques publications récentes sorties du clergé : elles sont au-dessous de l'examen.

L'Allemagne, si riche sur d'autres parties de l'antiquité, ne pouvait être ici d'un grand secours. Brucker, Tiedemann, Tennemann lui-même n'ont pas compris la grandeur d'Alexandrie. Ritter l'a souvent défigurée. Hégel seul, historien souvent chimérique, médiocrement érudit, mais doué au plus haut degré du sentiment du grand et de ce coup d'œil rapide et profond qui le découvre dans les plus obscurs monuments, a supérieurement jugé la philosophie alexandrine. Comprendre le panthéisme de Plotin, c'était se souvenir de lui-même.

C'est d'une plume française que sortira une histoire vraiment complète de l'école d'Alexandrie. Depuis cinq années, M. Jules Simon l'a prise pour sujet de ses leçons à la Sorbonne : aujourd'hui, il donne au public le fruit de ses solides et fécondes études et nous montre une partie déjà imposante du monument qu'il veut élever à l'honneur de cette grande école.

Dans une préface trop courte à notre gré, mais riche d'aperçus métaphysiques, M. Jules Simon caractérise et apprécie en général l'école d'Alexandrie. Puis il se donne tout entier au principal objet de son ouvrage, et s'attache à nous faire connaître, dans tous ses replis, la métaphysique alexandrine, depuis ses principes les plus abstraits jusqu'à ses dernières conséquences. Cette vaste exposition, qui n'avait jamais été faite, et où se déploient avec éclat une rare intelligence philosophique et le plus remarquable talent de style, nous dévoile un système d'une grandeur et d'une originalité inattendues, et sans lequel il est impossible de se rendre un compte sévère du rôle qu'Alexandrie a joué dans le monde, des luttes mémorables qu'elle a soutenues contre l'Église naissante, de l'influence qu'elle a exercée sur le développement du christianisme, enfin des causes profondes qui, après l'avoir élevée si haut, ont amené sa décadence et ses revers. Avant donc d'examiner ces hautes et périlleuses questions que M. Jules Simon a aussi touchées avec un très-grand talent, quoiqu'il n'ait pu encore que les effleurer, cherchons avec lui à déterminer les caractères, à constater les origines, à éclaircir les principes de la philosophie alexandrine. Comme lui, n'ayons pas peur de la métaphysique. Pour les esprits frivoles, elle obscurcit toutes les questions; mais c'est elle au fond qui les éclaire.

I.

L'école d'Alexandrie a été fondée par Ammonius Saccas, vers la fin du second siècle de l'ère chrétienne. Esquissons rapidement l'état du monde civilisé à cette époque. Si l'on regarde à la surface, rien de plus régulier, de plus imposant que cette immense réunion de peuples divers sur lesquels Rome, après huit siècles de luttes et de victoires, avait étendu le niveau d'une administration uniforme, partout puissante et partout respectée ; mais pour qui pénètre jusqu'aux sources mêmes où s'alimente la vie des peuples, la scène change, et l'apparente régularité de ce monde que Rome a soumis ne couvre que désordres et que ruines.

L'antique religion d'Orphée, d'Homère et d'Hésiode avait perdu tout prestige[1]. Le sacerdoce dégénéré n'avait plus le sens de cette ingénieuse et pro-

---

[1] Dès le VIe siècle avant Jésus-Christ, le chef de l'école d'Élée, Xénophane, attaquait avec une extrême énergie l'anthropomorphisme de la mythologie grecque. On en jugera par quelques-uns de ses vers que l'antiquité nous a conservés :

> Homère et Hésiode ont attribué aux dieux
> Tout ce qui est déshonorant parmi les hommes,
> Le vol, l'adultère et la trahison.

Un chrétien n'eût pas mieux dit six siècles plus tard. Voici encore des vers de Xénophane :

> Ce sont les hommes qui semblent avoir produit les dieux
> Et leur avoir donné leurs sentiments, leur voix et leur air.
> — Si les bœufs ou les lions avaient des mains,
> S'ils savaient peindre avec les mains et faire des ouvrages comme les hommes
> Les chevaux se serviraient des chevaux et les bœufs des bœufs
> Pour représenter leurs idées des dieux, et ils leur donneraient des corps
> Tels que ceux qu'ils ont eux-mêmes

On trouvera ces vers et d'autres analogues dans Plutarque, *De Isid. et Osirid.*, t. VIII, p. 490 ; *De Superst.*, t. VI, p. 655 ; dans Eusèbe, *Præp. Evang.*, p. 23 ; Clément d'Alex. *Strom.* V ; et dans Théodor. *De Affect. cur.* III. — Voyez sur Xénophane le morceau célèbre de M. Cousin dans les *Fragments philosophiques*, tome II.

fonde mythologie des anciens jours. Marque décisive de la décadence d'une religion! la philosophie, dès le IVᵉ siècle avant Jésus-Christ, au lieu d'attaquer le paganisme, le protége contre l'excès et la brutalité d'un scepticisme frivole[1] : elle s'applique à retrouver sous la lettre des croyances antiques l'esprit qui autrefois les vivifia. Platon se complaît à encadrer ses plus beaux dialogues dans un de ces poétiques récits que lui livre la tradition religieuse[2]; Aristote, interprétant avec une philosophie indulgente la religion ionienne, prononce cette parole célèbre, bien altière

---

[1] Platon réagit évidemment contre l'athéisme des sophistes. On sait que Protagoras, Diagoras, Hippias d'Elis, niaient ouvertement la Divinité. Un poëme célèbre de Protagoras commençait ainsi : « Y a-t-il des dieux, n'y en a-t-il pas? c'est ce que je ne saurais dire; l'obscurité de la question m'en empêche, ainsi que la brièveté de la vie. » Voyez Cicéron, *De Nat. Deor.*, lib. I.

[2] Tout en attribuant un sens vrai et profond à certains mythes qu'il prend soin d'ailleurs d'épurer, Platon est d'une liberté parfaite à l'égard de l'orthodoxie religieuse du temps. Je n'en citerai d'autre preuve que ce passage du *Timée*, empreint visiblement d'un caractère de haute ironie :

« Quant aux autres démons il s'agit des dieux d'Homère et d'Hésiode), il est au-dessus de notre pouvoir de connaitre et d'expliquer leur génération; il faut s'en rapporter aux récits des anciens, qui, étant descendus des dieux, comme ils le disent, connaissent sans doute leurs ancêtres. On ne saurait se refuser d'ajouter foi aux enfants des dieux, quoique leurs récits ne soient pas appuyés sur des raisons vraisemblables ou certaines. Mais comme ils prétendent raconter l'histoire de leur propre famille, nous devons nous soumettre à la loi et les croire. » *Timée*, trad. de M. Cousin, tome XII. p. 136.

dans sa haute modération : Le philosophe est l'ami des mythes, Φιλόσοφος φιλόμυθος[1].

Après s'être substituée par degrés à la religion dans le gouvernement des intelligences, après avoir enfanté avec une admirable fécondité les plus magnifiques systèmes, la philosophie à son tour avait épuisé sa vitalité. Un seul fait caractérisera sa décadence : la seule école qui fût debout au premier siècle de l'ère chrétienne, c'était celle de Pyrrhon, reconstituée par Œnésidème.

Ce fut alors que, pour le salut du monde, un esprit nouveau commença de se faire sentir et de pé-

---

[1] *Métaphysique*, livre I, ch. 4. — Au surplus, Aristote est plus libre encore que Platon, s'il est possible, à l'égard de la religion de son temps. Après avoir développé au 12e livre de sa *Métaphysique* un système de théodicée entièrement contraire aux croyances populaires, il s'explique ainsi sur la valeur de la mythologie :

« Une tradition venue de l'antiquité la plus reculée et transmise à la postérité sous l'enveloppe de la fable, nous apprend que les astres sont des dieux, et que la Divinité embrasse toute la nature. *Tout le reste sont des mythes ajoutés pour persuader le vulgaire dans l'intérêt des lois et pour l'utilité commune.* Ainsi on a donné aux dieux des formes humaines et même on les a représentés sous la figure de certains animaux, et on a composé d'autres fables du même genre. Mais si on en dégage le principe pour le considérer seul, savoir, que les premières essences sont des dieux, on pensera que ce sont là des doctrines vraiment divines, et que peut-être, les arts et la philosophie ayant été plusieurs fois trouvés et perdus, ces opinions ont été conservées jusqu'à notre âge comme des débris de l'ancienne sagesse. C'est dans ces limites seulement que nous admettons ces croyances de nos ancêtres et des premiers âges. » (Aristote, *Métaphys.*, livre XII, ch. 8.)

nétrer dans les âmes. Durant les deux premiers
siècles de notre ère, cet esprit se manifeste confusément
encore par un certain nombre d'écoles particulières
qui bientôt disparaissent et s'éclipsent, perdues
en quelque sorte dans l'éclat de deux grandes
rivales, la religion chrétienne et l'école d'Alexandrie.
Ici, l'esprit nouveau éclate avec puissance et se
constitue au travers d'une lutte de trois siècles dont
le résultat est le triomphe définitif et l'établissement
universel du christianisme.

Cette lutte était inévitable. L'école d'Alexandrie
et la religion chrétienne cherchaient l'une et l'autre
à s'approprier à l'esprit nouveau, mais d'une manière
différente : la première en s'associant au passé,
la seconde en rompant avec lui. Du reste, leurs directions
générales étaient les mêmes : mysticisme, surnaturalisme,
éclectisme, fusion de l'esprit grec et de
l'esprit oriental, toutes ces tendances, encore vagues
ou exclusives dans l'école de Philon le Juif, dans celle
de Numénius, chez les néo-platoniciens, les néo-pythagoriciens,
les kabbalistes, les gnostiques[1], nous
les retrouvons développées, unies, organisées dans
l'un et l'autre des deux grands systèmes contraires.

Considérée à ce point de vue, l'école d'Alexandrie
a trois époques. La première et la moins éclatante,
mais la plus féconde, c'est celle d'Ammonius Saccas

---

[1] Voyez l'important ouvrage de M. Franck sur la kabbale (1844)
et les recherches savantes de M. Matter, dans son *Histoire critique
du Gnosticisme* (deuxième édit., 1843-44)

et de Plotin. Un portefaix d'Alexandrie se fait chef d'école, et il trouve des hommes de génie pour l'écouter ; Origène, Longin, Plotin sont ses premiers disciples. L'école se développe en silence, se discipline intérieurement, et se donne un point d'appui solide par un système. Bientôt Plotin, qui en est l'auteur, l'enseigne à Rome avec un éclat extraordinaire. C'est alors que l'école d'Alexandrie entre dans sa seconde phase. Avec Porphyre, avec Jamblique, elle devient une sorte d'Église qui prétend disputer à l'Église chrétienne l'empire du monde. Le christianisme monte sur le trône avec Constantin ; l'école d'Alexandrie l'en fait descendre et s'y place à son tour avec Julien. On a beaucoup déclamé contre l'empereur apostat, et sans doute il a fait la plus grande faute où pût tomber alors un homme d'État : il n'a pas compris le christianisme. Mais cette faute est-elle sans excuse ? Julien était un enfant de la Grèce, un fils de Platon, un Athénien passionné pour les lettres et les arts, pénétré du sentiment de la dignité de l'esprit humain. A ses yeux, les chrétiens étaient des Barbares : il ne comprenait rien à cette foi farouche, il n'y voyait qu'ignorance et folie. Plein de mépris pour la rudesse des Galiléens, il ne leur enviait que leurs vertus. Lisez sa lettre aux citoyens d'Alexandrie[1]. Quel amour pour la grandeur

[1] Voici quelques passages de cette lettre : « Quand vous n'auriez pas pour fondateur Alexandre, pour protecteur le dieu Sérapis, il vous serait honteux de regretter Athanase. Je ne m'abuse

des souvenirs ! quel sentiment de la gloire hellénique !
Et puis, que d'esprit, que de verve, que de fine
raillerie dans ses lettres! quelle grandeur dans les
desseins! quel ensemble dans les mesures! quelle
modération dans un homme si jeune et si passionné!
Que de choses accomplies ou tentées en si peu de
temps! quelle trace profonde laissée dans l'histoire
par un empereur qui régna quelques mois[1] !

Avec Julien périt l'école d'Alexandrie, comme
puissance politique et religieuse. Le christianisme,
en perdant Constantin et Constance, n'avait rien
perdu de sa force, parce qu'elle était tout entière
dans ses idées. L'école d'Alexandrie, dépassée par

pas; ce n'est pas Alexandrie qui le redemande, mais une partie corrompue de la ville qui parle effrontément au nom de la ville entière: et pourtant, je ne puis supporter sans rougir qu'un seul Alexandrin se déclare et s'avoue Galiléen. N'avez-vous pas autrefois soumis l'Égypte? Ne descendez-vous pas de cet Alexandre qui aurait renversé l'empire romain s'il l'eût attaqué? Les Lagides vous ont-ils orné et enrichi votre ville pour que vous fissiez un jour cette injure à la Grèce d'adopter la religion des Barbares et les dogmes des peuples vaincus? Quel est ce Jésus? Qui le connaît Vos pères mêmes ne l'ont pas connu. »

[1] Je rappellerai ici les fortes paroles de Montesquieu sur l'empereur Julien, dans le chapitre de l'*Esprit des Lois* consacré à la secte stoïque :

« Faites pour un moment abstraction des vérités révélées; cherchez dans toute la nature, et vous n'y trouverez pas de plus grand objet que les Antonins. Julien même, Julien (un suffrage ainsi arraché ne me rendra point complice de son apostasie), non, il n'y a point eu après lui de prince plus digne de gouverner les hommes. » *Esprit des Lois*, livre XXIV, ch. 10.

l'esprit nouveau, et s'épuisant en vain à le ramener en arrière, tomba dès que le bras qui la soutenait fut brisé. Ici commence sa dernière époque, celle où brille encore le nom de Proclus. Alexandrie redevient une école de pure philosophie, et, se rapprochant plus étroitement que jamais du platonisme, elle cherche à ressaisir par la pensée spéculative l'influence qu'elle a perdue ; mais l'esprit du siècle s'était retiré d'elle : elle s'éteint sous Justinien.

Voilà la destinée extérieure de l'école d'Alexandrie ; pour la comprendre, il faut avant tout se demander quelle est cette doctrine philosophique suscitée par Ammonius, organisée par Plotin, opposée au christianisme par Porphyre, Jamblique et Julien, et qui essaie en vain de se reconstituer et de vivre par le génie de Proclus.

Pour qui néglige, dans ce vaste système de l'école d'Alexandrie, tout ce qui n'est qu'accessoire et subordonné, pour s'attacher à l'essentiel de la doctrine, elle se laisse ramener sans effort à trois points fondamentaux : la méthode, la théorie de la Trinité, le principe de l'émanation. Par sa méthode, Alexandrie est platonicienne ; elle est mystique par sa théorie de la Trinité ; par son principe de l'émanation, elle est panthéiste. Ce sont là les trois caractères qui la constituent. Le problème à résoudre pour l'historien, c'est donc d'éclaircir, d'expliquer et par là même de concilier ces trois caractères ; c'est de former de la combinaison de ces différents traits un tableau fidèle où se fasse reconnaître, où revive l'école d'Alexandrie. La question pourrait être posée de la sorte : Comment une école de philosophie fille de Platon par sa méthode a-t-elle abouti à un panthéisme mystique comme au dernier terme de ses spéculations? Voici, pour notre part, comment nous résoudrions ce problème délicat et compliqué, soit en profitant des lumières qu'y a répandues l'exposition toujours pénétrante et profonde de M. Jules Simon, soit en proposant nos propres vues et contredisant même les siennes quand cela nous paraîtra nécessaire.

La méthode que les alexandrins empruntent à Platon, c'est la *Dialectique*. Ce nom a perdu aujourd'hui le sens que les platoniciens lui donnaient ; mais si le nom a péri, la méthode reste immortelle. C'est le premier titre d'honneur de Socrate d'avoir le premier entrevu cette haute méthode et de l'avoir appliquée, d'une manière timide encore il est vrai, mais déjà féconde, à ce qu'il appelait ingénieusement l'accouchement des intelligences. C'est par là que Socrate occupe une grande place dans l'histoire de la pensée et qu'il a été véritablement le maître de Platon. Platon lui-même n'est si grand que par cette méthode socratique d'où son génie tira tant de trésors, et si la théorie des Idées, dont le temps a détruit les parties caduques, garde un impérissable fond de vérité qu'elle a déposé tour à tour dans le christianisme et dans la philosophie moderne, c'est qu'elle est établie sur la base solide de la dialectique

Décrivons, sur les traces de son illustre promoteur, cette méthode si souvent défigurée.

Il est des intelligences, il est des âmes à qui rien de fini et d'imparfait ne peut suffire. Tous ces êtres que l'univers offre à nos sens, qui captivent tour à tour nos mobiles désirs, qui enchantent notre imagination de leur variété et de leur éclat, trahissent par un commun défaut leur irrémédiable fragilité : ils ont des limites, ils passent et s'écoulent. Comment pourraient-ils satisfaire une intelligence capable de l'éternel, rassasier une âme qui se sent faite pour sentir, pour goûter, pour posséder la plénitude du bien?

Celui donc qui, pressé d'une inquiétude sublime, se détourne sans effort de la scène mobile de l'univers et rentre en soi-même pour s'y recueillir dans le sentiment de sa propre existence, déjà moins fragile que celle des phénomènes du dehors, pour trouver dans son âme l'empreinte plus durable et plus profonde d'une beauté plus pure, quoique encore bien imparfaite; celui qui, s'attachant ainsi à des objets de plus en plus simples, de plus en plus stables, de moins en moins sujets aux limitations de l'espace et aux vicissitudes du temps, monte sans relâche et sans faiblesse les degrés de cette échelle de perfection, sentant s'allumer ses désirs et croître ses ailes à mesure qu'il s'élève, est incapable de s'arrêter et de trouver le repos, si ce n'est au sein d'une perfection absolue, d'une beauté sans souillure et sans tache qu'aucun souffle mortel ne saurait ternir, d'une existence qu'aucune limite ne borne, qu'aucune durée ne mesure, qu'aucun espace ne circonscrit; celui-là, suivant Platon, est le vrai dialecticien¹.

¹ Afin que cette esquisse de la dialectique platonicienne ne paraisse pas infidèle, citons ici quelques-uns des principaux passages où nous en avons recueilli les traits : nous commencerons par un passage du *Phédon* où est parfaitement marqué le retour de la pensée à elle-même, condition première, premier pas de la méthode dialectique : « Quant à l'acquisition de la science, dit Socrate, le corps est-il un obstacle ou ne l'est-il pas quand on l'associe à cette recherche? Je vais m'expliquer par un exemple. La vue ou l'ouïe ont-elles quelque certitude, ou les poëtes ont-ils raison de nous chanter sans cesse que nous n'entendons ni ne voyons véritablement? Mais si ces deux sens ne sont pas sûrs, les autres le seront encore beaucoup moins ; car ils sont beaucoup plus faibles. Ne le trouves-tu pas comme moi ? — Simmias : Tout à fait. — Quand donc, reprit Socrate, l'âme trouve-t-elle la vérité? car pendant qu'elle la cherche avec le corps, nous voyons clairement que ce corps la trompe et l'induit en erreur. N'est-ce pas surtout dans l'acte de la pensée que la réalité se manifeste à l'âme? Et l'âme ne pense-t-elle pas mieux que jamais lorsqu'elle n'est troublée ni par la vue, ni par l'ouïe, ni par la douleur, ni par la volupté, et que, renfermée en elle-même et se dégageant, autant que cela lui est possible, de tout commerce avec le corps, elle s'attache directement à ce qui est pour le connaître? N'est-ce pas alors que l'âme du philosophe méprise le corps, qu'elle le fuit, et cherche à être seule avec elle-même? — Simmias : Il me semble.—Socrate : poursuivons, Simmias. Dirons-nous que la justice est quelque chose ou qu'elle n'est rien ? —Simmias : Nous dirons assurément qu'elle est quelque chose. — Socrate : N'en dirons-nous pas autant du bien et du beau? — Sans doute.— Mais les as-tu jamais vus? ou les as-tu saisis par quelque autre sens corporel ? Et je ne parle pas seulement du juste, du bien et du beau, mais de la grandeur, de la santé, de la force, en un mot de l'essence de toutes choses, c'est-à-dire de ce qu'elles sont en elles-mêmes? Est-ce par le moyen du

Qu'on n'aille pas se persuader que la dialectique platonicienne n'est qu'un élan sublime de la pensée ;

corps qu'on atteint ce qu'elles ont de plus réel, ou ne pénètre-t-on pas d'autant plus avant dans ce qu'on veut connaître, qu'on y pense davantage et avec plus de rigueur? Eh bien ! y a-t-il rien de plus rigoureux que de penser avec la pensée toute seule, dégagée de tout élément étranger et sensible, d'appliquer immédiatement la pure essence de la pensée en elle-même à la recherche de la pure essence de chaque chose en soi sans le ministère des yeux et des oreilles, sans aucune intervention du corps, qui ne fait que troubler l'âme et l'empêcher de trouver la sagesse et la vérité, pour peu qu'elle ait avec lui le moindre commerce? » (*Phédon*, trad. franç., I, 302.) — Ce recueillement de la pensée en elle-même, si éloquemment décrit dans le beau passage qu'on vient de lire, c'est la base sur laquelle s'appuie la dialectique. Voici deux passages de la *République* où l'on trouvera tour à tour la double marche ascendante et descendante dont le mouvement alternatif et harmonique constitue la dialectique elle-même :

« Eh bien ! Glaucon, voilà enfin après tous les préludes l'air dont je parlais ; c'est la dialectique qui l'exécute. Science toute spirituelle, elle peut cependant être représentée par l'organe de la vue qui, comme nous l'avons montré, s'essaie d'abord sur les animaux, puis s'élève vers les astres, et enfin jusqu'au soleil lui-même. Pareillement, celui qui se livre à la dialectique, qui, sans aucune intervention des sens, s'élève par la raison seule jusqu'à l'essence des choses, et ne s'arrête point avant d'avoir saisi par la pensée l'essence du bien, celui-là est arrivé au sommet de l'ordre intelligible, comme celui qui voit le soleil est arrivé au sommet de l'ordre visible. — Glaucon : Cela est vrai. — Socrate : N'est-ce pas là ce que tu appelles la marche dialectique? Rappelle-toi l'homme de la caverne ; il se dégage de ses chaînes, il se détourne des ombres vers les figures artificielles et la clarté qui les projette ; il sort de la caverne et monte aux lieux qu'éclaire le soleil ; et là, dans l'impuissance de porter directement les yeux sur les animaux, il contemple d'abord dans les eaux leurs images divines et les om-

c'est une méthode scientifique susceptible d'une application rigoureuse et sévère : c'est au fond la méthode de tous les grands métaphysiciens. Je ne parle pas seulement de Platon et de sa glorieuse famille, les Plotin, les saint Augustin, les saint Anselme, les Malebranche ; je parle aussi des plus sévères génies, des métaphysiciens géomètres, Descartes, Spinoza, Leibnitz, qui sont tous à leur manière de grands dialecticiens. En ce sens la dialectique platoni-

bres des êtres véritables, ou bien des ombres d'objets artificiels formées par une lumière que l'on prend pour le soleil. Voilà précisément ce que fait dans le monde intellectuel l'étude des sciences que nous avons parcourues ; elle élève la partie la plus noble de l'âme jusqu'à la contemplation du plus excellent de tous les êtres, comme tout à l'heure nous venons de voir le plus perçant de tous les organes du corps s'élever à la contemplation de ce qu'il y a de plus lumineux dans le monde corporel et visible. » (*République*, livre VII, trad. de M. Cousin, tome X, p. 104, 105.)

Tel est le mouvement ascendant de la dialectique, qui va de l'âme aux idées et des idées à Dieu. Le dernier passage que nous allons citer décrit en outre la marche descendante qui conduit le dialecticien de la connaissance de Dieu à l'explication de tout le reste : — « Conçois à présent, dit Socrate, ce que j'entends par la seconde division des choses intelligibles. Ce sont celles que l'âme saisit immédiatement par la dialectique, en faisant des hypothèses qu'elle regarde comme telles, et non comme des principes, et qui lui servent de degrés et de points d'appui pour s'élever jusqu'à un premier principe qui n'admet plus d'hypothèse. Elles saisit ce principe, et, s'attachant à toutes les conséquences qui en dépendent, elle descend de là jusqu'à la dernière conclusion, repoussant toute donnée sensible pour s'appuyer uniquement sur des idées pures, par lesquelles la démonstration commence, procède et se termine. » (Platon, *République*, livre VI, trad. franç., tome X, p. 61, 62,

cien e est plus qu'une méthode, c'est le génie même du spiritualisme, c'est l'âme de toute vraie philosophie.

On élève contre la dialectique un éternel reproche ; Aristote l'adressait à Platon, Gassendi le renouvelle contre Descartes, Arnauld contre Malebranche : « Vous réalisez des abstractions. » Juger ainsi la méthode platonicienne, c'est mal la comprendre, ou, pour mieux dire, c'est n'en voir que l'abus, c'est en méconnaître l'usage et l'essence. Quoi ! chercher en toutes choses le simple, l'éternel, c'est courir après des abstractions vaines ! quoi ! quitter le phénomène pour l'essence, l'individu pour sa loi, le temps pour l'éternité, l'espace pour l'immensité, le contingent et le fini pour l'infini et le nécessaire, c'est quitter le corps pour s'attacher à l'ombre, la réalité pour la chimère ! Quoi ! l'ordre, l'unité, la parfaite justice et la parfaite vérité, ce sont là des êtres de fantaisie ! Et l'infini même, l'Être des êtres, que sera-t-il alors, sinon la plus stérile et la plus vide des abstractions? Étrange philosophie qui, par la crainte de l'abstraction, renonce aux êtres véritables et détruit les plus solides et les plus saintes réalités ! Ces réserves faites, nous conviendrons que, si l'histoire de la philosophie consacre la légitimité de la méthode platonicienne, elle en dévoile aussi les excès. J'en signalerai deux : la dialectique incline au panthéisme, et par une suite très-naturelle, elle incline aussi au mysticisme : en sorte que cette même méthode qui fait la force et l'honneur de la pensée humaine peut devenir la cause de ses plus funestes égarements. Misère, infirmité de l'homme! Otez-lui le sens de l'éternel et du divin, il rampe sur la terre plus vil que les bêtes destinées à y vivre et à y périr; rendez-lui ce sens sublime, il s'enivre et court aux abîmes.

Je ne dis point que la méthode dialectique conduise nécessairement au panthéisme; je dis qu'elle y incline par une impulsion naturelle que les plus fermes génies n'ont pu surmonter. Cette méthode consiste en effet essentiellement à poursuivre en toutes choses ce qu'elles contiennent de persistant et de simple, l'élément positif, substantiel, l'*idée*, comme disent les platoniciens. Or, ce principe absolu et parfait auquel la dialectique aboutit par tous les chemins, soit qu'elle interroge la nature, soit qu'elle sonde la conscience humaine; ce principe où tout ramène une âme de philosophe, depuis les astres qui roulent dans les cieux jusqu'à l'humble insecte caché sous l'herbe, ne semble-t-il pas qu'à mesure que la pensée s'élève vers lui, elle se détache du néant pour arriver à l'être, qu'elle dépouille en quelque sorte les objets qu'elle abandonne de toute la perfection et de toute la réalité qu'elle y peut saisir, pour la transporter, pour la rendre tout entière à celui qui la possède en propre, et qui contient tout en soi dans la plénitude de son existence absolue? Et quand on quitte ainsi dès le premier pas la réalité sensible, l'individualité, l'espace, le mouvement et le temps; quand tout cet univers n'est plus en quelque sorte qu'une vapeur brillante et légère à travers laquelle l'âme contemple l'être parfait et absolu dans sa majesté éternelle, ne touche-t-on pas au panthéisme?

Rien n'autorise à penser que Platon se soit laissé entraîner jusqu'à cette extrémité périlleuse, de ne plus voir dans les êtres de l'univers qu'une émanation, un écoulement, un développement nécessaire de Dieu; mais s'il n'a jamais adopté, si même il n'a jamais clairement aperçu le principe de l'émanation, on peut dire que ce principe est caché dans les profondeurs de sa doctrine, et qu'il suffit de la presser pour l'en faire sortir. Du reste, ce noble et ferme génie, en qui Socrate avait imprimé sa mâle sobriété, a toujours repoussé avec énergie les conséquences trop ordinaires du panthéisme: toujours il s'est tenu ferme sur la liberté de l'homme et la providence de Dieu. Qu'il me suffise de rappeler ce passage de la *République* où Platon, dans un mythe admirable, fait parler la vierge Lachésis, fille de la Nécessité : « La vertu n'a point de maître; elle s'attache à qui l'honore, et abandonne qui la néglige. On est responsable de son choix; Dieu est innocent[1]. »

[1] Le *Timée* est tout pénétré, pour ainsi dire, de la foi de Platon en la divine providence; mais nulle part ce grand homme ne s'est expliqué sur ce dogme essentiel d'une manière plus expresse et plus étendue que dans ce mémorable passage des *Lois* :

« Ne faisons pas cette injure à Dieu de le mettre au-dessous des ouvriers mortels; et tandis que ceux-ci, à proportion qu'ils excel-

Du panthéisme au mysticisme, la pente est rapide. Le principe de l'un et de l'autre est le même : un

lent dans leur art, s'appliquent aussi davantage à finir et à perfectionner, par les seuls moyens de cet art, toutes les parties de leurs ouvrages, soit grandes, soit petites; ne disons pas que Dieu qui est très-sage, qui veut et peut prendre soin de tout, néglige les petites choses auxquelles il lui est plus aisé de pourvoir, comme pourrait faire un ouvrier indolent ou lâche, rebuté par le travail, et qu'il ne donne son attention qu'aux grandes.... »

« Persuadons à ce jeune homme que celui qui prend soin de toutes choses, les a disposées pour la conservation et le bien de l'ensemble ; que chaque partie n'éprouve ou ne fait que ce qu'il lui convient de faire ou d'éprouver ; qu'il a commis des êtres pour veiller sans cesse sur chaque individu jusqu'à la moindre de ses actions ou de ses affections, et porter la perfection jusque dans les derniers détails. Toi-même, chétif mortel, tout petit que tu es, tu entres pour quelque chose dans l'ordre général, et tu t'y rapportes sans cesse. Mais tu ne vois pas que toute génération se fait en vue du tout, afin qu'il vive d'une vie heureuse; que l'univers n'existe pas pour toi, mais que tu existes toi-même pour l'univers. Tout médecin, tout artiste habile dirige toutes ses opérations vers un tout, et tend à la plus grande perfection du tout; il fait la partie à cause du tout, et non le tout à cause de la partie ; et si tu murmures, c'est faute de savoir comment ton bien propre se rapporte à la fois et à toi-même et au tout, suivant les lois de l'existence universelle.... »

« Le roi du monde ayant remarqué que toutes nos opérations viennent de l'âme, et qu'elles sont mélangées de vertu et de vice; que l'âme et le corps, quoiqu'ils ne soient point éternels, ne doivent néanmoins jamais périr ; car si le corps ou l'âme venait à périr, toute génération d'êtres animés cesserait : et qu'il est dans la nature du bien, en tant qu'il vient de l'âme, d'être utile, tandis que le mal est toujours funeste; le roi du monde, dis-je, ayant vu tout cela, a imaginé dans la distribution de chaque partie le système qu'il a jugé le plus facile et le meilleur, afin que le bien eût le dessus et le mal le dessous dans l'univers. C'est par rapport à cette

sentiment exalté de l'infini. La méthode platonicienne, dont ce sentiment est l'âme, doit incliner également vers tous deux. Quel est le point de départ de la dialectique? la profonde insuffisance du fini. Quel est le dernier terme où elle aspire? l'infini, l'absolu, l'être dans sa plénitude et sa pureté. Et quel est l'instrument de ses recherches? Ce ne sont pas sans doute les sens et l'imagination, qui ne se repaissent

vue du tout qu'il a fait la combinaison générale des places et des lieux que chaque être doit prendre et occuper d'après ses qualités distinctives. Mais il a laissé à la disposition de nos volontés les causes d'où dépendent les qualités de chacun de nous : car chaque homme est ordinairement tel qu'il lui plaît d'être, suivant les inclinations auxquelles il s'abandonne et le caractère de son âme.

« Ainsi, tous les êtres animés sont sujets à divers changements dont le principe est au dedans d'eux-mêmes ; et, en conséquence de ces changements, chacun se trouve dans l'ordre et la place marqués par le destin. Ceux dont la conduite n'a subi que de légères altérations s'éloignent moins de la surface de la région intermédiaire; pour ceux dont l'âme change davantage et devient plus méchante, ils s'enferment dans l'abîme et dans ces demeures souterraines appelées du nom d'*enfer* et d'autres noms semblables ; sans cesse ils sont troublés par des frayeurs et des songes funestes pendant leur vie et après qu'ils sont séparés de leur corps. Et lorsqu'une âme a fait des progrès marqués, soit dans le mal, soit dans le bien, par une volonté ferme et par des habitudes constantes, si elle s'est unie intimement à la vertu, jusqu'à devenir divine comme elle à un degré supérieur ; alors, du lieu qu'elle occupait, elle passe dans une autre demeure toute sainte et plus heureuse ; si elle a vécu dans le vice, elle va habiter une demeure conforme à son état. Telle est la justice des habitants de l'Olympe. » (Platon, *Lois*, livre X, trad. de M. Cousin, tome VIII, p. 262 et suiv.)

que de phénomènes; c'est la raison, qui atteint les lois, les causes, les essences. Mais la raison, même quand on la délivre du joug de l'imagination et des sens, conçoit les choses dans de certains rapports et sous de certaines conditions : elle aperçoit les objets dans le temps, où elle-même déploie la suite de ses opérations successives; dans l'espace, où elle-même a son point de vue. Or, l'infini, l'absolu que cherche la dialectique est, par sa nature même, exempt de toute condition. Il n'est pas dans un certain espace, ni même dans tous les espaces; étant simple et infini. Comme parfait, il ne peut changer; il n'est enfermé dans aucune durée, ni sujet d'aucune façon à l'écoulement du temps. S'il est absolument immuable et simple, comment peut-il vouloir, agir, penser? La volonté suppose l'effort, l'activité la plus pure implique le passage de la puissance à l'acte, par conséquent le changement et le temps. La pensée elle-même a pour condition la conscience, par suite le moi et la personnalité avec ses limites et ses faiblesses. Voilà donc le dieu de la dialectique, un dieu sans activité et sans pensée, sans conscience et sans vie. Voilà l'écueil où la raison vient faire naufrage : elle aspire à un dieu absolument parfait, elle s'élève vers lui d'un vol ardent et rapide, et au moment où elle croit l'atteindre, il lui échappe et s'évanouit. Elle-même, en voulant le saisir, le détruit, car elle lui impose les conditions de sa nature. Mais quoi! est-il possible que je porte au fond de mon être un invincible besoin de l'infini et que je sois condamné à le poursuivre toujours sans jamais l'atteindre? Non, si ma raison ne peut concevoir l'absolu, quelque chose en moi de plus profond saura le saisir. La raison, dans son plus sublime essor, tient encore à la personnalité, au moi ; l'amour brisera ce dernier lien. C'est à lui de nous faire goûter la perfection de Dieu même en répandant notre être dans le sien ; car Dieu se révèle à qui se donne tout à lui, et il faut se perdre soi-même pour le posséder pleinement. Voilà le mysticisme. Ici encore la sagesse de Platon, son éducation socratique, l'ont sauvé des écueils ; mais dans ses plus beaux ouvrages on trouve la trace du puissant effort qu'il a dû opposer à l'entraînement de ses propres pensées. Quand il ose décrire, au sixième livre de sa *République*, la nature même de Dieu, après nous avoir montré, au sommet de la hiérarchie des idées, ce soleil intelligible, foyer de la pensée et de l'être, il se trouble, il sent qu'il lui faut monter un dernier degré. Au-dessus de la pensée et de l'être, c'est-à-dire au-dessus de toute mortelle raison, il entrevoit comme à travers un épais nuage cette unité absolue qui nous attire par un charme mystérieux et nous accable de son impénétrable mystère[1]. Cette haute région, d'où Platon se hâte de des-

---

[1] Je transcris ici ce fameux passage de la *République*, qui a fait naître tant de commentaires contradictoires, tant de conjectures arbitraires, et dont les alexandrins en particulier ont tant abusé :

— Tiens pour certain, dit Socrate, que ce qui répand sur les

cendre, dans la crainte de s'y égarer, les alexandrins entreprennent de s'y établir. Le mysticisme, comme le panthéisme de cette audacieuse école, sont donc deux développements naturels de la méthode platonicienne. C'est avec raison qu'Alexandrie s'est déclarée fille de Platon, bien que les deux doctrines soient essen-

objets de la connaissance la lumière de la vérité, ce qui donne à l'âme qui connaît la faculté de connaître, c'est l'idée du bien. Considère cette idée comme le principe de la science et de la vérité, en tant qu'elles tombent sous la connaissance ; et quelque belles que soient la science et la vérité, tu ne te tromperas pas en pensant que l'idée du bien en est distincte et les surpasse en beauté. En effet, comme dans le monde visible, on a raison de penser que la lumière et la vue ont de l'analogie avec le soleil, mais qu'il serait déraisonnable de prétendre qu'elles sont le soleil : de même, dans l'autre sphère, on peut regarder la science et la vérité comme ayant de l'analogie avec le bien ; mais on aurait tort de prendre l'une ou l'autre pour le bien lui-même qui est d'un prix tout autrement relevé. — Glaucon : Sa beauté doit être au-dessus de toute expression, puisqu'il produit la science et la vérité, et qu'il est encore plus beau qu'elles. Aussi n'as-tu garde de dire que le bien soit le plaisir. — Socrate : à Dieu ne plaise ! Mais considère son image avec plus d'attention et de cette manière. Tu penses sans doute comme moi que le soleil ne rend pas seulement visibles les choses visibles, mais qu'il leur donne encore la vie, l'accroissement et la nourriture, sans être lui-même la vie. De même, tu peux dire que les êtres intelligibles ne tiennent pas seulement du bien ce qui les rend intelligibles, mais encore leur être et leur essence, quoique le bien lui-même ne soit point essence, mais quelque chose fort au-dessus de l'essence en dignité et en puissance. — Grand Apollon, s'écria Glaucon, voilà du merveilleux ! — C'est ta faute aussi, reprit Socrate ; pourquoi m'obliger à dire ma pensée sur ce sujet ? » (Platon, *République*, trad. franç., tome X, p. 56, 57.

tiellement différentes. Alexandrie est platonicienne par sa méthode ; mais elle l'est avec puissance, avec originalité, parce qu'elle a tiré de cette méthode un panthéisme mystique qui n'y était contenu qu'en germe.

De là une explication assez simple de leur fameuse trinité. Au premier coup d'œil jeté sur cette trinité d'Alexandrie qui se rattache à tous les grands souvenirs de l'histoire de la pensée humaine, au système de Pythagore, à celui de Platon, aux trinités de l'Inde, enfin à cette haute et profonde Trinité chrétienne qui fait depuis dix-huit siècles le fond des croyances religieuses de la partie la plus éclairée de l'espèce humaine, l'esprit est saisi de tout ce qui s'y rencontre d'extraordinaire. Dieu est triple et un tout ensemble. Cette nature absolument simple se divise. Au sommet de l'échelle plane l'Unité ; au-dessous, l'Intelligence identique à l'Être, ou le *Logos ;* au troisième rang, l'Ame universelle, ou l'Esprit. Ce ne sont pas là trois dieux, mais trois hypostases d'un même Dieu. Qu'est-ce qu'une hypostase ? Ce n'est point une substance, ce n'est point un attribut, ce n'est point un mode, ce n'est point un rapport. Qu'est-ce que l'Unité ? Elle est au-dessus de l'Intelligence et de l'Être, au-dessus de la raison ; elle est incompréhensible et ineffable. Sans être intelligente, elle enfante l'Intelligence ; elle produit l'Être, et elle-même n'est point un être. A son tour, l'Intelligence immobile et inactive produit l'Ame, principe de l'activité et du mouvement. Est-ce assez de ténèbres? est-ce assez de contradictions?

Un examen plus approfondi, sans résoudre ces contradictions, sans dissiper toutes ces ténèbres, les éclaircit. Quand l'âme humaine, imposant silence à l'imagination et aux sens, se recueille en soi-même comme dans un temple consacré à Dieu pour méditer sur le principe de son être, quand elle oppose aux misères de cette existence fugitive l'idéal d'une vie parfaite, le premier moyen qu'elle possède de se représenter Dieu, c'est d'étendre, pour ainsi dire, à l'infini toutes les perfections dont elle porte la trace. C'est là le premier effort d'une âme philosophique. Elle s'élève de la connaissance de soi-même à la connaissance de Dieu, se souvenant qu'elle est faite à son image, et qu'elle est comme un miroir où Dieu a réuni et concentré l'image de toutes ses perfections. L'âme est une activité intelligente; mais cette intelligence n'embrasse qu'un petit nombre d'objets et de rapports : elle est sujette au doute et à l'erreur. Cette activité est limitée à une sphère restreinte, et, dans cette étroite sphère, il faut qu'elle lutte et souvent qu'elle succombe. Dieu, au contraire, est une intelligence qui embrasse tous les objets et tous les rapports; une activité qui remplit tous les espaces et tous les temps, et qui répand partout l'ordre, l'être, la vie. Ce Dieu, conçu comme un parfait modèle dont l'âme humaine est une copie, cette Ame infinie et universelle, c'est la troisième hypostase de la trinité alexandrine. C'est là Dieu, sans doute, mais ce n'est pas Dieu tout entier : ce n'est pas un Dieu qui puisse suffire à la pensée humaine et où la dialectique se puisse arrêter.

Ce Dieu, en effet, si élevé au-dessus de la nature et de l'humanité, participe encore de leurs misères. Il agit, il se développe, il se meut. Il a beau remplir tous les espaces et tous les temps, il tombe lui-même dans l'espace et dans le temps. Il connaît et il fait toutes choses ; mais il n'est pas le premier principe des choses, car il ne peut les connaître et les faire qu'à la condition d'emprunter à un principe plus élevé l'idée même et la substance des êtres qu'il réalise. Au-dessus d'une activité intelligente qui conçoit et produit dans l'immensité de l'espace et des temps les types éternels des choses, nous concevons l'Intelligence en soi qui contient dans les abîmes féconds de son unité ces types eux-mêmes. Cette pensée absolue, éternelle, simple, immobile, supérieure à l'espace et au temps, c'est Dieu encore, c'est la seconde hypostase de la Trinité alexandrine.

Il semble que la pensée ait ici atteint le plus haut terme de son développement. Quoi de plus parfait que de penser et d'agir, si ce n'est de posséder en soi la plénitude de la pensée et de la vie, la plénitude de l'être ? Mais la pensée humaine ne peut encore s'arrêter là. Une nécessité inhérente à ce qu'il y a de plus divin dans sa nature la presse et l'agite, et ne lui laissera de repos que quand elle aura atteint un point où le désir de la perfection suprême s'épuise dans la possession parfaite de son objet.

Dieu est la pensée absolue, l'être absolu. Or, qu'est-ce que la pensée? quel en est le type? c'est la pensée humaine, la pensée liée à la personnalité. Qu'est-ce que l'être et quel en est pour nous le premier modèle? c'est l'être de cette fragile créature que nous sommes. Mais quoi! l'être de Dieu sera-t-il comparable au nôtre? la pensée de Dieu sera-t-elle analogue à celle des hommes? Penser, c'est connaître un objet extérieur dont on se distingue. Rien n'est extérieur à Dieu. Penser, c'est avoir conscience de soi, c'est se distinguer, se déterminer par rapport à autre chose. Or, il ne peut y avoir en Dieu ni distinction, ni détermination, ni relation. Ce n'est donc pas encore considérer Dieu en soi, mais relativement à nous, que de se le représenter comme la pensée, comme l'être. Dieu est au-dessus de la pensée et de l'être ; par conséquent, il est en soi indivisible et inconcevable. C'est l'Un, c'est le Bien, saisi par l'extase; c'est la première hypostase de la Trinité alexandrine.

Voilà les trois termes qui composent cette obscure et profonde Trinité. Le genre humain, la raison encore imparfaitement dégagée des sens, s'arrêtent à l'Ame universelle, principe mobile du mouvement ; la raison des philosophes s'élève plus haut, jusqu'à l'Intelligence immobile où reposent les essences et les types de tous les êtres ; l'amour, l'extase seuls peuvent nous faire atteindre jusqu'à l'Unité absolue.

Les alexandrins se complaisent à retrouver cette Trinité dans tous les systèmes philosophiques, dans toutes les traditions religieuses; mais nulle part en traits plus sensibles que dans les écrits de leur maître Platon. A les en croire, Platon, quand il composait ses dialogues populaires, les *Lois*, le *Phèdre*, ne se proposait d'autre objet que d'élever l'intelligence humaine au-dessus de la région des êtres sensibles; c'est pourquoi il s'arrête à l'âme universelle, à ce principe partout présent dans la nature, qui seul a l'initiative du mouvement et le communique à tous les êtres. Mais ce Dieu est si incomplet, si imparfait encore, que Platon dans le *Timée* nous le représente comme l'ouvrage d'un être supérieur, comme l'instrument et le serviteur de l'artiste suprême qui contient dans son intelligence infinie toutes les formes de l'existence et de la vie. Cet ouvrier sublime, cet éternel géomètre, dont la majesté, déjà si grande, est pourtant quelquefois abaissée dans le *Timée*, afin qu'elle se proportionne à la faiblesse des intelligences vulgaires, Platon, dans des dialogues d'un ordre plus sévère, nous le dépeint comme la source de l'intelligence et de l'être, soleil intelligible dont l'astre éclatant qui éclaire le monde n'est qu'une imparfaite image, et qui donne, non plus à ces fantômes éphémères qui frappent nos sens, mais aux êtres, aux essences, aux âmes, ce qui les fait penser et vivre, l'intelligence et l'intelligibilité. Ce Dieu du *Banquet* et de la *République*, identité immobile de l'intelligence et de l'être, c'est la seconde hypostase de la Trinité. Enfin, Platon dans un passage unique, il est vrai, mais d'une portée infinie, de sa *République*, et dans un de ses plus obscurs et de ses plus profonds dialogues, le *Parménide*, a entrevu, a essayé de décrire cette unité absolue si élevée au-dessus de la raison et de l'être qu'elle n'a plus aucune relation ni avec l'être, ni avec la raison, absolument incompréhensible et ineffable en soi.

Les alexandrins n'ont pas la sagesse de s'en tenir à Platon; Platon n'est pour eux que le centre d'un vaste éclectisme où viennent s'unir et se confondre toutes les philosophies et toutes les religions. A les entendre la Trinité est dans Aristote; elle est dans Héraclite, dans Anaxagore. Il y a visiblement ici un abus incroyable de l'éclectisme. Cependant il est vrai de dire que, si l'on considère les spéculations les plus puissantes de la philosophie grecque, la doctrine d'Alexandrie en présente une sorte de résumé systématique qui n'est pas sans grandeur, ni sans profondeur et sans portée.

La troisième hypostase de la Trinité alexandrine répond assez bien au Dieu-nature des stoïciens et d'Héraclite : panthéisme encore grossier dans Héraclite, déjà plus profond dans les stoïciens, et qui n'a pas été sans influence sur celui d'Alexandrie. Au-dessus de ce Dieu mobile, la seconde hypostase de la Trinité de Plotin rappelle trait pour trait le Dieu d'Aristote, cette pensée éternelle et immobile dont l'activité, ramassée en elle-même, s'épuise dans la contemplation de soi, et ne tombe par aucun endroit dans le temps, la variété et le mouvement. Enfin, on ne saurait nier que la première hypostase de la Trinité alexandrine ne se rapproche singulièrement de cette unité pythagoricienne que Parménide épura si sévèrement de toute analogie et de tout rapport avec le monde, qu'il en perdit le sentiment du fini et n'y put voir qu'une ombre trompeuse de l'existence [1]. Le Dieu des alexandrins est donc à la fois le Dieu de Platon, le Dieu de Pythagore et d'Élée, le Dieu d'Aristote, le Dieu d'Héraclite et de Chrysippe. En lui se résument et se concilient tous les systèmes; par lui aussi s'expliquent toutes les religions. Les trois dieux d'Orphée, Phanès, Uranus et Cronus, sont les trois hypostases de la Trinité divine. Orphée lui-même n'est qu'un anneau de la chaîne dorée qui remonte jusqu'au grand révélateur égyptien Hermès, et Pythagore connut la Trinité quand il fut initié par l'archiprêtre Sonchide aux mystères égyptiens. Ainsi, tout s'unit, la philosophie et la religion, l'Orient et la Grèce, tous les dieux, tous les sages, tous les poëtes, toutes les traditions.

Cette théorie d'un Dieu en trois hypostases est le fond de la philosophie des alexandrins. Leur platonisme, leur éclectisme, leur mysticisme, tous les caractères de leur doctrine sont là. Il est aisé d'y marquer aussi la place de leur panthéisme. La même loi, en effet, qui préside aux rapports des hypostases

[1] Voyez la savante monographie de M. Riaux sur Parménide d'Elée.

divines leur sert à expliquer le rapport de Dieu au monde, de l'éternité au temps, de l'infini au fini; cette loi, c'est celle de l'émanation. De même que l'Intelligence émane de l'Unité, l'Ame de l'Intelligence, nous voyons le système entier des êtres de la nature sortir de l'Ame universelle, premier anneau d'une chaîne d'émanations successives qui n'a d'autre terme que celui du possible[1].

[1] A défaut d'amples développements sur cette originale et profonde théorie de l'émanation qu'Alexandrie a empruntée en l'agrandissant à l'antique Héraclite et aux stoïciens, nous citerons du moins un passage de Plotin qui nous a paru particulièrement curieux. Nous userons librement de la traduction que M. Barthélemy Saint-Hilaire vient de nous donner dans son savant ouvrage : *De l'École d'Alexandrie, etc.* (chez Ladrange, 1845) : « Comment de l'Un qui est un, ainsi que nous l'avons dit, chaque chose a-t-elle eu sa substance, soit pluralité, soit dualité, soit nombre; comment l'Un n'est-il pas demeuré en lui-même? Comment s'en est écoulée cette multitude que nous voyons dans les êtres, et que nous croyons devoir rapporter à lui ? Répondons à cette question, en invoquant Dieu lui-même, non pas par un discours matériel, mais par l'âme, en nous élevant par la prière jusqu'à lui, ne pouvant le prier que si nous nous mettons seul à seul avec lui. Il faut donc contempler Dieu au dedans de soi, comme en un temple qu'on porte en soi-même, demeurant tranquille au-dessus de toutes choses, se tenant en sa présence comme devant les statues du dehors, ou plutôt contemplant ainsi cette statue, la plus brillante et la première de toutes. Tout objet mû a nécessairement un but vers lequel il se meut. S'il n'a pas en effet un but de ce genre, nous ne pouvons pas dire qu'il se meut. Mais s'il y a quelque chose au delà de lui, se tournant toujours vers ce quelque chose, il se meut nécessairement. Éloignons la génération qui se fait dans le temps pour bien parler des choses éternelles : et si nous leur attribuons dans notre raisonnement la génération qu'elles ne souf

Telle est l'idée que nous nous formons de la philosophie alexandrine ; elle est un développement original du platonisme. Ce développement, fondé d'ailleurs sur les lois mêmes de la pensée, a été déterminé par deux grandes causes : l'esprit du temps, qui inclinait avec force toutes les âmes au mysticisme ; l'invasion des idées orientales, qui les poussait dans le même sens. De là un vaste système, platonicien par sa méthode et ses tendances générales, mystique et panthéiste par ses résultats, capable à ce double titre de se mettre en harmonie tout ensemble avec les traditions de la philosophie grecque et l'esprit nouveau qui, de l'Orient, soufflait sur le monde, très-propre par conséquent à les réunir dans un éclectisme universel.

frent pas, ce sera pour mieux comprendre les causes de l'ordre qui les régit. Ce qui naît de l'Un, naît certainement sans que le principe lui-même soit mû : car s'il fallait qu'il fût mû pour que quelque chose naquît de lui, l'être engendré serait, après le mouvement, le Troisième et non pas le Second. Il faut donc que le principe soit immobile, si le Second est après lui, sans consentement, sans volonté, sans aucun mouvement pour le faire naître. Que nous faut-il donc penser de cet être immobile ? C'est un rayonnement qui sort de lui, lui restant immobile, comme l'éclat qui environne le soleil et qui l'entoure sort perpétuellement de lui, sans que le soleil ait besoin de se mouvoir. Et tous les êtres, tant qu'ils subsistent, donnent de leur propre essence et de leur puissance actuelle cette nécessaire nature qui les épanche à l'extérieur, et qui est comme l'image des exemplaires primitifs dont ils sont sortis. C'est ainsi que le feu lance de son sein sa chaleur, et que la neige ne garde pas le froid en elle-même : et c'est surtout dans les corps odorants qu'on peut s'en convaincre. Tant qu'ils sont, ils émettent quelque chose

M. Jules Simon n'entend pas tout à fait de la même façon les origines et les caractères de la philosophie alexandrine. En pareille matière, ses opinions ont une si grande autorité, que le droit de les contredire impose le devoir de les discuter. L'origine de tous nos dissentiments, c'est notre différente manière d'entendre la doctrine de Platon. Suivant M. Jules Simon, sur la question de la nature de Dieu, Platon s'est arrêté à un dieu mobile, à une sorte d'âme de l'univers; sur celle des rapports de Dieu avec le monde, il a adopté le dualisme.

d'eux-mêmes, autour d'eux, et tout ce qui les environne y participe. Toutes les choses parfaites engendrent : ce qui est éternellement parfait engendre aussi l'éternel, et il engendre quelque chose de moindre que lui. Que faut-il donc dire du plus parfait? qu'il ne produit rien : mais les plus grandes choses ne sont qu'après lui. Ce qu'il y a de plus grand après lui, c'est l'intelligence : et elle est le Second. L'intelligence le voit : elle n'a besoin que de lui, et lui n'a pas du tout besoin d'elle. Ce qui naît du meilleur que l'intelligence, c'est l'intelligence, et l'intelligence est meilleure que tout le reste, parce que tout le reste ne vient qu'après elle : et l'âme, par exemple, est le verbe de l'intelligence : c'est un acte de l'intelligence, comme l'intelligence est un acte de l'Un. Mais le verbe de l'âme est obscur : c'est l'image de l'intelligence, et voilà pourquoi elle doit regarder vers l'intelligence : et de même l'intelligence regarde vers lui pour qu'il y ait intelligence. Elle le voit sans en être séparée, mais parce qu'elle est après lui. Il n'y a rien d'intermédiaire, pas plus qu'entre l'âme et l'intelligence. Tout ce qui est engendré désire ce qui l'engendre ; il l'aime, et surtout quand l'engendrant et l'engendré sont identiques; mais lorsque l'engendrant est le meilleur, l'engendré tient nécessairement à lui de manière à n'en être séparé que parce qu'il est autre. » (Plotin, *Ennéades*, V. livre I, ch. 6.)

On a beaucoup répété que le dualisme était le fond de toute la métaphysique ancienne, que la notion d'un principe unique de l'existence universelle appartenait essentiellement au christianisme. Suivant cette doctrine, le plus grand effort des plus puissants génies de l'antiquité, ç'a été de concevoir une intelligence suprême qui a organisé le chaos. Le Dieu de la philosophie ancienne est l'architecte du monde; il en est même la providence, mais non point le père et l'auteur. Cet artiste admirable a besoin d'une matière, laquelle, en recevant son action, lui impose à son tour des limites et entre en partage de ses plus sublimes attributs, l'éternité, la nécessité, l'indépendance. De là une sorte de manichéisme qui fait Dieu source de tout bien, la matière, source de tout mal. Il était réservé au christianisme d'extirper le mauvais principe et d'annoncer aux hommes l'être des êtres, source unique de tout ce qui respire et qui vit. Voilà l'histoire de la philosophie telle que les Pères de l'Église l'ont faite, et telle que Baltus, au xviiie siècle, l'opposait aux philosophes qui prétendaient trouver dans Platon les dogmes fondamentaux du christianisme.

La discussion approfondie de cette question nous mènerait trop loin; nous n'insisterons que sur un point qui nous paraît incontestable : c'est qu'il est de l'essence de la méthode dialectique d'exclure le dualisme. Elle consiste en effet à s'élever des objets sensibles aux idées et des idées à Dieu : elle y parvient en séparant dans chaque chose deux éléments, l'élément positif, durable, l'être, et l'élément négatif, variable, le non-être. Dans cette *marche dialectique* dont parle Platon, le philosophe ne laisse donc rien derrière soi que des limites et des négations, et le dieu auquel il arrive, cette idée par excellence qui contient toutes les idées, c'est l'être absolu, l'être hors duquel il n'y a rien.

La méthode dialectique imposait donc à Platon une métaphysique absolument contraire au dualisme. Reste à savoir si Platon a été fidèle à sa méthode La preuve qu'il l'a été, c'est qu'il a consacré un de ses plus importants dialogues, *le Sophiste*, à exposer avec le dernier degré de sévérité sa théorie sur la matière, considérée comme principe de limitation; elle est pour lui l'opposé de l'être, nécessaire à l'être en un sens, pour y introduire l'élément de la différence, de la distinction et du changement, mais n'ayant par soi qu'une existence négative. Dira-t-on que Platon appelle la matière *la mère et la nourrice de la génération*, et qu'il lui donne d'autres noms semblables? Mais ce sont là de pures métaphores qu'il ne faut pas prendre trop au sérieux. Aristote a fort bien vu que cette matière était un principe tout logique[1]. Plotin ne s'y est pas trompé davantage, et lui-même, tout

---

[1] « Cette dyade, dont ils font la matière des choses, *on pourrait bien la regarder comme une matière purement mathématique*, comme un attribut et une différence de ce qui est et de la matière, plutôt que comme la matière même; c'est comme ce que les physiciens appellent le rare et le dense, ne désignant par là que les différences

panthéiste qu'il est, s'est servi d'expressions analogues. Cette méprise jette un nuage sur le panthéisme des alexandrins : nulle part on n'en donne une explication nette et satisfaisante. Les considérer comme les pères du panthéisme, c'est leur donner une originalité qu'ils n'ont pas; c'est être plus ambitieux pour eux qu'ils ne l'ont été eux-mêmes. En général M. Jules Simon, qui a indiqué avec une si rare sagacité les origines du mysticisme de Plotin, a peut-être trop négligé celles de son panthéisme. Il paraît oublier souvent que le germe en est dans Platon; il oublie aussi les stoïciens et Héraclite. Quand il décrit, dans un beau chapitre de son ouvrage consacré à la théorie des émanations, cette double loi du panthéisme, la loi de la génération et celle du retour, s'il eût remonté quelques siècles plus haut, s'il se fût souvenu que Plotin, au témoignage de son disciple Porphyre, avait beaucoup profité des stoïciens, il eût trouvé cette double loi dans la physique héraclitéenne de Chrysippe et de Zénon, et il n'y a pas jusqu'à l'unification alexandrine dont il n'eût trouvé le germe dans la fameuse ἐκπύρωσις des stoïciens.

Nous pouvons consentir moins encore à admettre que Platon, dans sa sublime théodicée, se soit arrêté à un Dieu mobile et changeant, à cette âme du monde que les alexandrins ont placée au plus bas degré

premières du sujet; car tout cela n'est autre chose qu'une sorte plus et de moins, ὑπεροχή τις καὶ ἔλλειψις. » (Aristote, Métaphys., vre I, ch. 9.)

leur Trinité. On abaisse ici singulièrement le maître devant le disciple, et j'ose dire que Plotin eût décliné l'honneur que son historien lui veut faire, d'avoir, le premier, conçu Dieu comme un être absolument immuable, élevé, non par des degrés, mais par la plénitude incommunicable de la perfection au-dessus de tous les êtres de l'univers. Faut-il rapporter les passages de la *République*, du *Phédon* et du *Banquet* où Platon s'explique avec une majesté et une magnificence de langage qui n'excluent pas la plus rigoureuse précision sur l'absolue immutabilité du principe inconditionnel de l'existence? Faut-il introduire ici, comme fait Socrate au banquet d'Agathon, la belle étrangère de Mantinée, s'écriant : « Celui qui dans les mystères de l'amour s'est avancé jusqu'au point où nous en sommes par une contemplation progressive et bien conduite, parvenu au dernier degré de l'initiation, verra tout à coup apparaître à ses regards une beauté merveilleuse, celle, ô Socrate, qui est la fin de tous ses travaux précédents : beauté éternelle, non engendrée et non périssable, exempte de décadence comme d'accroissement, qui n'est point belle dans telle partie et laide dans telle autre, belle seulement en tel temps, dans tel lieu, dans tel rapport, belle pour ceux-ci, laide pour ceux-là; beauté qui n'a point de forme sensible, un visage, des mains, rien de corporel, qui ne réside dans aucun autre être différent d'avec lui-même, comme un animal, ou la terre, ou le ciel, ou toute autre chose; qui est absolument identique et invariable par elle même ; de laquelle toutes les autres beautés participent, de manière cependant que leur naissance ou leur destruction ne lui apporte ni diminution ni accroissement[1]. »—Est-ce là un Dieu changeant et mobile, une âme, un être mêlé

---

[1] *Banquet*, traduction de M. Cousin, tome VI, p. 326. — On peut rapprocher ce magnifique passage du *Banquet* d'un autre passage non moins célèbre et non moins beau du *Timée* : « Dieu résolut de faire une image mobile de l'éternité ; et par la disposition qu'il mit entre toutes les parties de l'univers, il fit de l'éternité qui repose dans l'unité cette image éternelle, mais divisible, que nous appelons le temps. Avec le monde naquirent les jours, les nuits, les mois et les années, qui n'existaient point auparavant. Ce ne sont là que des parties du temps ; le passé, le futur en sont des formes passagères que dans notre ignorance, nous transportons mal à propos à la substance éternelle ; car nous avons l'habitude de dire : elle fut, elle est et sera ; elle est, voilà ce qu'il faut dire en vérité. Le passé et le futur ne conviennent qu'à la génération qui se succède dans le temps, car ce sont là des mouvements. *Mais la substance éternelle, toujours la même et immuable*, ne peut devenir ni plus vieille, ni plus jeune, de même qu'elle n'est, ni ne fut, ni ne sera jamais dans le temps. Elle n'est sujette à aucun de ces accidents que la génération impose aux choses sensibles, à ces formes du temps qui imite l'éternité. » (*Timée*, trad. franç., tome XII, p. 130, 131.) — Dans les *Lois*, il est vrai, Platon donne de Dieu cette définition : *un principe qui se meut lui-même* (livre X) ; mais de quel Dieu s'agit-il ici ? du Dieu mobile et imparfait où s'arrête le vulgaire, de ce Dieu engendré que nous voyons, dans le *Timée*, sortir des mains du Dieu suprême, seul vraiment digne de ce nom sublime que l'antiquité et Platon ont tant prodigué ; il s'agit en un mot de l'âme du monde. La preuve décisive que le Dieu du X⁰ livre des *Lois* n'est pas le premier principe de la philosophie de Platon, c'est qu'il l'appelle expressément *le premier des êtres en-*

au monde, et ne différant de nous que par le degré ? Et en vérité, est-ce bien Platon qu'on vient accuser d'anthropomorphisme? On cite le *Timée* et ses poétiques récits. Faut-il donc prendre ici Platon à la lettre, et se rendre très-attentif, par exemple, à ce

gendrés (*Lois*, trad. franç., tome VIII, p. 230) et un peu plus haut : *un des premiers êtres qui aient existé*. — S'il fallait ajouter de nouvelles preuves à la rigueur de cette démonstration, nous les trouverions aisément dans le *Phèdre*, où le Dieu immobile de la dialectique est parfaitement séparé de tous ces dieux secondaires émanés de l'âme du monde, et comme elle sujets au changement et au temps. Contentons-nous de citer le passage suivant :

« Le lieu qui est au-dessus du ciel [la région des *Idées*], aucun de nos poètes ne l'a encore célébré; aucun ne le célébrera jamais dignement. Voici pourtant ce qui en est, car il ne faut pas craindre de publier la vérité, surtout quand on parle sur la vérité : L'essence véritable, sans couleur, sans forme, ne peut être contemplée que par le guide de l'âme, l'intelligence. Autour de l'essence est la place de la vraie science. Or, la pensée des dieux, qui se nourrit d'intelligence et de science sans mélange, comme celle de toute âme qui doit remplir sa destinée, aime à voir l'essence dont elle était depuis longtemps séparée, et se livre avec délices à la contemplation de la vérité, jusqu'au moment où le mouvement circulaire la reporte au lieu de son départ. Dans ce trajet elle contemple la justice, elle contemple la sagesse, elle contemple la science, *non point celle où entre le changement, ni celle qui se montre différente dans les différents objets qu'il nous plaît d'appeler des êtres, mais la science telle qu'elle existe dans ce qui est l'être par excellence*. Après avoir ainsi contemplé toutes les essences et s'en être abondamment nourrie, elle replonge dans l'intérieur du ciel et revient au palais divin; aussitôt qu'elle arrive, le cocher, conduisant les coursiers à la crèche, répand devant eux l'ambroisie et leur verse le nectar. Telle est la vie des dieux. » (*Phèdre*, trad. de M. Cousin, tome VI, p. 50, 51.

vase où Dieu compose l'âme du monde[1]? Mais quoi! le *Timée* lui-même contient des preuves décisives contre cette manière d'interpréter Platon. Il nous fait assister à la formation de cette âme universelle, ouvrage de l'éternel artiste, Dieu des sens et du vulgaire, Dieu engendré et périssable, qu'on veut nous faire confondre avec le Dieu de la *République* et du

---

[1] Je rappellerai ici à M. Jules Simon une des plus belles pages de son livre où il donne du *Timée* une interprétation aussi exacte qu'éloquente :

« Il y a une grande et saisissante poésie dans cette conception du *Timée*, qui nous présente la matière comme une masse informe et désordonnée, contenant en puissance tous les possibles, et par là même incapable de posséder aucune forme, emportée au hasard dans un mouvement aveugle et sans frein, jusqu'à ce que Dieu par sa volonté toute-puissante, jette à profusion l'harmonie dans ce chaos, inonde cette nuit de lumière, et soumettant toute cette violence à d'irrévocables lois, asservisse aux desseins de son immuable sagesse ces forces ennemies qui ne recélaient dans leurs flancs que la destruction et la mort. Toute cette histoire de la naissance du monde n'est aux yeux de Plotin qu'un artifice du maître pour expliquer avec plus de pompe et de clarté la dépendance du multiple. Jamais ces flots ne se sont agités dans la nuit; jamais Dieu n'a été absent du monde. Il n'a pas construit d'abord cet admirable édifice, le laissant devant lui dans le silence et l'immobilité de la mort, pour concevoir ensuite, comme un peintre à la vue de son tableau, le désir d'animer son œuvre, et de faire circuler partout le mouvement et la vie. Les évolutions des mondes lancés dans l'espace par sa main puissante se succèdent de toute éternité; et si Dieu se repose, ce n'est pas après avoir accompli son œuvre, comme un artisan fatigué que l'oisiveté répare; c'est parce que du sein de sa toute-puissance la vie jaillit à grands flots, sans que la source en soit tarie, ou que l'immutabilité de son être en soit troublée. » *Histoire de l'École d'Alexandrie*, tome I, p. 364.

Banquet. Ce grand Dieu, qui, dans le *Timée*, crée le temps du sein de l'éternité pour en être l'image mobile, ce Dieu dont il ne faut pas dire qu'il a été et qu'il sera, de crainte d'altérer la majesté de son existence immuable, mais seulement qu'il est; ce Dieu dont la grandeur pénétrait saint Augustin d'admiration et d'enthousiasme, et faisait dire à saint Justin que le Verbe, avant de s'incarner, s'était révélé à Platon, qu'a-t-il donc à démêler avec l'espace, le temps, le mouvement et toutes les faiblesses de notre nature? On s'appuie sur ce qu'Aristote reproche sans cesse à Platon la mobilité de son Dieu. C'est une erreur : Aristote adresse vingt fois à Platon le reproche contraire, savoir : d'arriver par la dialectique à une région immobile et abstraite d'où le mouvement et la vie ne peuvent plus sortir. Aristote a évité cette difficulté, on sait à quel prix, par le dualisme. Mais imputer à Platon le dualisme et un Dieu mobile, c'est fermer les yeux sur la méthode de Platon, c'est s'inscrire en faux contre ses doctrines explicites, c'est sacrifier à un ou deux passages secondaires d'une explication difficile tous les grands monuments de la philosophie platonicienne; c'est mal comprendre la polémique d'Aristote et la véritable différence qui sépare le maître du disciple, enfin, c'est se condamner à laisser dans l'ombre l'intime lien qui rattache tout ensemble le panthéisme et le mysticisme des alexandrins à la philosophie de Platon. M. Jules Simon veut que le Dieu du *Timée* occupe le troisième rang dans la Trinité alexandrine ; mais il sait bien que le Dieu du *Timée*, c'est l'intelligence, enfermant en soi les types des êtres et toutes les formes de la vie. Ce Dieu serait donc tout au plus la seconde hypostase, et non la troisième, et M. Jules Simon sait aussi que nous sommes sur ce point parfaitement d'accord avec les deux plus grands philosophes d'Alexandrie, Plotin et Proclus.

Si l'on peut reprocher à M. Jules Simon d'être trop favorable aux alexandrins, quand il expose leur doctrine et leur suppose une originalité qu'ils n'ont pas, il faut reconnaître qu'il est juste et sévère pour eux, quand il discute et apprécie la valeur de leurs spéculations. C'était là la partie la plus difficile de la grande tâche qu'il s'est proposée ; disons tout de suite qu'il s'en est acquitté, en ce qui touche le mysticisme alexandrin, d'une manière supérieure. Il est impossible de remonter aux causes philosophiques du mysticisme de Plotin, et en général de tout mysticisme, avec une sagacité plus pénétrante, et de mettre à nu avec plus de vigueur et de solidité l'illusion sur laquelle repose cet étrange et curieux système.

Les mystiques tombent dans une confusion qui, pour être assez naturelle à toute intelligence éminemment spéculative, n'en est que plus dangereuse ; ils confondent les conditions sous lesquelles s'exerce la raison dans une intelligence imparfaite avec l'essence et le fond même de la raison. Lors donc que, dans leur effort sublime pour atteindre le principe de toute existence, ils arrivent à un être absolument dégagé de toute condition, à un être que l'on ne peut concevoir dans le temps, dans l'espace, qu'on ne peut rapporter à une cause supérieure, à un être en un mot à qui on ne peut assigner aucune limite, et en qui on ne peut concevoir aucune diversité, ils s'imaginent que la raison est condamnée à se contredire avec elle-même, étant forcée de concevoir un être inconcevable, de nommer un être ineffable, d'assujétir à une condition un être absolument inconditionnel. C'en est donc fait de la science, et il faut tomber dans le scepticisme et le désespoir, s'il n'y a pas en nous un autre moyen d'atteindre ce qui échappe à toutes les prises de la raison. Ce moyen, c'est l'extase, l'enthousiasme. La raison est un don sublime, mais elle a pour ainsi dire un vice originel, elle tient à la personnalité ; l'extase en est l'abolition ; elle identifie l'âme avec son objet, elle nous unit à Dieu, elle nous fait Dieu. M. Jules Simon démontre fortement que le principe de tout ce système est ruineux. L'idée de l'absolu, comme il le prouve avec une grande puissance d'analyse, est le fond même de la raison. Toutes ces lois, tous ces principes, toutes ces vérités éternelles et nécessaires qui soutiennent nos pensées, qui dominent et dirigent nos sciences, perdent leur sens si on les sépare de l'idée de l'absolu. Loin de l'exclure, comme le croit le mysticisme, elles l'impliquent. C'est elle qui les engendre, les conserve et les constitue au plus intim[e] de l'âme humaine. Pour trouver Dieu, l'homme n'e[st] est pas réduit à renoncer à sa raison ; il lui suffit d[e] l'interroger dans son fond. C'est donc la raison qu[i] éclaire l'homme, alors même qu'il croit avoir étein[t] sa lumière. Contemplation, vision, extase, tout cel[a] n'est encore que la raison qui se dérobe à la con[-] science dans la soudaineté sublime de son-action[.] Hors de là, il n'y a que les chimères d'une imagi[-] nation exaltée, les visions d'un cerveau malade, et faut-il le dire ? les hallucinations d'un sang échauffé[.] Les mystiques veulent secouer le joug de la person[-] nalité, et ils y retombent sans cesse. Ils croient en[-] tendre la voix de Dieu, c'est celle de leur fantaisie[.] Ils s'imaginent sortir du moi, ils s'y emprisonnent en croyant s'envoler au ciel, ils s'enchaînent plu[s] étroitement à la terre, et le dernier fruit de cett[e] exaltation qu'on croit angélique n'est que trop sou[-] vent l'abandon le plus déplorable aux déréglement[s] les plus honteux.

Laissons parler ici M. Jules Simon lui-même. O[n] pourra prendre une idée des belles qualités de styl[e] qui distinguent l'historien de l'école d'Alexandrie e[n] lisant ces fortes et brillantes pages :

« L'effort que tentent les mystiques pour isoler dans la connaissance, l'élément universel de l'élé[-] ment individuel, les conduit à un résultat diamétra[-] lement opposé à celui qu'ils ont en vue. Ils veulen[t] passer de la dualité à l'unité, et ils y parviennent e[n] effet ; mais des deux éléments de la connaissance rationnelle, celui qu'ils veulent exclure, l'élément mauvais, la personne, le moi, est le seul terme qui leur reste. Est-il possible de se perdre et de s'oublier soi-même ? Rêver la connaissance absolue, c'est méditer sur ce que peut être en Dieu la connaissance. Cela n'est rien pour moi : c'est un abîme où je me perds ; c'est une perfection devant laquelle je m'humilie. Croire que je vais m'efforcer de sortir de moi-même pour être Dieu, c'est vouloir que j'aspire au néant. Que suis-je donc, sans ma conscience et ma mémoire ? Puis-je donc ne pas m'aimer ? Puis-je être indifférent à ma propre destinée, ou voir ma destinée ailleurs que dans ma nature propre et individuelle ? On me crie que rien ne périt, qu'aucune substance ne périt [1] : est-ce donc ma substance que j'aime, ma substance abstraite, et n'est-ce pas plutôt ma substance en tant qu'elle est mienne ? Le néant dont j'ai peur, le vide dont la nature humaine a horreur, c'est l'anéantissement de la conscience : qu'importe que la substance dure encore après cela ? C'est périr tout entier que de perdre le souvenir de soi-même. Tandis que le mysticisme croit faire de nous des dieux, il nous ôte le peu que nous sommes, et le grand bien qu'il nous promet, il ne le donne pas.

« Le moi ne se perd donc jamais lui-même. Ce qui périt, dans l'effort tenté par les mystiques, c'est l'universel. Ils renoncent à la raison ; il n'y a pas

---

[1] Οὐδὲν ἀπολεῖται τῶν ὄντων. *Enn.* 4, livre III, ch. 3.

d'autre élément universel en nous. Le principe à la fois commun et particulier, senti par chacun, avoué par tous, perçu par chaque intelligence à la seule condition qu'elle soit une intelligence et qu'elle exerce sa pensée, ce principe est évidemment universel. Répudiez-le pour arriver par l'inspiration, par l'amour et sans intermédiaires, à l'absolu, cet amour que vous écoutez seul, c'est une modification passive de votre être, c'est l'*affectus* qui n'a ni loi, ni règle; c'est l'*affectus* sans force intellectuelle, sans valeur objective. Pendant que vous vous livrez ainsi à l'inspiration, et que vous rejetez toute démonstration et toute preuve, ce n'est plus que vous-même que vous écoutez; et toute cette science prétendue, qui devait s'élever au-dessus de la raison, reste au-dessous. C'est de la poésie, ou plutôt ce n'est qu'un rêve.

« Il y a deux sortes de mystiques ; les uns naissent avec une disposition naturelle à l'enthousiasme, au pur amour; d'autres choisissent, pour ainsi dire, de sang-froid, le mysticisme ; ils y arrivent par des raisons scientifiques; ils démontrent rationnellement que la raison ne peut rien démontrer, et, comme ils ont horreur du doute, n'espérant rien de la science, et résolus de ne point se passer de doctrine, ils se livrent à l'inspiration. Tel est Plotin, d'abord rationaliste, puis ennemi de la raison, et enfin mystique. Les uns et les autres, quelle que soit leur origine, donnent le même spectacle; leur mysticisme a deux phases : d'abord lyrique, il devient ensuite dogmatique et descriptif. La raison en est toute simple. Le premier acte du mystique est de rejeter la raison et avec elle l'expérience; le second, de préférer au scepticisme des croyances acceptées sans preuves, et dont il n'a d'autre garant que l'impression qu'elles produisent sur son esprit et sur son cœur. Il est donc tout amour dans le début; il se sent emporté, ravi vers un monde nouveau; tous ses sentiments sont exaltés outre mesure, l'intelligence se tait, les principes de la raison, les besoins de la vie, le spectacle du monde, tout s'oublie; ce ne sont que tressaillements, joies ineffables, ivresse véritable : si les mystiques s'adressent aux autres hommes pour leur faire ressentir la contagion de leur enthousiasme, l'ivresse est le mot qu'ils emploient pour décrire l'état de leur âme. Ils sont ivres de Dieu, pleins de Dieu. Ce n'est qu'à regret, et pour subir une dure nécessité qu'ils ont recours au langage, tant l'analyse qu'il impose aux pensées, et la filière par laquelle il les contraint de passer, les matérialise, les appesantit et les rend impropres à célébrer les perfections ineffables de l'idéal. Cependant, tout à coup le jour se fait dans cette nuit; un ordre merveilleux s'établit dans ce chaos ; à ces élans mystiques sans objet déterminé, à cet amour qui déborde, à ces pensées indistinctes, succède une vision claire, précise, une sorte de seconde vue à laquelle rien n'échappe. Ils énumèrent, ils décrivent toutes les puissances de Dieu, tous les ordres d'esprits invisibles, leurs caractères, leurs fonctions, leur hiérarchie. C'est qu'il n'y a point d'amour sans objet, réel ou feint, ni d'amour durable sans objet déterminé. Ce Dieu inconnu, vers lequel sont d'abord emportés les mystiques, leur devient plus familier et plus accessible quand ils ont rompu avec la raison, parce qu'ils se sentent ou s'attribuent le droit d'affirmer tout ce qu'ils rêvent. L'imagination substituée à la science et déclarée infaillible au nom de la sensibilité, se crée à plaisir un monde de merveilles ; plus on avance dans cette voie, plus on s'éloigne de la raison et du vraisemblable, plus la crédulité augmente, parce qu'à chaque pas l'imagination et l'amour prennent de la force, et l'on se trouve enfin, loin de la science et de la vérité, confiné en soi-même sans aucun moyen pour en sortir, réduit à prendre ses sentiments et ses rêves pour la vérité absolue, et condamné à ne plus connaître que le moi par l'effort même qu'on a fait pour s'élancer d'un bond dans le sein de Dieu, et se dégager des entraves de la conscience et de la raison individuelle [1]. »

Toute cette critique du mysticisme alexandrin est d'une solidité et d'une profondeur également remarquables ; M. Jules Simon est loin d'être aussi fort contre le panthéisme. Il accorde et même il démontre que le panthéisme n'a rien à démêler avec l'athéisme, qu'il ne consiste point à absorber l'infini dans le fini, et Dieu dans la nature, mais seulement à les unir par

[1] *De l'École d'Alexandrie*, t. I, p. 557 et suiv.

le lien d'une consubstantialité et d'une coéternité nécessaires. Il va même jusqu'à soutenir, et à notre avis il réussit à prouver avec la plus rare sagacité, que le panthéisme n'exclut pas absolument les conditions de l'individualité, et peut laisser place à une multiplicité distincte de forces finies; il indique en passant les emprunts, très-remarquables en effet, que Plotin a faits au dynamisme d'Aristote et à toute sa belle théorie de la nature; puis, après avoir soulevé ces questions redoutables, il les tranche en quelques mots. Le panthéisme, dit-il, est contradictoire. Soit; mais il faudrait le prouver par d'autres arguments que ceux dont on a fait soi-même toucher au doigt la faiblesse [1]. Voici une assertion plus grave encore.

[1] Je parle de cette argumentation qu'on emploie d'ordinaire contre le panthéisme, et qui se réduit à imputer à ses partisans l'identification (visiblement contradictoire en effet) du fini et de l'infini, de la nature et de Dieu. M. Jules Simon prouve très-bien que ce genre d'objections n'atteint pas le panthéisme de Plotin : « Si le monde est en Dieu, s'ensuit-il que Dieu et le monde sont une même chose? Autant vaudrait demander si ma pensée, quand je pense à une chimère, est la même chose que ma propre substance. Cette pensée, je l'avoue, est inséparable de cette substance; elle a dans cette substance la raison, la cause et le lien de son être; cependant elle ne lui est ni égale ni semblable. Ma substance est un principe, elle est une idée ; par conséquent elle est simple, impérissable, intelligible, dégagée de la matière, inaccessible aux sens. Au contraire cette conception fugitive qui se forme dans ma pensée ne laisse rien subsister d'elle-même, quand elle a péri; elle apparaît un instant, et déjà elle n'est plus; elle forme une image que je puis rendre sensible, en la retraçant d'après mes souvenirs; en un mot, il n'y a rien de commun entre ma substance et l'ensemble

On soutient que le dualisme, le panthéisme et tous les systèmes des philosophes qui ont consumé leur génie à éclaircir, à expliquer le rapport de Dieu au monde; tout cela n'est qu'une suite d'illusions, un jeu d'esprit stérile. Suivant M. Jules Simon, la question du rapport du fini à l'infini est entièrement insoluble. Cependant il la résout et se prononce explicitement pour la doctrine de la création *ex nihilo*. Qu'est-ce à dire? M. Jules Simon voit-il dans cette doctrine une solution positive du problème du rapport du fini avec l'infini? Il paraît bien, car il ne veut pas convenir que cette solution soit négative. D'un autre

de mes phénomènes, si ce n'est qu'ils sont nécessaires l'un à l'autre, de la façon et suivant le degré dont une substance est nécessaire à un phénomène, et réciproquement. Si donc on croyait réfuter Plotin en disant que si le monde est en Dieu et nécessaire à Dieu, il est Dieu, et qu'on peut lui attribuer comme à Dieu l'infaillibilité, l'unité, on ne ferait qu'amonceler des contradictions aussi ridicules aux yeux de Plotin qu'à ceux de ses adversaires. Quoique Plotin laisse subsister le monde en Dieu, le monde n'en a pas moins sa nature qui lui est propre, et qui le distingue de la nature de Dieu. Plotin lui-même, qui existe en Dieu, peut fonder sa philosophie sur le besoin et la possibilité d'isoler la notion de Dieu de toutes les autres idées pour la contempler seule et sans intermédiaire; il peut donner pour but à sa vie de se dépouiller des éléments variables et multiples qui obscurcissent la dignité de son âme, de se rapprocher de plus en plus de la cause immuable de tous les êtres, qui, bien qu'elle les produise tous, ne les produit pas tous immédiatement et les dispose dans une hiérarchie qui est l'ordre même et l'harmonie du monde; il peut enfin, comme il le disait à son lit de mort, dégager en lui le divin. » *Histoire de l'École d'Alexandrie*. tom. 1, p. 365, 366, 367.

côté, il ne croit pas à la possibilité d'une solution. La vérité est que pour M. Jules Simon, le dualisme et le panthéisme ne sont guère autre chose que des métaphores qui nous déguisent le vide absolu de nos idées[1]. Si donc il penche pour la création *ex nihilo*, c'est précisément à cause de son caractère tout exclusif et tout négatif, qu'il paraissait d'abord lui contester.

Pour nous, nous ne pouvons admettre que les efforts des métaphysiciens pour résoudre le premier problème de la philosophie, que les spéculations d'Aristote et de Platon, de Plotin et de Spinoza, n'aient abouti qu'à substituer une métaphore à une autre, et que ces grands esprits, qui croyaient s'occuper de choses, n'aient spéculé que sur des mots.

Il n'est pas exact de dire que le dualisme et le panthéisme expliquent le rapport du fini à l'infini par une pure métaphore. La conscience humaine, à laquelle il faut toujours en revenir en saine métaphy-

[1] « On fait quelquefois, dit M. Jules Simon, de grands efforts, et bien vains, pour remplacer le mot qui désigne la production du monde par un autre. Pour les uns, c'est une irradiation; c'est, pour les autres, une émanation, un écoulement; ou bien encore, c'est une génération, un acte volontaire. Quand on exalte les grands progrès de la métaphysique parce qu'à une métaphore empruntée à la nature humaine, on a substitué une métaphore empruntée à la nature morte, on oublie que tout cela n'est et ne sera jamais que métaphores. » (*Histoire de l'École d'Alexandrie*, tome I, p. 371.) — On voit d'après ce passage que M. Jules Simon dirait volontiers de la création ce que dit saint Augustin des personnes divines : « Si nous en parlons, ce n'est pas pour en dire quelque chose, c'est pour ne pas nous taire. »

sique, nous fournit le type de deux sortes d'actions parfaitement distinctes. La volonté de l'homme agit sur la nature extérieure. L'industrie ne peut, il est vrai, donner l'être à un brin de paille; mais elle peut changer la face du monde. L'artiste ne peut créer une statue; mais donnez-lui du marbre, et il en tirera Minerve ou Jupiter. Telle est l'idée que les hommes se sont souvent formée de l'action divine : et de là le dualisme. La matière et Dieu, dans ce système, sont deux principes coéternels également nécessaires. Dieu agit sur la matière et lui imprime les formes sublimes de sa pensée; il ne lui donne pas l'être, mais le mouvement, l'ordre et la vie.

Or il y a dans la conscience de l'homme le type d'une action plus spirituelle, plus relevée, savoir, l'action intérieure par laquelle nous pouvons modifier et déterminer notre existence morale. Ici, ce n'est plus l'action d'une force sur un terme étranger, c'est l'action d'une force sur soi-même, c'est son développement, c'est sa vie. Quand mon activité pensante forme une idée, cette idée n'est pas hors de moi; elle n'est pas séparée, quoiqu'elle en soit distincte, de l'activité qui l'enfante; elle est cette activité elle-même qui se détermine et se féconde. L'idée passe, l'activité reste, et produit des idées nouvelles. Voilà le type primitif sur lequel les panthéistes conçoivent l'action divine. Pour eux, les êtres de ce monde ne sont pas extérieurs à Dieu, bien qu'ils s'en distinguent formellement; ils n'ont point une existence séparée ; ils sont les effets immanents d'une activité éternelle et inépuisable qui les produit sans mesure et sans terme dans l'espace et le temps, sans y tomber elle-même, toujours pleine, parfaite, immobile en soi.

Sont-ce là des mots et des métaphores? Quand je parle d'une force qui agit sur un terme extérieur, ou d'une activité qui se détermine par elle-même, sais-je ou non ce que je dis? Ai-je ou non une idée positive? Mais, dit-on, cette double action est environnée de mystères. Que sera-ce, si de l'homme on s'élève à Dieu, du fini à l'infini, du relatif à l'absolu? Les difficultés deviendront infinies comme l'objet de la pensée et se changeront en impénétrables énigmes. Je réponds en avouant avec Montaigne que nous ne savons le tout de rien, que tout est mystère autour de nous; enfin, que l'homme est à lui-même le plus profond de tous les mystères. Mais est-ce à dire que nous ne sachions rien? Nous ne pouvons, dites-vous, comprendre Dieu. Je le crois bien, nous ne pouvons comprendre un atome. Celui qui connaîtrait dans son fond et dans son tout la plus chétive des créatures connaîtrait tout le reste, et aurait le secret de Dieu. Leibnitz disait avec esprit et avec grandeur : « Dieu est un géomètre qui calcule et résout incessamment ce problème : Étant donné une monade, un atome de l'existence, déterminer l'état présent, passé et futur de tout l'univers. » Mais n'y a-t-il pas un milieu entre comprendre et ignorer, entre connaître absolument et ne point connaître du tout? En bonne logique, prouver qu'on ne peut avoir l'idée complète d'une chose, est-ce prouver qu'on n'en peut avoir aucune idée? N'est-il pas clair que, dans les notions les plus positives et les plus précises d'un être imparfait, il y aura toujours la part des ténèbres et du néant?

M. Jules Simon nous livre le secret de son opinion sur le panthéisme, quand il pose en principe que la raison humaine ne peut connaître Dieu ou l'absolu d'une manière positive. Selon nous, c'est infiniment trop accorder à Plotin; c'est perdre tout le terrain qu'on vient de gagner, et du mysticisme vaincu incliner à une extrémité non moins dangereuse.

M. Jules Simon, en historien philosophe, juge l'école d'Alexandrie au nom d'un système. A la théorie de Plotin sur la raison il oppose la sienne. Signalons au moins le caractère et les conséquences de cette théorie. Elle est contenue dans ces deux principes fondamentaux : l'idée de l'absolu ou de l'infini est le dernier fond de la raison ; nous ne pouvons avoir toutefois de la nature de l'absolu aucune connaissance positive. Par le premier de ces principes, et en général par sa manière d'entendre l'absolu, M. Jules Simon se rattache à la nouvelle philosophie allemande, celle de Schelling et de Hégel ; par le second, il se rapproche plutôt de Kant et de l'esprit général de la philosophie critique, laquelle, dans le fond, ne conteste pas la notion, ni même l'existence de l'absolu, mais seulement la possibilité de le connaître, d'en faire la science.

M. Jules Simon pense donc que l'absolu ne peut être l'objet d'une connaissance positive. Nous concevons fort bien que l'on soutienne avec Kant cette thèse; mais nous demandons en même temps qu'on en reconnaisse la nécessaire conséquence, savoir : que l'idée de l'absolu n'existe véritablement pas. Or, plutôt que de se résigner à cette conséquence, M. Jules Simon a préféré, comme Kant, se contredire. Dans tout son livre, nous trouvons en lui un partisan déclaré et éloquent du dogme de la divine Providence. Or, je le demande, comment conciliera-t-on ce dogme sublime avec l'impossibilité absolue où l'on prétend qu'est la raison d'avoir de Dieu aucune connaissance positive? Croire à la Providence, c'est apparemment croire que Dieu est l'intelligence parfaite, la parfaite justice et la parfaite sainteté. Sont-ce là des affirmations positives, ou soutiendra-t-on encore que ce sont des métaphores et de vains mots? Dire que Dieu pense, qu'il est juste, qu'il est saint, est-ce ne rien dire de positif et d'effectif? est-ce s'incliner devant une métaphore, adorer des formules vides de sens, embrasser une ombre, un néant? Assurément on ne l'entend pas de la sorte. Où prenons-nous cependant, après tout, le type réel et positif de l'intelligence, le type de la justice, si ce n'est dans le moi lui-même, modèle primitif et universel de toutes nos conceptions? Or, s'il n'y a aucune ressemblance, aucune analogie (c'est ce que l'on soutient positivement) entre notre intelligence, notre être, et l'intelligence et l'être de Dieu, de quel droit dirons-nous que Dieu est une intelligence et un être? de quel droit dirons-nous même qu'il y a un Dieu? C'est véritablement alors que nous prononcerions des paroles vides de sens. Mais, dira-t-on, vous tombez dans l'anthropomorphisme. Vous faites Dieu semblable à l'homme. Vous souillez sa majesté de toutes les imperfections de notre nature. Votre Dieu n'est que le moi divinisé; votre Dieu n'est qu'une idole. — Je réponds à mon tour : Pour faire Dieu trop grand, vous en compromettez l'existence. Pour rendre la raison modeste, vous la faites pyrrhonienne. Si Dieu ne peut être connu positivement par la raison, c'en est fait de la raison et de Dieu. Toute connaissance négative implique une connaissance positive; si le mot Dieu ne répond dans mon esprit et dans mon âme à aucune idée positive, toute affirmation sur Dieu est arbitraire, vaine et inintelligible. Toute philosophie et toute religion sont égales, également vaines. L'histoire n'a plus de sens. Le Dieu de Platon n'est pas plus vrai que celui de Thalès et d'Héraclite. Le Dieu des chrétiens n'est pas plus saint et plus pur que ceux du paganisme et que les plus grossiers fétiches. On n'a plus de critérium pour les distinguer, et il faut tomber dans l'indifférence absolue des philosophies et des religions.

Réduisons la question à ses termes les plus précis : si une intelligence finie ne peut connaître positivement que ce qui lui est analogue, alors, j'en conviens, plus de système sur le rapport du fini et de l'infini, plus de science de l'infini lui-même, mais alors aussi plus de philosophie, plus de religion, plus de Providence, plus de Dieu. Admet-on ces tristes conséquences? on est sceptique, mais on est logicien. Si, au contraire, l'on accorde une fois que la raison a l'idée de l'absolu, qu'il y a un rapport possible entre une raison finie et un être infini, je dis que c'est une faiblesse et une inconséquence de s'arrêter là, et, contredisant à la fois la logique et le genre humain, de soutenir que nous n'avons aucune connaissance positive de la nature de Dieu, et qu'il n'y a rien de commun entre son être et le nôtre. Spinoza, lui aussi, disait qu'entre la pensée de Dieu et la nôtre, il n'y a pas plus de ressemblance qu'entre le chien, constellation céleste, et le chien, animal aboyant[1]. Spinoza excédait ici sa propre pensée; il

[1] La démonstration dont se sert Spinoza pour établir cette énorme prétention est aussi singulière que peu concluante. Pour prouver que la pensée divine n'a absolument rien de commun avec la pensée humaine, sait-on sur quel principe il va s'appuyer? sur ce que la pensée divine est la cause de la pensée humaine. Ce raisonneur si exact oublie sans doute que la troisième proposition de l'*Éthique* est celle-ci : *Si deux choses n'ont rien de commun, elles ne peuvent être cause l'une de l'autre*. Un ami pénétrant le lui rappellera (L. Meyer, *Lettres à Spinoza*, tome II, page 415); mais il sera trop tard pour revenir sur ses pas.

Spinoza argumente ainsi : « La chose causée diffère de sa cause

tombait dans le mysticisme : ce n'était plus Spinoza, c'était Plotin. Un mystique peut dire avec calme : La raison n'atteint pas Dieu ; car l'extase est là pour lui donner un asile, et satisfaire son âme et son cœur. Mais quand on a l'esprit assez ferme pour ne voir dans l'extase qu'une haute extravagance (je me sers

> précisément en ce qu'elle en reçoit : par exemple, un homme est cause de l'existence d'un autre homme, non de son essence. Cette essence, en effet, est une vérité éternelle ; et c'est pourquoi ces deux hommes peuvent se ressembler sous le rapport de l'essence, mais ils doivent différer sous le rapport de l'existence ; de là vient que si l'existence de l'un d'eux est détruite, celle de l'autre ne le sera pas nécessairement. Mais si l'essence de l'un d'eux pouvait être détruite et devenir fausse, l'essence de l'autre périrait en même temps. En conséquence, une chose qui est la cause d'un certain effet, et tout à la fois de son existence et de son essence, doit différer de cet effet, tant sous le rapport de l'essence que sous celui de l'existence. Or, l'intelligence de Dieu est la cause de l'existence et de l'essence de la nôtre. Donc l'intelligence de Dieu, en tant qu'elle est conçue comme constituant l'essence divine, diffère de notre intelligence, tant sous le rapport de l'essence que sous celui de l'existence, et ne lui ressemble que d'une façon toute nominale, comme il s'agissait de le démontrer. » (*De Dieu*, Schol. de la Pr. XVII.)

Quand Louis Meyer arrêtait ici Spinoza au nom de ses propres principes, on peut dire qu'il était vraiment dans son rôle d'ami. Car, si les principes de Spinoza conduisaient strictement à cette extrémité de nier toute espèce de ressemblance entre l'intelligence divine et la nôtre, quelle accusation plus terrible contre sa doctrine? A qui persuadera-t-on que la pensée humaine est une émanation de la pensée divine, et toutefois qu'il n'y a entre elles qu'une ressemblance nominale? Que nous parlez-vous alors de la pensée divine? Comment la connaissez-vous? Si elle ne ressemble à la nôtre que par le nom, c'est qu'elle-même n'est qu'un vain nom ! (*Introduction aux Œuvres de Spinoza*, page 67.

des mots de Bossuet, que M. Simon ne désavouera pas), si l'on refuse à la raison le droit de connaître positivement la nature de Dieu, il n'y a, je le répète une dernière fois, d'autre issue à un pareil système que le scepticisme.

II.

Abordons maintenant avec M. Jules Simon cette question grave et périlleuse qui fait pour beaucoup d'esprits le principal intérêt de l'histoire d'Alexandrie. Quels ont été les rapports de cette école avec le christianisme? quelles analogies les rapprochent? quelles différences les séparent? quelles sont les causes qui ont déterminé la chute de l'école alexandrine et le triomphe de la religion du Christ? M. Jules Simon a expressément réservé pour la seconde partie, encore inédite, de son ouvrage la discussion approfondie de ces épineux problèmes; mais il a été conduit à s'expliquer assez nettement sur le fond du débat dans deux des chapitres les plus intéressants de son livre, l'un sur l'établissement du christianisme, l'autre sur les rapports de la Trinité chrétienne avec celle d'Alexandrie.

On a pu voir plus haut que les alexandrins avaient concentré dans leur théorie d'un Dieu en trois hypostases toute la substance de leur philosophie. Le dogme de la sainte Trinité n'a pas dans le christianisme moins d'importance. Étroitement lié au mystère de l'Incarnation, qui lui-même est inséparable du mystère de la Rédemption, le dogme de la sainte Trinité est la base de toute la métaphysique chrétienne. La plupart des grandes hérésies, l'arianisme, le sabellianisme, le nestorianisme, ont attaqué par quelque endroit ce dogme fondamental. Ébranler un seul point en pareille matière, c'est tout compromettre. Arius touche d'une main profane à l'égalité, à la coéternité du Père et du Fils ; voilà le monde agité pour un siècle. Nestorius nie l'union du Verbe et de l'homme en Jésus-Christ, et il fonde en Orient une sorte de christianisme nouveau. Toutes les autres hérésies qui ont remué l'univers chrétien se rattachent par quelque lien essentiel à ce grand mystère de la sainte Trinité.

En comparant la Trinité chrétienne avec celle d'Alexandrie, M. Jules Simon ne compare donc rien moins que les deux philosophies rivales, et bien qu'il ait presque toujours limité ses conclusions à ce dogme capital, elles ont, par la force même des choses, une portée beaucoup plus étendue. Dans ce grand débat agité en des sens si divers, M. Jules Simon a pris une position qui, je crois, lui appartient en propre, et qui appelle le plus sérieux examen. Les uns soutiennent, comme on sait, que la Trinité chrétienne est un emprunt fait à Platon et aux alexandrins, et prétendent invoquer en leur faveur l'autorité et les aveux de plus d'un illustre Père de l'Église, saint Justin par exemple et saint Augustin. Les autres accusent les alexandrins de s'être faits les plagiaires du christianisme. C'est la thèse de la plupart des apologistes de l'Église. Déjà Théodoret élevait cette accusation contre Plotin; elle a été depuis mille fois répétée. Des deux côtés on suppose que les deux trinités sont analogues. Or, M. Jules Simon s'attache précisément à démontrer qu'elles sont essentiellement différentes; d'où il conclut que de part et d'autre l'imitation a été impossible. Si l'on veut que l'un des deux dogmes ait influé sur l'autre, on ne peut admettre en tout cas que le christianisme ait imité ou dérobé l'école d'Alexandrie; car, suivant M. Jules Simon, la théorie chrétienne de la Trinité, et en général les dogmes fondamentaux du christianisme, étaient constitués bien avant la naissance de cette école [1]. M. Jules Simon paraît donc incliner à admettre l'originalité parfaite de la Trinité chrétienne. Elle n'est point, suivant lui, dans Platon; elle n'est entrée dans Alexandrie que longtemps après l'organisation définitive du christianisme; c'est donc là un dogme parfaitement propre à l'Église. Les alexandrins seuls pourraient être plagiaires, ou si l'on veut imitateurs. Mais M. Jules Simon, se fondant sur les diffé-

---

[1] « La doctrine chrétienne, dit M. Jules Simon (*Histoire de l'École d'Alexandrie*, tome I, p. 150, était donc fondée, elle était publiée dans des ouvrages d'exégèse et de polémique longtemps avant le concile de Nicée, avant même la fondation de l'école d'Alexandrie. »

rences des deux trinités, préfère absoudre tout le monde.

Nous ferons deux parts dans ces conclusions : qu'il y ait entre la Trinité alexandrine et celle du christianisme de profondes différences, il faut reconnaître que M. Jules Simon l'a démontré d'une manière péremptoire et avec la plus rare habileté. C'était là son principal objet, et ce sera certainement un des grands résultats de son entreprise historique. Mais à quelle condition M. Jules Simon a-t-il démontré cette thèse? A condition de prendre pour base de sa comparaison, d'une part la doctrine de Plotin, de l'autre le symbole de Nicée. C'est en effet dans ce symbole que l'on trouve pour la première fois une doctrine organisée, précise, explicite, sur la Trinité. Mais le concile de Nicée est du IVe siècle, et le système de Plotin est antérieur d'un siècle environ. De plus, il ne faut pas oublier que l'école d'Alexandrie a des liens avec d'autres écoles antérieures ou contemporaines, celle de Philon le Juif, celle d'Alcinoüs, celle de Numénius d'Apamée, et que l'on trouve dans ces trois écoles des systèmes trinitaires qui ne sont pas sans analogie et qui n'ont pas été, à coup sûr, sans influence sur les doctrines qui ont suivi. Or, qu'est-ce qui donne le droit à un historien philosophe de penser que cette vaste élaboration à laquelle l'idée de la Trinité a été soumise pendant près de quatre siècles n'ait eu aucune action sur la formation et le développement de la Trinité du christianisme? Absolument rien, que nous sachions, et il y a, selon nous, des preuves décisives du contraire.

La question a été mal posée. Il ne s'agit pas de savoir si le christianisme, arrivé à un certain point de son développement, s'est trouvé en possession d'une doctrine différente de celle d'Alexandrie, il s'agit de déterminer l'influence qu'Alexandrie a certainement exercée sur la formation du christianisme et sur son organisation définitive. Oui, sans doute, si l'on suppose que la religion chrétienne s'est formée en un jour, qu'elle a possédé dès les premiers siècles une doctrine parfaitement positive et complète, que l'œuvre des apôtres, des Pères et des conciles, a été une œuvre d'éclaircissement et de définition, et non une œuvre d'organisation interne et de successive création, alors la question de savoir si Alexandrie a influé sur le christianisme est merveilleusement simple; elle est tranchée par la date seule d'Alexandrie, et il suffit de savoir que Plotin est postérieur à Jésus-Christ et à saint Paul. Mais cette supposition, de la part d'un critique et d'un philosophe, est parfaitement gratuite, et nous ne croyons pas qu'elle résiste à l'épreuve d'un examen sévère des faits.

Pour ne parler en ce moment que du dogme de la sainte Trinité, il nous semble que les preuves dont on se sert pour établir qu'il était parfaitement arrêté avant la naissance de l'école d'Alexandrie, sont singulièrement insuffisantes. Ce sont, en général, des passages des premiers Pères de l'Église, où se trouvent nommés le Père, le Fils et le Saint-Esprit. Ces énumérations ne prouvent rien. Il ne s'agit pas d'établir que les chrétiens ont eu dès les premiers siècles une Trinité. Chaque secte religieuse, chaque école de philosophie, avait alors la sienne. Ce qui pourrait caractériser la Trinité chrétienne, ce serait la détermination précise de la nature et de la fonction propre de chacune des trois personnes divines et l'exacte définition des rapports qui les enchaînent l'une à l'autre. Il faudrait prouver, par exemple, que l'égalité absolue, que la consubstantialité des trois personnes de la sainte Trinité, étaient explicitement affirmées et universellement consenties dans les premiers siècles de l'ère chrétienne. Or, c'est là ce que les passages invoqués ne démontrent pas le moins du monde.

Le premier qu'on cite est tiré de saint Clément. « N'avons-nous pas, dit l'évêque de Rome, un même Dieu, un même Christ, un même esprit de grâce répandu sur nous[1]? » Je demande ce qu'une critique exacte peut conclure d'un tel passage, alors même qu'on le rapprocherait avec tout l'art du monde d'un certain nombre de passages analogues. Je vois là trois noms, encore sont-ils assez peu précis : Dieu, le Christ, l'esprit de grâce. Où est la détermination

---

[1] « Nonne unum Deum habemus, et unum Christum? Atque unus est spiritus gratiæ qui effusus est super nos? » (Saint Clément, I Ep. ad Cor. 46.)

de la nature de ces trois termes? Où est la divinité du Christ? Où est celle de l'Esprit? Où sont l'égalité, la consubstantialité du Père et du Fils? Qui m'assure même qu'il faut s'arrêter à trois personnes et que l'énumération est terminée?

Les textes de saint Hermas[1] et de saint Ignace[2] ne

---

[1] Voici le texte de saint Hermas :

« Seigneur, lui dis-je, montrez-moi premièrement ce que signifient cette pierre et cette porte. Écoute, me dit-il, elles sont l'une et l'autre une figure du Fils de Dieu.... Le Fils de Dieu subsiste avant toutes les créatures, et il était même dans le conseil du Père lorsqu'il s'agissait de les faire sortir du néant.... Je lui dis ensuite : Quelle est donc cette tour ? C'est l'Église, me répondit-il. Et ces vierges? ajoutai-je. Ce sont les différents dons du Saint-Esprit. Tout esprit qui vient de Dieu n'attend pas qu'on l'interroge; mais, comme il a un principe divin qui vient d'en haut et qui émane de la puissance du Saint-Esprit, il dit tout de lui-même. » (Saint Hermas, *le Pasteur*, livre III, simil. 9, par. 12; *Ibid.*, livre II, préc. 10, par. 2.)

[2] Voici le texte de saint Ignace :

« C'est le Père qui met la grâce en eux par Jésus-Christ. Jésus-Christ, étant dans l'unité du Père avant tous les siècles, est venu enfin se montrer au monde en ces derniers temps. Jésus-Christ, étant uni avec son Père, n'a rien fait sans lui, ni par soi-même, ni par ses apôtres.... Il n'y a qu'un seul Jésus-Christ qui, par son excellence, est au-dessus de toutes choses : accourez donc tous ensemble comme à un seul temple de Dieu, à un seul autel et à un seul Jésus-Christ, qui est engendré d'un seul Père, qui existe en lui seul et qui s'est réuni à ce seul principe. » — « On ne doit attendre la guérison, dit ailleurs saint Ignace, que d'un seul médecin qui a eu une véritable chair et une âme véritable, qui a été engendré et non engendré ; qui, dans son humanité, a été Dieu ; qui, dans la mort même, a été la véritable vie ; qui est né de Marie et de Dieu, qui d'abord a été passible, et qui depuis est devenu im-

sont guère plus significatifs. D'ailleurs, ne sait-on pas que ces textes n'ont aucune authenticité? On dit qu'ils sont fort anciens, qu'ils sont cités dans des auteurs du ııᵉ et du ıııᵉ siècle ; c'est déjà bien s'éloigner des apôtres. Mais il est impossible d'accorder même cela. On n'ignore pas, en effet, que, lorsqu'il s'agit d'absoudre saint Ignace de l'accusation d'arianisme, les théologiens sont obligés de soutenir que ses épîtres ont été falsifiées au ıvᵉ siècle par des mains ariennes.

Je reconnais que les passages de saint Justin, de Tertullien et de Clément d'Alexandrie ont beaucoup plus d'importance ; mais ils sont si peu favorables à la thèse qu'on veut établir, qu'au besoin il serait possible de les retourner contre elle. « Nous adorons, dit saint Justin, le Créateur du monde ; à la seconde place, le Fils ; à la troisième, l'Esprit prophétique[1]. » Je ne veux pas argumenter trop strictement contre un texte isolé ; mais il me semble qu'un hérétique se servirait assez bien des paroles de saint Justin pour introduire des degrés de perfection dans la sainte Trinité ; en tout cas, M. Jules Simon m'accordera aisément que ce passage ne serait pas bon à

passible et glorieux, Jésus-Christ, notre Seigneur. — Vous êtes, dit-il encore, des pierres destinées et préparées pour la construction du temple de Dieu le Père, qui doivent être élevées au haut de l'édifice par la croix de Jésus-Christ et par le ministère du Saint-Esprit. » (Saint Ignace, *Ép. aux Magn.*, vers. 5, 6, 7 ; *Ép. aux Éphésiens*, vers. 7.)

[1] Saint Justin, *Apol.* I, n. 13. — *Tryph.*, c. 58.

citer pour prouver l'égalité absolue des trois personnes divines. Saint Justin ne passe pas auprès des théologiens pour avoir toujours été d'une orthodoxie parfaite ou du moins d'une correction irréprochable sur ce point délicat ; et l'on sait assez que les Pères alexandrins ne sont pas des guides infaillibles touchant la distinction des personnes. Saint Justin dit ailleurs, il est vrai : « Le Fils est Dieu. » Mais comment l'est-il ? Voilà la question. Arius lui-même disait aussi que Jésus-Christ est Dieu, et les alexandrins admettaient à leur façon la divinité du Verbe. A ce compte, on trouverait la Trinité chrétienne dans Numénius et dans Philon.

Le passage de Tertullien[1], sur lequel on s'appuie

---

[1] Voici le texte de Tertullien :

« Quasi non sic quoque unus sit omnia, dum ex uno omnia, per substantiæ licet unitatem et nihilominus custodiatur œconomiæ sacramentum, quæ unitatem in trinitatem disponit, tres dirigens, Patrem et Filium et Spiritum Sanctum. Tres autem non statu, sed gradu, nec substantia, sed forma, nec potestate, sed specie, unius autem substantiæ et potestatis et unius status, quia unus Deus, ex quo gradus isti et formæ et species in nomine Patris et Filii et Spiritus Sancti deputantur. » (Tertullien, *Contre Praxée*, c. 11.)

Voici maintenant la traduction de M. Jules Simon :

« Ainsi chaque personne n'est pas toutes les personnes, quoique toutes les personnes se ramènent à l'Unité, par l'unité de la substance qui leur est commune, et conservent par là cet ordre sacré d'une Unité qui comprend dans son sein les trois personnes du Père, du Fils et du Saint-Esprit. Elles sont trois, non par ordre de perfection, mais par ordre de génération, non par la substance, mais par l'essence, non par le pouvoir, mais par l'appropriation.

sans doute de préférence, est à coup sûr très-remarquable ; mais il faut observer qu'en le citant on le traduit, et qu'en le traduisant on l'interprète. Reste à savoir si cette interprétation est légitime. M. Jules Simon prend évidemment pour règle de traduction et d'exégèse, et en quelque sorte pour clef, le symbole de Nicée, ce qui est théologiquement très-légitime. La théologie suppose, en effet, *a priori* que le temps et les hommes ne sont pour rien dans l'organisation interne des dogmes religieux, et que les conciles se bornent à éclaircir les vérités révélées, sans y ajouter et sans en retrancher jamais rien. De quel droit cependant un philosophe, interprétant un texte de Tertullien où il est dit expressément que les trois personnes sont des *degrés* de la substance divine et qu'elles diffèrent entre elles par le *degré*, affirmera-t-il que ce Père n'a pas entendu introduire dans la Trinité des différences de degré ? La seule raison qu'on puisse donner, c'est que l'Église l'entend de cette façon ; mais que dire à ceux qui ne s'en rapportent pas à l'Église ?

Reste enfin un passage de Clément d'Alexandrie[1].

Il n'y a, dans cette Trinité, qu'une seule substance, un seul pouvoir, une seule perfection absolue, sous les noms et les personnes de Père, de Fils et de Saint-Esprit. »

[1] Ἴλαθι τοῖς σοῖς, παιδάγωγε, παιδίοις, πατήρ, ἡνιοχε Ἰσραήλ, υἱὲ καὶ πατήρ, ἓν ἄμφω, Κύριε. Καὶ παρέσχε.... αἰνοῦντας εὐχαριστεῖν, τῷ μόνῳ πατρὶ καὶ υἱῷ, υἱῷ καὶ πατρί, παιδαγωγῷ καὶ διδασκάλῳ υἱῷ, σὺν καὶ τῷ ἁγίῳ πνεύματι. Πάντα τῷ ἑνὶ ἐν ᾧ τὰ πάντα, δι' ὃν τὰ πάντα ἕν, δι' ὃν τὸ ἀεί. Clem. Alex. *Pædagog.*, liv. III, ad calc.

J'avoue qu'il serait piquant, si l'on peut employer ce mot en si grave matière, de se servir des paroles d'un des Pères platoniciens d'Alexandrie pour fortifier une thèse qui tend, au moins indirectement, à nier toute influence de Platon et d'Alexandrie sur la formation du christianisme. Malheureusement pour cette thèse, jadis si accréditée, mais qui est devenue aujourd'hui presque paradoxale, le passage de saint Clément ne contient rien qui puisse distinguer la Trinité chrétienne d'une foule d'autres, ce qui lui ôte toute importance dans ce débat.

Il s'en faut donc infiniment qu'on ait établi que le dogme de la sainte Trinité et la doctrine chrétienne en général étaient constitués et fixés avant la naissance de l'école d'Alexandrie. Ce n'est pas avec quelques textes vagues et indécis, d'une authenticité souvent incertaine, qu'on répondra aux innombrables difficultés qui s'élèvent contre une thèse aujourd'hui bien compromise. Nous ne pouvons les indiquer toutes; mais il est nécessaire d'en esquisser ici quelques-unes, non pas assurément pour résoudre le vaste problème de l'influence d'Alexandrie sur le christianisme, mais pour rétablir au moins la question dans ses termes véritables.

On sait les incroyables efforts qu'ont dû faire les plus savants apologistes et les plus profonds théologiens de l'Église pour disculper d'hérésie certains Pères des premiers siècles. Or, quels sont ceux que M. Jules Simon cite de préférence? Saint Justin, Athénagore, Origène, Clément d'Alexandrie, Tertullien. Ce sont justement les plus suspects. Pour Tertullien, il est assez reconnu que la forte imagination de cet éloquent et fougueux écrivain s'accordait peu avec la sévérité, la précision, la mesure que demande une exacte théologie. Qui ne sait que le matérialisme peut se placer sous son patronage [1], et qu'il a fini par donner tête baissée dans les chimères de Montan [2]? Origène, puissant génie, mais incapable de règle, reste frappé des anathèmes de l'Église. Faut-il avoir plus de confiance dans les autres Pères platoniciens? Bossuet lui-même a remarqué [3] que les images dont se sert saint Justin pour décrire la Trinité exagèrent beaucoup trop la distinction des personnes. Qu'on lise l'immense ouvrage du savant jésuite Pétau, et l'on verra combien de Pères se sont écartés de la foi de Nicée. Comment explique-t-on ces différences? On dit, et il faut bien qu'on dise, que ces saints person-

---

[1] « Quis negabit Deum corpus esse, etsi Deus spiritus est? Spiritus enim corpus sui generis. » (Tertull. cont. Praxeam, cap. 7.)

[2] C'est une chose très-remarquable que saint Augustin ne considérait pas Tertullien comme un docteur de l'Église. Voyez Quæst. in gen. 4, p. 37, 2 a.

[3] Tertullien compare l'union et la distinction du Père et du Fils à l'union et à la distinction respectives du soleil et des rayons qui en émanent. Saint Justin préfère assimiler le Père et le Fils à deux flambeaux dont l'un a été allumé à la flamme de l'autre, et qui brillent chacun d'un éclat qui lui est propre, quoique la source en soit unique. Bossuet fait remarquer que cette comparaison a l'inconvénient d'exagérer la distinction des personnes. (Sixième Avert. aux protestants.)

ñages parlaient mal, mais qu'ils pensaient bien. Ingénieuse explication, admirable règle de critique ! Qu'on essaie de la transporter dans l'histoire, dans la philosophie, on en verra les suites. Un théologien dont l'Allemagne catholique s'honore, le savant historien d'Athanase, Mœhler, s'est jeté dans un système d'exégèse véritablement désespéré[1]. Ne pouvant ramener à l'orthodoxie certains passages rebelles des premiers Pères de l'Église, il distingue subtilement entre la croyance des Pères et les preuves sur lesquelles ils l'établissent. La croyance est pure, mais les preuves ne le sont pas, en ce sens qu'elles conduisent à une croyance toute contraire. Voilà une distinction merveilleuse, et bien respectueuse surtout pour ces Pères vénérables, dont il faut dire désormais qu'en croyant à certains dogmes ils ne savaient ce qu'ils croyaient, et qu'en voulant prouver leur foi ils travaillaient à sa ruine !

Ce n'est point ici le lieu d'insister davantage, de chercher le trithéisme dans saint Grégoire de Nysse et dans saint Cyrille d'Alexandrie, l'arianisme dans saint Ignace et dans saint Irénée, en un mot dans les Pères les plus autorisés, le germe des plus célèbres hérésies ; mais je citerai au moins un grand fait, qui me paraît en cette matière absolument décisif : c'est

---

[1] Voyez l'ouvrage intitulé : *Athanase le Grand et l'Église de son temps*, par Mœhler, traduit par J. Cohen ; consultez particulièrement, tome I, livre I ; et tome II, livre IV.

le fait de l'existence et des progrès extraordinaires de l'arianisme au IVe siècle de l'ère chrétienne [1].

On sait qu'Arius niait le dogme du Verbe incarné, coéternel au Père. C'était nier au fond la divinité de Jésus-Christ, qui descendait au rang d'une créature ; c'était nier le dogme de l'Homme-Dieu, qui est l'âme du christianisme. Il ne s'agissait donc point ici d'une subtilité, d'une distinction théologique ; il s'agissait d'un dogme essentiel, lié à la Trinité, à l'Incarnation, à la Rédemption, qui touchait à toutes les croyances, à tous les principes, et jusqu'aux cérémonies du culte. Supposez qu'au IVe siècle la doctrine chrétienne fût arrêtée, organisée sur tous les points ; supposez surtout que, depuis trois siècles, elle n'eût pas un instant varié : je vous demande de m'expliquer comment une hérésie qui la renversait de fond en comble a pu faire une si prodigieuse fortune ; comment un simple prêtre d'Alexandrie a pu tenir en échec l'Église tout entière ? Ce prêtre obscur se lève un jour, et propose sa doctrine sur Jésus-Christ. Son évêque veut étouffer sa voix ; il persiste, et, quelques années après, sa querelle est celle du monde. L'arianisme envahit les conciles, et bientôt, suivant l'expression de saint Jérôme, le monde s'étonne d'être arien [2].

Qu'on remarque bien qu'il ne s'agit point ici de

---

[1] Voyez, dans la *Revue des Deux Mondes*, du 15 juin 1841, un remarquable article sur l'arianisme, par M. Lerminier.

[2] « Ingemuit totus orbis, et arianum se esse miratus est. » (Saint Jérôme, *Advers. Lucif.*, tome I, p. 145.)

considérer l'arianisme comme un premier appel au droit d'examen, comme une protestation prématurée de la raison contre un dogme qui la révolte et l'enchaîne; je parle des progrès de la doctrine d'Arius au sein même de l'Eglise, parmi les fidèles les plus éprouvés, les évêques les plus respectables, les conciles les plus imposants par la solennité et le nombre. Qu'on fasse la part si grande qu'on voudra à l'obscurité des questions théologiques, aux intérêts temporels qui ont pu pousser certains évêques à l'arianisme et influer sur certains conciles, réserves déjà bien périlleuses pour l'infaillibilité de l'Église; il reste une difficulté radicalement insoluble : c'est qu'une grande doctrine étant depuis plus de trois siècles, à ce qu'on assure, établie dans l'Église et universellement consentie, il se soit rencontré pour autoriser, pour imposer la doctrine contraire, je ne dis pas de nombreux chrétiens, je ne dis pas un certain nombre d'évêques, je ne dis pas un synode ou une forte minorité dans un concile; je dis des millions de fidèles, des centaines d'évêques, une foule de grands conciles. Sait-on bien que le concile de Milan, qui a condamné et déposé Athanase, en qui s'était personnifiée la foi de Nicée, était composé de trois cents évêques[1]? Je ne

[1] Il est curieux de voir Constantin, trois ans à peine après le concile de Nicée, rappeler Eusèbe de Nicomédie, et Arius lui-même; le synode de Jérusalem approuver la doctrine de ce grand hérétique, et plusieurs conciles condamner Athanase, Eustache d'Antioche et Paul de Constantinople, les principaux chefs du parti orthodoxe.

veux pas m'appuyer sur le concile de Rimini, qui comptait plus de membres que celui de Nicée, et qui signa la formule de l'arianisme; je sais que des intrigues passionnées se mêlèrent à la discussion; que la faim et la soif vinrent au secours de l'hérésie; qu'une violence matérielle fut exercée contre les évêques; mais avant tout ordre de l'empereur Constance, le concile de Rimini comptait quatre-vingts évêques ariens. Le concile de Séleucie était composé de cent quarante-huit évêques, presque tous partisans déclarés de l'arianisme. C'est dans cette assemblée qu'il fut décidé, à la majorité de cent cinq voix contre quarante-trois, que la substance du Fils n'était pas identique à celle du Père (*homoousion*), mais semblable seulement (*homoiousion*). Les mots diffèrent peu, et l'on peut rire avec Boileau de l'univers troublé par une diphthongue; mais allez au fond des choses : entre Jésus-Christ homme et Jésus-Christ homme-dieu, il y a l'infini, il y a, si l'on peut ainsi parler, l'épaisseur du christianisme. Or, ce mot fameux d'*homoousion*, qui fut désormais le drapeau de l'orthodoxie, d'où venait-il quand Nicée le consacra? Si l'on en croit un témoignage très-précis, quelque scandale qu'il puisse produire, ce mot, sorti pour la première fois d'une bouche hérétique, avait été expressément rejeté par le concile d'Antioche.

Ces conciles qui s'accusent réciproquement d'hérérésie, ces synodes qui lancent l'anathème sur des hommes reconnus innocents par d'autres synodes, tout cela présente-t-il l'image d'une entente parfaite, d'une organisation définitive dans la doctrine? Croit-on que le prêtre Arius ne fut pas d'aussi bonne foi que l'évêque Alexandre? Eusèbe de Nicomédie n'avait pas le grand caractère et le génie de saint Athanase; mais était-il moins sincère et moins attaché à la tradition des apôtres? et le concile de Milan était-il moins indépendant du pouvoir civil que celui de Nicée où assistait l'empereur Constantin?

Je ne citerai plus qu'un témoignage bien propre à peindre le véritable état de l'Église au IV° siècle de l'ère chrétienne. Je l'emprunte à un personnage qui fut à la fois spectateur et acteur dans toutes les grandes affaires de son temps :

« C'est, dit-il, une chose aussi déplorable que dangereuse, qu'il y ait autant de professions de foi que d'opinions parmi les hommes, autant de doctrines que d'inclinations, et autant de sources de blasphèmes qu'il y a de péchés parmi nous, parce que *nous faisons arbitrairement des symboles que nous expliquons arbitrairement*. L'*homoousion* est successivement rejeté, reçu et expliqué dans différents conciles. La ressemblance totale ou partielle du Père et du Fils devient dans ces temps malheureux un sujet de dispute. *Chaque année, chaque mois, nous inventons de nouveaux symboles pour expliquer des mystères invisibles.* Nous nous repentons de ce que nous avons fait, nous défendons ceux qui se repentent. Nous anathématisons ceux que nous avons défendus, nous condamnons la doctrine des autres parmi nous, ou notre doctrine chez les autres ; et en nous déchirant avec une fureur réciproque, nous travaillons à notre mutuelle ruine [1]. »

Est-ce là le langage de quelque spectateur ironique, de quelque sceptique pessimiste et morose? Non ; c'est celui d'un illustre Père, d'un grand et vénérable prélat, de saint Hilaire, ce même évêque qui déclare en un autre endroit que dans les dix provinces de l'Asie, où il était exilé, il n'a trouvé qu'un bien petit nombre de prélats qui connussent la vraie religion, le vrai Dieu [2]. Plus je relis ces témoignages, plus je me persuade que de toutes les entreprises la plus difficile serait d'établir que la doctrine chrétienne était fixée au second siècle, avant la formation de l'école d'Alexandrie.

Nous accorderons maintenant à M. Jules Simon un point de grande conséquence, c'est qu'en définitive, après une élaboration de quatre siècles, le christianisme a opposé à l'école d'Alexandrie une doctrine sur la Trinité qui diffère essentiellement de

---

[1] *Hilarius ad Constantium*, liv. II, c. IV, V, pag. 1227-28.

[2] « Absque episcopo Eleusio et paucis cum eo, ex majore parte Asianæ decem provinciæ, inter quas consisto, vere Deum nesciunt. Atque utinam penitus nescirent! cum procliviore enim venia ignorarent, quam obtrectarent. » (S. Hil., *De Synodis, sive de fide Orient.*, c. 63, p. 1186, edit. bened.) — Saint Hilaire pensait qu'on pouvait concilier la doctrine de l'homoiousion avec celle de l'homoousion par une interprétation fidèle et pieuse, *fideli et pia intelligentia*. (*De Syn.*, c. 7, p. 1193.)

celle de Plotin. Il est impossible de recueillir avec plus de sagacité, d'analyser avec plus d'ordre et de netteté, de grouper d'une manière plus saillante les différences des deux systèmes [1]. Toutefois, il en est

[1] Nous mettrons ici sous les yeux du lecteur les principaux traits de cette remarquable analyse :

« Dès que l'on quitte la notion même de la Trinité, le nombre trois, le mot d'hypostase, l'unité d'un Dieu multiple, pour entrer dans la considération des diverses hypostases qui constituent la nature divine, le dogme chrétien et le dogme alexandrin deviennent précis et déterminés ; et en même temps l'opposition la plus complète se manifeste entre l'un et l'autre.

« La première hypostase de la Trinité de Plotin a pour premier caractère d'être au-dessus de l'être, ἐπέκεινα τοῦ ὄντος. Plotin, à la vérité, ne va pas jusqu'à dire qu'elle est un non-être ; mais Proclus le dira plus tard, en ajoutant seulement que quoiqu'elle soit un non-être, μὴ ὄν, on ne peut pas dire qu'elle n'est rien, μηδέν. Que Plotin, en dépassant la dernière limite de l'être, ait entrevu que le τὸ πρῶτον ne devait pas subir les conditions de ce qui est après lui, et qu'il ait voulu l'affranchir des lois que notre raison impose à tout le reste, c'est ce qui ressort évidemment du caractère de sa doctrine, et ce qui en fait l'importance et la grandeur ; mais autre chose est de déclarer que l'être n'est pas univoque en Dieu et dans la créature, autre chose d'établir au sommet de la dialectique, une sorte de Dieu-néant ; et c'est ce Dieu-néant que Plotin admet. Comparez-le à la première personne de la Trinité chrétienne, à Dieu le père, qui s'exprime ainsi sur lui-même : « Je suis celui qui suis. Je suis l'alpha et l'oméga. »

« Il est vrai que cette expression de père se trouve aussi dans Plotin. Il l'emprunte à Platon qui s'en est servi dans le *Timée*. Mais lorsque Plotin emploie ce mot de père, il veut dire, père du monde, et non père de la seconde hypostase. Il attribue ce caractère au δημιουργός, c'est-à-dire à la troisième personne, et non à la première. Au contraire, le symbole approprie au Père la qualité du créateur : Πιστεύω εἰς τὸν θεόν, πατέρα παντοκράτορα, ποιητήν

une qui, sans doute, n'a pas échappé à l'habile historien, mais qui méritait d'être mise en un plus grand jour. A nos yeux, c'est la plus essentielle de toutes, οὐρανοῦ καὶ γῆς. « Je crois en Dieu, le père tout-puissant, créateur du ciel et de la terre.... et en Jésus-Christ, son fils. » Si la création n'est attribuée à Dieu le père que par appropriation, c'est-à-dire si elle est l'œuvre commune des trois personnes divines, c'est une différence de plus avec la philosophie de Plotin, qui attribue la qualité de δημιουργός à la troisième hypostase et à elle seule. Ce fut, à partir de Plotin, une des questions les plus fréquemment agitées dans l'école, de savoir si c'est l'esprit ou l'âme qui produit le monde.

La seconde hypostase de la Trinité de Plotin est l'esprit, ὁ νοῦς, qu'il appelle le λόγος ou le Verbe. L'esprit est l'intelligence la plus parfaite, appliquée à la connaissance du monde intelligible ou de l'αὐτοζῷον. L'esprit de Dieu connaît-il autre chose que ce monde intelligible? Connaît-il ce qui est au-dessous de lui, les hommes, le monde sensible? Non certes, il n'y a rien de tel dans Plotin. On y peut trouver quelques pages éloquentes sur le dogme de la Providence; mais ce qu'elles contiennent de sérieusement philosophique doit être interprété dans le sens de l'ordre universel, et de la direction constante du κόσμος vers le bien. Dieu est le bien en soi; il est aussi la cause du bien, parce que tout émane de lui et que tout y retourne, mais il ne fait pas volontairement, librement le bien des créatures; il ne les aime pas, il ne les connaît pas. S'il a une initiative, une action proprement dite, ce n'est pas le τὸ ἕν, ce n'est pas le νοῦς qui l'exercent; c'est la ψυχὴ ὑπερκόσμιος, hypostase inférieure au νοῦς, et cette troisième hypostase est reléguée au dernier rang précisément parce qu'elle est active. Le νοῦς n'est donc pas, comme le Verbe chrétien, une intelligence qui connaît directement le monde; ce n'est pas surtout une Providence, ce que les chrétiens appellent la sagesse de Dieu. Le Dieu de Plotin ne gouverne pas, et le monde auquel il préside immobile, suit sans sa participation les éternelles lois qui résultent à la fois de la nature de Dieu, et de cette mystérieuse puissance qui fait comme le fond du paganisme, et que les alexandrins subissaient encore, malgré

et comme elle se rattache à l'ensemble tout entier et à l'esprit même de ces deux grands systèmes d'idées, elle nous conduira à les apprécier l'un et l'autre.

eux. l'εἱμαρμένη. Il n'y a pas plus de différence entre Celui qui est et l'unité supérieure à l'être, que entre le νοῦς absorbé dans la contemplation de l'αὐτοζῶον, et Jésus-Christ fait homme, c'est-à-dire unissant dans la même hypostase la nature divine et la nature humaine, la nature immuable et une nature particulière et mobile. Le Verbe chrétien, exempt du mouvement comme Dieu, s'y assujettit par un mystère, et établit une alliance incompréhensible entre la terre et le ciel; le verbe de Plotin reste dans son éternité, et toute son action s'arrête à la première sphère au-dessous de lui, à l'éternelle émanation de lui-même qu'il produit nécessairement et dans sa propre substance.

« Enfin, la troisième hypostase de Plotin et la troisième personne de la Trinité présentent la même analogie dans les noms, et la même différence essentielle. Le nom d'esprit attribué dans la langue française à la troisième personne divine ne doit pas faire illusion ; c'est l'esprit, le souffle, *spiritus*, ἅγιον πνεῦμα, et par conséquent c'est la ψυχή ou l'âme ; ce n'est pas comme la seconde personne, l'esprit, la raison, l'intelligence, *mens, verbum, sapientia*, νοῦς, λόγος. La troisième personne de la Trinité chrétienne s'appelle l'esprit saint, le don de Dieu, l'amour : elle partage aussi avec la seconde personne les noms de sagesse et d'intelligence ; mais tandis que tous les effets de l'amour de Dieu pour les hommes lui sont attribués ; tandis qu'elle est l'auteur de la charité, la source des lumières et de la grâce sanctifiante, le consolateur : en un mot, tandis qu'on la rend présente à l'esprit et au cœur de l'homme, ce qui déjà la distingue profondément de la ψυχή ὑπερκόσμιος, jamais la qualité de δημιουργός, réservée par Plotin à la troisième hypostase, n'est attribuée au Saint-Esprit, et nous voyons au contraire qu'elle est appropriée tantôt au Père et tantôt au Fils. Il n'y a donc pas identité, il n'y a pas même analogie entre les trois personnes de la Trinité chrétienne et les trois hypostases de Plotin. » (*Histoire de l'École d'Alexandrie*, tome I, p. 328 et suiv.)

Dans la doctrine alexandrine, la troisième hypostase émane de la seconde comme la seconde émane de la première; et cette même loi d'émanation, par laquelle l'Unité engendre l'Intelligence, et l'Intelligence la Vie, préside aux émanations inférieures et gouverne tout l'univers. Elle est la loi unique, uniforme, nécessaire de l'existence. De là un vaste système où tous les degrés de l'être, depuis l'unité absolue jusqu'aux limites extrêmes du possible, se classent, s'échelonnent en vertu d'un même principe.

Dans la doctrine chrétienne, il en est tout autrement. Les trois personnes de la sainte Trinité ne sont pas unies par le même rapport. Le Père *engendre* le Fils, mais le Fils n'engendre pas le Saint-Esprit. Le Saint-Esprit est le fruit de l'union du Père et du Fils, il *procède* de l'un et de l'autre. Je me sers des termes consacrés : le rapport du Père au Fils est un rapport de *génération;* le rapport du Saint-Esprit au Père et au Fils est un rapport de *procession.* Ces distinctions paraîtront subtiles et peut-être puériles à certains esprits; nous croyons que sous ces définitions, en apparence toutes verbales, se cachent des idées profondes Si les trois hypostases de la Trinité sont ainsi conçues, que la seconde émane de la première et la troisième de la seconde, comme il arrive dans la théorie alexandrine, chacune d'elles n'a de rapport immédiat qu'avec celle qui la précède, de sorte que la première et la troisième sont, pour ainsi dire, étrangères l'une à l'autre. Au contraire, dans la Trinité chrétienne, le Saint-Esprit étant le rapport même du Père et du Fils, il en résulte que les trois personnes de la Sainte-Trinité sont profondément unies ensemble, et, comme dit Bossuet, forment entre elles une sainte et divine société. Le Père connaît et aime le Fils, et il en est connu et aimé. Le Saint-Esprit aime et connaît l'un et l'autre, et lui-même est l'objet de leur connaissance et de leur amour. Le Père, le Fils et le Saint-Esprit, quoique distincts l'un de l'autre, se pénètrent par l'intelligence et l'amour dans un éternel embrassement.

De cette grave différence en résulte une autre : c'est que dans la Trinité chrétienne le monde est profondément séparé de Dieu. Le Père, le Fils et le Saint-Esprit forment, si l'on peut ainsi parler, un cercle divin. Ces trois personnes n'ont de rapport nécessaire qu'entre elles. Elles se suffisent; elles ne supposent rien au delà. Si le monde dépend de Dieu, c'est par un lien tout différent de celui qui enchaîne l'une à l'autre les personnes divines. Le monde n'est pas *engendré* de Dieu, c'est-à-dire formé de sa substance; il ne *procède* pas de Dieu, dans la rigueur théologique; il est librement tiré du néant, c'est-à-dire créé. De là une séparation radicale entre la nature divine et l'univers; de là l'indépendance, la liberté de Dieu, et, dans cet être auguste, une sorte de personnalité sublime dont la nôtre offre quelque image; de là enfin, dans l'ordre moral, des conséquences inépuisables.

Dans la doctrine alexandrine, au contraire, les degrés de l'existence divine, au lieu de former un cercle, se déploient sur une ligne qui se prolonge à l'infini. L'Unité engendre l'Intelligence, l'Intelligence l'Ame, l'Ame, à son tour, produit au-dessous d'elle d'autres êtres qui, à leur tour, en enfantent de nouveaux, jusqu'à ce qu'on arrive à un terme où la fécondité de l'être est absolument épuisée. Il en résulte un système où la fatalité préside, d'où sont exilées la personnalité et la liberté ; où Dieu, décomposé en une série de degrés, se confond presque, en perdant son unité, avec tous les autres degrés de l'existence.

Ce rapide aperçu peut déjà faire entrevoir la supériorité de la doctrine chrétienne sur celle d'Alexandrie, et les causes principales qui ont amené le triomphe du christianisme.

Selon nous, la première et la principale, c'est que la religion chrétienne apportait aux hommes une doctrine plus vraie ; et nous ne disons pas seulement une doctrine mieux appropriée au temps et aux circonstances, nous disons encore, nous disons surtout une doctrine plus raisonnable. Le christianisme, il est vrai, n'a point paru d'abord parler aux hommes au nom de la raison. Saint Paul veut sauver le monde par la *folie de la prédication*. Il ne sait qu'une seule chose : Dieu crucifié ; il ne s'adresse point aux sages et aux philosophes, mais aux simples d'esprit [1]. Le fougueux Tertullien s'écrie : *Credo quia*

---

[1] ..Jésus-Christ, dit saint Paul (*Ép. aux Corinth.*, I, ch. 1), ne m'a

absurdum. De nos jours encore, on prétend prouver l'origine surnaturelle du christianisme en l'opposant à la raison. Étrange honneur qu'on veut faire à la religion la plus raisonnable et la plus digne de l'homme qui fut jamais! Confusion singulière des formes variées que revêt tour à tour la raison avec son fond toujours le même et qui ne passe pas! Opposition insensée qu'on s'imagine établir entre Dieu et les hommes! Oui, sans doute, le christianisme a été le triomphe de la raison de Dieu sur celle des hommes, c'est-à-dire

pas envoyé pour baptiser, mais pour prêcher l'Évangile, et le prêcher sans y employer la sagesse de la parole, pour ne pas anéantir la vertu de la croix de Jésus-Christ. — Car la parole de la croix est une folie pour ceux qui se perdent; mais pour ceux qui se sauvent, c'est-à-dire pour nous, elle est l'instrument de la puissance de Dieu. — C'est pourquoi il est écrit : Je détruirai la sagesse des sages, et je rejetterai la science des savants. — Que sont devenus les sages? que sont devenus les docteurs de la loi? que sont devenus ces esprits curieux des sciences de ce siècle? Dieu n'a-t-il pas convaincu de folie la sagesse de ce monde? — Car Dieu voyant que le monde, avec la sagesse humaine, ne l'avait point connu dans les ouvrages de sa sagesse divine, il lui a plu de sauver par la folie de la prédication ceux qui croiraient en lui. — Les Juifs demandent des miracles et les Gentils cherchent la sagesse. — Et pour nous, nous prêchons Jésus-Christ crucifié, qui est un scandale aux Juifs, et une folie aux Gentils, — mais qui est la force de Dieu et la sagesse de Dieu. » — Si je ne me trompe, la clef de cet éloquent passage est dans les paroles qui suivent : « Or, l'homme animal n'est point capable des choses qui sont de l'esprit de Dieu; elles lui paraissent une folie, et il ne peut les comprendre, parce que c'est par une lumière spirituelle qu'on doit en juger. — Mais l'homme spirituel juge de tout, et n'est jugé de personne. » (Saint Paul, *Ibid.*, ch. 2, vers. 14, 15.)

le triomphe de l'éternelle raison qui enfante tous les systèmes philosophiques et religieux, les détruit, les renouvelle sans cesse, et survit à tous, sur un système de croyances et d'idées qui avait fourni sa carrière et n'avait plus rien à faire pour le progrès et le salut du genre humain.

Outre cette cause générale et dominante, nous en signalerons deux autres plus particulières qu'il importe à notre temps de bien connaître et de méditer. Les philosophes d'Alexandrie ont fait deux fautes capitales : la première, ç'a été de se rattacher étroitement à la religion du passé, et d'associer leur destinée avec celle du paganisme; la seconde, d'avoir voulu être à la fois un système philosophique et une secte religieuse, une école et une Église. C'est, en grande partie, par là qu'ils ont péri. L'histoire, ici, parle assez haut pour être entendue sans long commentaire, et nos conclusions pour le temps présent s'établiront comme d'elles-mêmes.

Quand on considère la situation des esprits et des âmes aux premiers siècles de l'ère chrétienne, on demeure convaincu que dans cette dissolution philosophique, morale, religieuse, politique, où était le monde, au milieu de ce scepticisme et de cette indifférence universelle, sous la dure tyrannie que les Césars imposaient aux nations, et quand déjà se faisait entendre au loin le flot menaçant des Barbares, le besoin le plus général et le plus pressant de ce monde épuisé, c'était qu'un esprit nouveau vînt relever la personnalité que tout semblait accabler, et qui succombait sous le poids de ses propres fautes et de ses propres misères. Il suffira de rappeler quelques faits pour peindre l'universel abattement des cœurs, à cette orageuse et triste époque. Tout le monde sait le prodigieux entraînement qui, dans les premiers siècles du christianisme, précipitait au désert une foule d'âmes d'élite atteintes d'un profond dégoût de la vie active et des hommes ; on se rappelle les merveilles de la Thébaïde, ces dures mortifications, ces jeûnes, ces veilles, ces macérations, ce silence ; ces solitaires qui, sous un soleil brûlant, traversaient, pieds nus, le désert, allant chercher au loin, dans le fleuve, de quoi arroser une branche morte plantée dans le sable : ironie étrange et profonde, puissante et poétique expression de la vanité de la vie ; ces stylites enfin, immobiles sur leurs colonnes solitaires, l'œil fixé sur le ciel, dans une muette extase. Mais voici un fait plus caractéristique encore ; s'il est possible. Saint Augustin nous raconte qu'il existait de son temps une secte religieuse, celle des circoncellions, enflammée de la plus étrange frénésie dont il y ait jamais eu d'exemple. Ces fanatiques avaient soif du martyre et de la mort. Il leur importait peu de périr par telle ou telle main, pourvu qu'ils périssent. Les uns couraient dans les temples des dieux pour en insulter les statues ; les autres, fureur plus étrange encore, se précipitaient aux lieux où la justice humaine rendait ses arrêts, et forçaient les juges à ordonner leur prompte exécution. Quelques-uns arrêtaient les voyageurs sur les grands chemins, et les forçaient à leur infliger le martyre en leur promettant une récompense s'ils consentaient à les immoler, et en les menaçant de leur donner la mort s'ils leur refusaient ce singulier service. Lorsque toutes ces ressources leur manquaient, ils annonçaient un jour où, en présence de leurs amis et de leurs parents, ils se précipiteraient du haut d'un rocher; et on montrait plusieurs précipices devenus célèbres par le nombre de ces suicides religieux[1]. Ce qui n'est pas moins curieux à constater, c'est que ces mêmes signes de découragement, ce même mélange d'exaltation et de désespoir se rencontraient alors du côté des philosophes et de l'ancien monde, aussi bien que du côté des chrétiens et du monde nouveau. La philosophie avait aussi ses suicides et ses circoncellions. Pérégrinus se brûlait aux jeux olympiques sous les yeux de Lucien, qui nous raconte cette étrange scène en en persiflant le héros. Les ascètes ne manquaient pas plus à la philosophie que les martyrs volontaires. Sans égaler les Pacome et les Macaire, Porphyre écrivait sur l'abstinence et la pratiquait héroïquement; Plotin rougissait d'avoir un corps.

Jamais la vie humaine n'avait paru plus méprisable et plus stérile; jamais la personnalité n'était tombée

---

[1] Voyez Gibbon, *Histoire de la Décadence de l'Empire romain*, tome IV.

si bas. Il fallait la relever, ou c'en était fait du monde. Or, le plus frappant caractère de la philosophie alexandrine, c'est l'abaissement systématique, c'est presque l'anéantissement de la personnalité; tandis qu'au contraire, c'est le trait le plus profond de la philosophie chrétienne de la maintenir et de la sanctifier. Alexandrie présente aux hommes un Dieu inaccessible que l'esprit ne peut concevoir, que la bouche ne peut nommer [1]; un Dieu que l'âme ne possède qu'en se perdant elle-même; un abîme qui l'engloutit, au

---

[1] « On ne peut pas même dire son nom (le nom de Dieu), on ne peut rien dire de lui, si ce n'est : Il n'est pas cela. En essayant de le nommer, on ne l'embrasse pas; car il serait ridicule de prétendre embrasser cette nature infinie. Prétendre le faire, c'est s'en éloigner soi-même; c'est ne pas même conserver la trace la plus légère qui puisse y mener. C'est comme lorsqu'on veut voir la nature intelligible; il faut repousser toute idée du sensible pour contempler ce qui est au-dessus du sensible : de même celui qui veut contempler ce qui est supérieur à l'intelligible doit laisser de côté tout intelligible : alors il le contemplera, sachant seulement qu'il est, mais ne cherchant point à savoir ce qu'il est. Ce qu'il est manifesterait ce qu'il n'est pas : car l'Un ne peut pas être telle chose, puisqu'il n'est pas même quelque chose. Mais nous autres hommes, dans nos doutes pareils aux douleurs de l'enfantement, nous ne savons comment l'appeler: nous voulons nommer ce qui est ineffable, et nous lui donnons une appellation, prétendant nous l'expliquer, autant du moins que nous pouvons le faire. Le nom même d'Un ne vaut que par son opposition à la pluralité; et c'est là ce qui fait que les pythagoriciens s'expliquaient symboliquement entre eux Apollon, par la négation même de la pluralité (ἀ, πολλῶν). Mais si le Un a une signification, le nom et l'explication deviennent alors plus obscurs que si l'on s'abstenait de donner un nom quelconque. Car ce nom même a été dit uniquement, pour que celui qui cher-

lieu d'un Dieu d'amour qui la console et l'embrasse. La philosophie alexandrine promet à l'homme, il est vrai, la possession la plus intime de Dieu dans les ravissements de l'extase; mais ce n'est là qu'une illusion. En exaltant outre mesure la personnalité, le mysticisme l'écrase, et pour diviniser le moi il l'absorbe et l'abolit.

La nature humaine porte dans son fonds misérable le germe d'un double déréglement. Si vous abandonnez la personnalité à elle-même, sans guide su-

che commence par ce qui, de toutes choses, exprime le mieux la parfaite simplicité, et arrive enfin à nier ce nom même qui n'a été admis que comme le meilleur possible par celui qui l'a donné. Mais ce nom ne suffit pas du tout pour expliquer cette nature, parce qu'on ne peut pas même l'entendre, parce qu'il ne peut être compris de celui qui l'entend. » (Plotin, *Ennéades*, V° livre, ch. 6, traduction de M. Barthélemy-Saint-Hilaire.)

Nous citerons un dernier passage, d'une précision particulière « S'il y a quelque chose en Dieu, il est beaucoup trop grand pour se connaître, se penser, se sentir lui-même; car il n'y a rien en lui Il ne rapporte rien à lui : car lui seul suffit. Le bien n'est pas même en lui : il est dans les autres. Les autres choses en effet ont besoin de lui : mais lui ne peut pas avoir besoin de lui-même. Ce serai chose ridicule qu'il eût besoin de lui-même. Il ne se voit mêm point; car de ce regard même porté sur lui, il y aurait, il naîtrai quelque chose pour lui. Toutes ces choses il les a abandonnées à c qui vient après lui : mais rien de ce qui appartient aux autres n lui peut appartenir, et par exemple l'existence. Ainsi donc pense même ne lui convient pas, puisque là se retrouve l'existence : que la pensée première, la pensée proprement dite, est tout à la foi être aussi. Ainsi donc la raison ne lui convient pas davantage non plus que la sensation ni la science, parce que de fait on ne peu concevoir en lui la présence d'aucun attribut. » (Plotin, *ibid.*, V. livre VII, ch. 41.)

périeur, sans appui divin, elle s'enivre de sa puissance et se dévore par ses propres excès. Si, dans le sentiment exalté de sa faiblesse, elle perd celui de sa force et de sa grandeur, c'est une autre ivresse non moins périlleuse que l'autre, quoique plus noble, et qui souvent porte les mêmes fruits. Ç'a été le caractère et l'excès de la civilisation grecque et romaine de faire l'homme si grand à ses propres yeux qu'il en perdait le sentiment des choses invisibles, et ne voulait connaître Dieu qu'à condition de lui imposer sa propre forme. Au Ier siècle, cette forte personnalité antique était épuisée; c'était à l'Orient, terre du mysticisme, à répandre dans la Grèce et dans Rome le sentiment effacé de l'éternel et du divin. Le problème du salut du monde, si l'on peut parler de la sorte, était alors de concilier, de fondre ensemble l'âme de l'Orient et celle de la Grèce. Tous les esprits étaient frappés de la nécessité absolue de cette fusion. Philon le Juif, les gnostiques, les kabbalistes, l'essayèrent tour à tour. Ce qui distingue Alexandrie, c'est qu'elle entreprit de réaliser cette harmonie avec plus de suite, de force et de génie, que toutes les autres écoles contemporaines. Voilà pourquoi elle parut si grande. Mais elle échoua dans sa tentative. Elle ne sut point opérer ce difficile mélange de raison et de sentiment qui convient toujours et qui convenait alors plus que jamais au genre humain; elle y laissa prévaloir et dominer l'élément mystique. Qu'on songe que le sage Plotin, au témoignage de son plus intime ami, avait joui quatre fois de l'union extatique, s'était quatre fois identifié avec l'Un. Porphyre, modeste disciple, ne jouit de cette haute faveur qu'une seule fois. Saint Augustin caractérise à merveille ce dernier personnage qui hésita, dit-il, toute sa vie entre les sacriléges secrets de la magie et la profession de philosophe. Pour Jamblique, il n'a plus rien du génie grec; c'est un prêtre oriental. Vainement Proclus s'efforce de ramener dans Alexandrie l'élément platonicien. Tandis qu'il travaillait laborieusement à cette réforme impossible, le christianisme avait accompli l'union de l'Orient et de la Grèce par le dogme à jamais saint de l'Homme-Dieu.

Certes, le Dieu du christianisme est grand. En dehors, au-dessus de l'espace et du temps, il se suffit à lui-même dans la béatitude inaltérable d'une vie parfaite. Il se possède, il se connaît, il s'aime. Fécond sans sortir de soi, il trouve dans son propre fonds une société éternelle, un commerce ineffable d'intelligence et d'amour. Et cependant ce Dieu si grand, si indépendant, s'incarne dans l'homme par une effusion de sa bonté. L'homme est faible, il naît pécheur. Heureuse faiblesse! s'écrie un Père, heureux péché où éclate la liberté de l'homme, qui le rend semblable à Dieu et digne de le connaître et de l'aimer! Le mystère de l'Incarnation donne à l'homme un prix infini; il consacre l'union de la personnalité avec Dieu; il rend la nature humaine capable de l'éternel et du parfait.

La personne humaine réhabilitée relève le prix de la vie. Puisque Dieu même a voulu vivre de la vie des hommes, elle n'est donc pas si méprisable ! Et quelle a été la vie de ce dieu incarné, la vie qui doit servir de modèle à la nôtre? Jésus-Christ est-il un contemplatif, un solitaire, un ascète? Non; il passe au milieu des hommes en leur faisant du bien. Ses miracles font éclater sa bonté plus encore que sa puissance : c'est un malade qu'il guérit, une fille qu'il rend à sa mère. Il couronne enfin cette vie de charité par un sacrifice suprême, et du haut de sa croix il embrasse le genre humain.

Qu'il y a loin de cette philosophie, de cette morale à la fois si sublimes et si pratiques, à ce chimérique mysticisme d'Alexandrie où l'activité libre, la personnalité sont considérées comme le sceau de la faiblesse, où l'on propose à l'homme pour idéal de la vertu une vie oisive et extatique, consumée dans l'oubli de soi-même et de ses semblables ! Je lis dans la *Cité de Dieu* un récit où se caractérise fortement ce contraste profond de l'esprit d'Alexandrie et de celui du christianisme. « Quelqu'un ayant demandé à Apollon à quel dieu il devait s'adresser pour retirer sa femme du christianisme, Apollon lui répondit : Il vous serait peut-être plus aisé d'écrire sur l'eau ou de voler, que de guérir l'esprit blessé de votre femme. Laissez-la donc, dans sa ridicule erreur, chanter d'une voix lugubre un dieu mort, condamné à un supplice cruel par des juges équitables. »

Apollon, ici, c'est le paganisme, c'est l'école d'Alexandrie, incapables de comprendre que ce dieu crucifié, c'est l'alliance mystérieuse et sainte du créateur et de la créature faite à son image, Dieu s'inclinant avec amour vers l'homme, l'homme se relevant en Dieu, le sentiment religieux à la fois exalté et contenu, le monde sauvé. Si grand, si merveilleux, du reste, que soit ce résultat, nous ne pouvons rien y voir de surnaturel. Le triomphe du christianisme n'est point à nos yeux le scandale de la raison; le christianisme a vaincu, parce qu'il a apporté aux hommes une philosophie sublime, parce qu'il a réussi à fondre ensemble dans une combinaison profonde et durable les éléments de vitalité et de force que possédait alors le genre humain. Il a fallu sans doute, pour accomplir cette fusion, un souffle de vie, un esprit d'en haut. Ce souffle, cet esprit, c'est Dieu même, présent dans l'humanité, qui l'a faite et qui la conserve, et lui fournit sans cesse, tantôt sous une forme et tantôt sous une autre, sous des lois régulières empreintes d'une parfaite sagesse, la part de vérité qui lui est nécessaire pour subsister et développer ses destinées.

On a dit souvent que, si le christianisme a vaincu Alexandrie, c'est qu'à une époque où le genre humain avait plus besoin de croire que d'examiner, une religion devait nécessairement triompher d'un système de philosophie; je ne conteste pas que la forme religieuse ne fût alors parfaitement appropriée à l'état du monde ; mais s'il n'avait fallu qu'offrir aux hommes une religion pour les satisfaire, Alexandrie avait la sienne ; c'était le paganisme, rajeuni par la philosophie, réformé dans son culte antique par Maximin et Julien. Or, cette tentative de faire revivre le paganisme fut justement l'illusion des alexandrins et une des principales causes de leur ruine. Ils entreprirent d'être à la fois une philosophie et une église, et de rendre la vie à une religion éteinte. C'était assez d'une de ces deux tentatives pour assurer leur chute. Le paganisme n'existait en quelque sorte plus dès le temps de Xénophane et de Thalès, s'il est vrai qu'une religion ait cessé moralement d'exister du jour où elle ne gouverne plus les intelligences d'élite. Revenir au paganisme, au III° siècle de l'ère chrétienne, c'était donc supprimer violemment huit siècles de développement philosophique. Entreprise insensée ! On ne pouvait renouveler le paganisme qu'en l'altérant, en conservant la lettre et changeant l'esprit ; mais le genre humain repousse l'artifice de ces transformations. Comment s'inclinerait-il devant des symboles qui ne parlent plus à son esprit et à son cœur? Il était nécessaire d'ailleurs que le sacerdoce se tournât contre les philosophes. En effet, comment les prêtres se seraient-ils accommodés de cette manière si libre d'interpréter les symboles, qui conduisait au fond à identifier tous les cultes? On sait que les alexandrins se faisaient initier à tous les mystères ; que Proclus se proclamait *l'hiérophante de tout l'univers*. Haïs, accusés par le sacerdoce, mal compris du peuple, contraints à respecter en apparence ce qu'au fond ils dédaignaient, privés de toute la puissance que donne une conviction sincère et droite, de cette mâle énergie que détruisent toujours les subtilités de l'exégèse et les calculs de la politique, les alexandrins devaient succomber.

Qu'est-ce qui fait la puissance et l'attrait de la philosophie? qu'est-ce qui en rachète les excès, en compense les fatigues, les doutes et toutes les misères? C'est qu'elle donne à l'esprit la conscience de sa liberté, la pure, la divine jouissance d'une force qui sent qu'elle se gouverne et se maîtrise elle-même. Qu'est-ce qui fait la vitalité et l'influence d'une religion? C'est qu'elle offre à l'esprit une règle, à l'imagination et au cœur un aliment, aux désirs un terme assuré. Voulez-vous être à la fois une école de philosophie et une église? Comme église, vous perdez toute liberté, toute indépendance, puisqu'une église suppose un symbole fixe, un dogme immuable; comme école, vous perdez toute règle, toute discipline, puisqu'une école de philosophie suppose une liberté sans limites, le droit absolu de l'individu de contredire ses semblables et de s'inscrire en faux contre tout le genre humain. Et de la sorte, en voulant réunir des principes contradictoires vous les neutralisez l'un par l'autre.

C'est l'histoire des alexandrins, et c'est aussi la nôtre. Jetons en effet, en terminant, un coup d'œil rapide sur la situation de notre époque. Nous rencontrons d'abord un parti très-bruyant, très-violent, au fond le plus faible de tous, qui se persuade que le moment est bien choisi au xix° siècle pour dégoûter l'esprit humain de la liberté et de la philosophie, et nous ramener aux croisades et à Grégoire VII. Un autre parti, presque aussi contraire à l'esprit de notre temps, se compose de ces enfants tardifs du xviii° siècle, qui ne veulent d'aucun culte régulier, et qui disent avec Diderot : « Toutes les religions sont des hérésies de la religion naturelle. »

Ces esprits, qui se donnent pour très-positifs, sont parfaitement chimériques; car, de toutes les chimères, la plus creuse, selon nous, c'est la religion naturelle. Qu'entend-on par ce grand mot? Est-ce un ensemble de croyances communes à tous les hommes? Qu'on en donne le symbole. Rousseau l'a essayé dans la profession de foi du Vicaire savoyard; mais il n'a réussi qu'à réunir avec éloquence un certain nombre de nobles pensées, entre lesquelles chacun choisit ce qui lui convient. Ce qu'on appelle religion naturelle, ce n'est donc autre chose au fond que l'instinct religieux, l'idée naturelle de Dieu et de l'ordre. Dès que vous déterminez cette idée par la pensée et par la parole, de deux choses l'une : vous avez un symbole religieux ou un système philosophique[1].

Entre ces deux partis extrêmes, également violents,

---

[1] On trouvera dans la suite de ce volume, le développement de ces vues sur la religion naturelle. Voir le morceau intitulé : *le Christianisme et la Philosophie*.

également exclusifs, se placent des esprits plus étendus, plus prévoyants, plus éclairés, qui comprennent à la fois l'immortelle vitalité de la philosophie et la nécessité de la religion, et ne veulent sacrifier ni l'une ni l'autre. Mais ils arrivent à ce but commun par des voies bien différentes : les uns croient à la possibilité d'une fusion intime entre le christianisme et l'esprit nouveau, soit qu'après avoir conçu un grand système philosophique, ils soutiennent, comme Hégel et Schelling en Allemagne, que ce système est en parfait accord avec les dogmes du christianisme, soit qu'à l'exemple de l'illustre auteur de l'*Essai sur l'Indifférence*, ils prennent pour base le dogme catholique et s'efforcent d'y faire pénétrer une philosophie mise en harmonie avec les progrès et les besoins de l'esprit moderne. Quel a été le résultat de ces tentatives? En Allemagne, la théodicée hégélienne, qui aboutit à une sorte d'athéisme, et la *Vie de Jésus-Christ* du docteur Strauss, qui sape le christianisme par sa base; en France, l'*Esquisse d'une philosophie*, où l'on commence par admettre la Trinité, où l'on finit par nier le péché originel, c'est-à-dire l'Incarnation et la Rédemption. Voilà où conduit le désir de concilier les contraires.

D'autres rêvent une religion nouvelle. Ces esprits généreux ne se trompent, peut-être, que faute de se rendre un compte assez sévère de leurs propres desseins. Sortis du christianisme orthodoxe, la philosophie ne leur suffit pas : ils la trouvent trop abstraite, trop spéculative, trop éloignée du peuple. Ils veulent une religion.

Mais, au nom du ciel, que peut être au xixe siècle une religion nouvelle, hors du christianisme et de la philosophie? Nous avouons ne pas le comprendre. Cette religion aura-t-elle des prophètes, des miracles, un messie? Un messie au xixe siècle est un charlatan ou un fou. Parle-t-on d'une religion prêchée au nom de la raison? Je demande qui en donnera le symbole. Est-ce par hasard l'État? Nous voilà revenus à Hobbes. Seront-ce les philosophes? Qu'on veuille bien en trouver deux qui soient absolument d'accord sur un symbole à la fois complet et précis. S'agit-il seulement de donner à la philosophie une influence générale, de procurer la diffusion universelle des lumières et de répandre partout l'esprit de tolérance et de liberté? C'est à merveille sans doute ; mais on ne satisfait pas, on ne console pas le peuple avec des idées générales. Courbé sur la terre, tout entier aux besoins de chaque jour, il faut qu'on lui apporte tout préparé le pain spirituel, la nourriture de l'âme. Veut-on que le peuple fasse des cours de métaphysique? Ou bien, en reviendrons-nous au *Catéchisme* de Volney? Le peuple aimera toujours mieux l'Évangile.

Tout cela est déraisonnable, contraire à la nature des choses et aux enseignements de l'histoire. Aucune fusion, aucun mariage n'est possible entre le chistianisme et la philosophie. Le christianisme y perdrait sa règle, la philosophie sa liberté. Que l'État concilie les enseignements de la religion et ceux de la philosophie dans ses écoles, il le doit, il le peut; car, grâce à Dieu, le but moral de la philosophie et celui de la religion sont les mêmes, et, dans certaines limites, l'accord est parfait. Mais vouloir mettre en harmonie, soit par un mélange impraticable, soit par une séparation factice, deux puissances contraires, c'est aller contre la force des choses, c'est fermer les yeux volontairement sur ce qui s'est passé dans le monde depuis trois siècles[1].

La philosophie et la religion chrétienne doivent donc se développer au XIX° siècle avec une entière indépendance, et conquérir les âmes, chacune avec les moyens qui lui sont propres, sous la protection commune de l'État. Ceux qui prédisent la chute prochaine du christianisme connaissent bien mal cette grande religion, et plus mal encore le cœur humain et l'état moral de l'Europe. Le christianisme a rendu au genre humain d'inappréciables services; il est loin d'être au terme de cette sublime mission; comment aurait-il épuisé sa carrière, puisqu'il n'a pas encore épuisé ses bienfaits? Pour nous, philosophes, gardons fermement le caractère qui nous convient : défendons notre indépendance absolue avec une inébranlable énergie; mais ne nous travestissons pas en inspirés et en prophètes. Que les leçons de

---

[1] Ces idées ont été reprises avec plus d'étendue dans le morceau qui suit : *Renaissance du Voltairianisme*. § 3.

l'histoire ne soient pas perdues pour nous ; n'oublions pas que l'école d'Alexandrie, dont une plume éloquente vient de nous retracer dignement la grandeur, en voulant être une église, perdit sa liberté qui faisait sa force, et pour s'être cachée derrière les symboles du paganisme, perdit tout ensemble sa franchise et sa dignité.

RENAISSANCE

DU

VOLTAIRIANISME.

RENAISSANCE
DU
VOLTAIRIANISME [1].

Pendant que les luttes animées de la tribune politique agitent si vivement les ambitions et les intérêts contraires, il est un spectacle qui attire nos regards avec plus de puissance encore, parce qu'il nous dévoile des dissentiments plus profonds et des intérêts peut-être plus sérieux : je veux parler de ces agitations morales qu'a suscitées ou que prépare pour l'avenir la controverse philosophique et religieuse à laquelle nous assistons depuis quatre années. Nous suivons d'un regard curieux et souvent avec une émotion pleine d'inquiétude les mouvements de cette orageuse polémique où se heurtent toutes les idées opposées, toutes les tendances contraires des hommes de notre âge, et qui permet à l'observateur attentif

---

[1] Ce morceau a été écrit pour la *Revue des Deux Mondes*, à l'occasion du livre de M. Michelet : *Du Prêtre, de la Femme, et de la Famille.* — Voir la note A à la fin du présent volume.

de pénétrer jusque dans leurs racines les besoins et les misères de notre moderne société.

Le livre que vient de publier M. Michelet : *Du Prêtre, de la Femme et de la Famille*, est le fruit le plus récent de ces luttes passionnées. Quels que soient l'intérêt et la gravité du sujet, la renommée et le talent de l'auteur, nous aurions laissé à d'autres le soin d'en entretenir le public, si nous n'avions pas vu dans ce petit livre le commencement d'une phase nouvelle de la lutte qui a mis le clergé aux prises avec la philosophie et avec l'État. C'est là ce qui fait, à nos yeux, l'importance de cette publication, et ce qui la désigne à l'attention des esprits prévoyants. Disons-le tout d'abord, ce livre est destiné à vérifier le mot de Joseph de Maistre : Le xviiie siècle n'est pas fini. Quoi qu'on pense sur le voltairianisme, (Et pour nous, avons-nous besoin de dire que, malgré mille excès, nous l'absolvons pleinement dans le passé et ne sentons pour lui aujourd'hui qu'une juste reconnaissance?) de quelque œil, disons-nous, que l'on considère la renaissance voltairienne que nous signalons, qu'on la veuille encourager ou contenir, elle est un fait de haute conséquence et un grave symptôme de l'état moral de notre époque ; elle doit être un avertissement pour le clergé, et, pour les amis de la philosophie, le sujet de délibération le plus sérieux qui se puisse proposer.

Voilà ce qui nous décide, malgré plus d'un inconvénient, à caractériser nettement et à discuter en toute franchise le livre de M. Michelet. Tout le monde connaît les brillantes qualités qui distinguent l'interprète de Vico et de Luther, l'auteur de l'*Histoire romaine* et de l'*Histoire de France*, l'éloquent professeur que la jeunesse entoure de ses enthousiastes sympathies. Comme historien, M. Michelet réunit deux qualités qui, trop souvent, semblent s'exclure, et dont l'heureux mélange compose un talent bien rare : d'un côté, une vaste érudition fondée sur une curiosité ingénieuse et pénétrante que rien ne fatigue, et sur une puissance de travail que vingt années d'austères études n'ont pas épuisée; de l'autre, une imagination merveilleuse qui jette sur toutes choses ses vives couleurs, fait revivre sous nos yeux les temps et les hommes, donne à la grave et sévère histoire l'intérêt émouvant d'un drame, l'agrément, le caprice, la variété d'un roman, et permet à M. Michelet de comprendre à la fois dans les vastes cadres de sa composition historique les faits et les idées, les anecdotes et les formules, les croyances, les mœurs et les arts. Au milieu de tous ces dons qu'une vive et riche nature a fécondés par un opiniâtre travail, le trait qui caractérise M. Michelet le plus nettement, c'est en certaines rencontres un sentiment singulièrement vif de la réalité historique. Sans insister sur une qualité que lui reconnaissent les plus sévères juges et les plus compétents, je dirai que la main qui a peint la chaste et héroïque figure de Jeanne d'Arc, et décrit d'un si ferme pinceau la lutte de Louis XI et de Charles le Téméraire, est celle d'un grand artiste et d'un éminent historien.

L'hommage sincère que nous venons de rendre à M. Michelet nous donne toute liberté pour nous expliquer sur son livre, et, ce qui est plus important que ce livre même, sur la tendance qui s'y fait sentir. Nous le dirons nettement dès le début, sans vaines précautions et sans réticence : ce livre, quel que soit son mérite littéraire, si graves et si réels que puissent être les abus que l'on y dénonce, tant d'esprit, de piquante érudition, de véhémence éloquente que l'auteur y ait jetés, ce livre, considéré dans son fond et pour ainsi dire d'un œil de philosophe, contient de nombreuses et capitales erreurs. Je dis plus, il est fait pour imprimer aux esprits une direction nouvelle et dangereuse, pour substituer à la défense légitime l'attaque violente, pleine à la fois de passion et de faiblesse, et à la critique large, équitable, solide des institutions religieuses, la haine aveugle de ces institutions, en attendant leur renversement ; en un mot, à l'esprit du xixe siècle, tel que l'ont fait quarante années de travaux et de progrès, l'esprit autrefois fécond, aujourd'hui stérile et déplorable d'un siècle qui n'est plus. C'est pour maintenir et affermir, autant qu'il est en nous, le véritable esprit de la critique des institutions religieuses au xixe siècle que nous prenons la plume, même au risque de déplaire à nos amis, même au risque de paraître fournir des armes à nos adversaires. Mais non, la raison publique est forte :

elle saura comprendre et discerner, et fera tourner les dissentiments loyaux des amis de la philosophie au profit de la grande et sainte cause dont ils veulent tous, quoique par des moyens différents, assurer le triomphe.

I.

Dès le début de son livre, M. Michelet nous introduit dans la famille, telle qu'elle est au XIXe siècle, et nous pénétrons avec lui au plus intime, au plus secret du foyer domestique; c'est là qu'il découvre et nous montre jusque dans sa source le mal qui ronge la société moderne. Ce mal, quel est-il? C'est le divorce spirituel du chef de la famille et de sa compagne; en d'autres termes, l'opposition flagrante, radicale, profonde de leurs idées morales et religieuses. Pour que la vie sociale soit régulière, il faut que la vie domestique soit organisée fortement; or, le vrai principe d'organisation de la vie domestique, c'est l'unité des croyances, qui fait l'union des cœurs. Otez la communauté des idées morales et religieuses, vous altérez, vous détruisez la communauté des affections, et bientôt l'anarchie intérieure des âmes, éclatant dans les actions de la vie, chasse du foyer domestique la confiance et la paix, ôte au mariage sa sainteté, à l'éducation sa puissance, à la société tout entière sa force et son unité.

Au moyen âge, à travers mille agitations sociales

et politiques, l'union spirituelle donnait une base solide à la vie de famille. Cette belle harmonie a disparu. Depuis trois siècles, un esprit nouveau souffle dans le monde et pénètre par degrés les intelligences et les cœurs. Des livres des philosophes, il s'est fait jour dans toutes les classes de la société, et s'est emparé peu à peu de tous les chefs de famille ; mais son progrès s'est arrêté là. La mère est restée catholique, tandis que le père ne l'est plus. De là ce divorce spirituel qui jette le désordre dans l'éducation et dans l'état.

M. Michelet peint avec éloquence cette anarchie spirituelle de la famille. « C'est l'asile où nous voudrions tous, après tant d'efforts inutiles et d'illusions perdues, pouvoir reposer notre cœur. Nous revenons bien las au foyer..... Y trouvons-nous le repos ?.... Nous pouvons parler à nos mères, à nos femmes, à nos filles des sujets dont nous parlons aux indifférents, d'affaires, de nouvelles du jour, nullement des choses qui touchent le cœur et la vie morale, des choses éternelles, de religion, de l'âme, de Dieu. Prenez le moment où l'on aimerait à se recueillir avec les siens dans une pensée commune, au repos du soir, à la table de famille ; là, chez vous, à votre foyer, hasardez-vous à dire un mot de ces choses ; votre mère secoue tristement la tête, votre femme contredit, votre fille, tout en se taisant, désapprouve. Elles sont d'un côté de la table, vous de l'autre, seul [1]. »

[1] *Du Prêtre*, etc.; préface, p. 5 et 6.

Certes, voilà un désordre réel, sérieux, profond, vivement senti. Quelle en est, suivant M. Michelet, la première cause? C'est qu'à cette table, à ce foyer où la famille devrait s'abriter dans la confiance et la paix, siége un homme invisible. Comme au banquet de Macbeth, il y a à la table domestique une place qui semble vide, mais où la mère et l'épouse aperçoivent une ombre mystérieuse. Ce personnage sinistre, c'est le prêtre.

Il faut ici bien entendre M. Michelet; ce serait se méprendre singulièrement sur sa pensée que de supposer qu'il s'agit ici seulement des mauvais prêtres, des prêtres que l'esprit jésuitique a corrompus, des prêtres infidèles à l'esprit du ministère catholique. Non; il s'agit expressément du prêtre en général, du prêtre catholique dans l'exercice normal de son ministère. Les prêtres, dit M. Michelet, sans restriction et sans réserve, les prêtres, voilà nos ennemis[1].

Ainsi donc, le principe de l'anarchie spirituelle et

---

[1] Nous avions cru inutile, dans ce loyal débat, de faire des citations, ne soupçonnant pas que personne pût se tromper ou tromper autrui sur le vrai caractère de l'ouvrage que nous discutons. Mais puisqu'il faut raisonner pièces en main, nous fournirons nos textes. Celui qui suit pourrait dispenser de beaucoup d'autres :

« Comment nous étonnerions-nous de cet état de la famille? nos femmes et nos filles sont élevées, gouvernées, *par nos ennemis*..... *Ennemis de l'esprit moderne*, de la liberté, de l'avenir...... *Nos ennemis*, je le répète, dans un sens plus direct, étant les envieux naturels du mariage et de la vie de famille. Ceci, je le sais bien, est leur faute encore moins que leur malheur. Un vieux système mort, qui fonctionne mécaniquement, ne peut vouloir que des morts. La

morale de la famille et de la société, la plaie des temps modernes, c'est le prêtre. Pourquoi le saint ministère, autrefois si utile et si fécond, est-il devenu une institution pernicieuse? C'est d'abord que le sacerdoce catholique est fondé sur une double immoralité, le célibat des prêtres et la confession. Suivant M. Michelet, le célibat ecclésiastique est une institution contre nature qui rend le prêtre nécessairement malheureux, envieux et malfaisant. La confession ouvre à cet homme qui n'a pas de famille la porte de la famille d'autrui. Elle lui livre l'âme de la mère, et qui possède l'âme a bientôt tout le reste. Maître de la mère, le prêtre met la main sur les enfants, et quant au chef de la maison, s'il ne le peut gagner, il l'isole du moins, et de toutes façons il le remplace. « Le confesseur d'une jeune femme, dit M. Michelet, peut se définir hardiment l'envieux du mari et son ennemi secret. S'il en est un qui fasse exception à ceci (et je veux bien le croire), c'est un héros, un saint, un martyr, un homme au-dessus de l'homme. »

Ce n'est point là une hyperbole comme il en échappe à un écrivain plein d'imagination et de feu. A la fin de son ouvrage, M. Michelet donne à ses pensées sur le sacerdoce catholique le caractère d'une formule générale. 1° Tout prêtre, même saint, qui parle à une femme, même sainte, de l'amour de Dieu, lui inspire

vie pourtant réclame en eux, ils sentent cruellement qu'ils sont privés de la famille, et ne s'en consolent qu'en troublant la nôtre. »
Du Prêtre, de la Femme, etc., pages 6 et 7.

un autre amour; 2° si *cet amour reste pur*, c'est un hasard, c'est un miracle[1]. Ailleurs, sous une forme trop peu grave, M. Michelet définit la direction de la sorte : « Chez la petite fille, *c'est l'amour avant l'amour;* chez la vieille femme, c'est *l'amour après l'amour*[2]. »

Ainsi, cette affreuse plaie de la société moderne, l'anarchie spirituelle au foyer domestique, est l'ouvrage du prêtre, dont l'influence essentiellement malfaisante s'explique par cette double cause, qu'il est le directeur spirituel de la famille, et que lui-même n'en a pas. Si c'est là le mal, où est le remède? Évidemment c'est d'ôter au prêtre toute action sur la famille, c'est de rendre à l'époux la direction spirituelle, la direction morale et religieuse de la femme et de l'enfant. Aussi M. Michelet n'hésite-t-il pas à proposer ouvertement de chasser le prêtre de la famille comme mesure préliminaire; mais il est loin d'avoir dit son dernier mot. Si je ne me trompe, cet esprit si vif et si fin tiendrait à injure qu'on réduisît son livre à un simple manifeste contre le célibat ecclésiastique et la confession. Sur ces deux points, Luther au XVI° siècle, Voltaire et Diderot au XVIII°, et de nos jours l'attique et étincelante plume de Courier, nous ont laissé bien peu à dire, et M. Michelet a horreur des

---

[1] *Du Prêtre*, etc., p. 318.

[2] *Du Prêtre*, etc. p. 287. Ici l'auteur ajoute : *Une vieille femme, pour le laïque, est une vieille : pour le prêtre, c'est une femme. Où le monde finit, le prêtre commence.*

lieux communs. D'ailleurs le célibat ecclésiastique et même la confession, du moins telle qu'elle est organisée aujourd'hui, ne tiennent point à l'immuable essence du catholicisme. Tout le monde sait que dans les premiers siècles de l'Église il n'y avait nulle incompatibilité entre l'état du mariage et le saint ministère [1], que saint Pierre était marié et avait des enfants [2]; lisez le cinquième canon des apôtres, il prononce l'excommunication d'un prêtre qui se sépare de sa femme sous prétexte de religion [3]. Le concile d'Élibéry alla plus loin, il défendit expressément aux prêtres de s'abstenir du lit conjugal, et un autre concile, le concile *in Trullo*, apprenant que l'Église de Rome, en consacrant les prêtres, leur imposait le célibat au sein même du mariage, condamna cet usage et ordonna qu'on en revînt à la règle des apôtres [4]. On sait aussi que saint Paphnuce éleva la voix en faveur du mariage des prêtres au concile de Nicée, qui ne voulut rien décider là-dessus, laissant à l'état de virginité son prestige et à l'Église sa liberté ; et lorsque Grégoire VII, bien des siècles après, pour rendre à l'Église énervée son ressort et sa discipline, imposa le célibat aux ministres de l'autel, des royaumes entiers, la Suède, la Pologne, le Portugal, les peuples de

[1] Voyez à la fin du volume la note B : *sur le Célibat ecclésiastique aux premiers siècles de l'ère chrétienne.*

[2] Fleury, *Mœurs des chrétiens*, p. 96.

[3] *Acta Conciliorum*, t. I, p. 26.

[4] Sur le Concile d'Élibéry, voyez Basnage, *Hist. de l'Église*, t. II, chap. 7, p. 1502 et suiv.

Frise, restèrent attachés à d'autres usages. Supposez maintenant que l'Église modifie sa discipline actuelle, qu'elle permette le mariage aux prêtres ; supposez aussi qu'elle réforme l'administration du sacrement de pénitence, qu'elle ne la confie, par exemple, qu'à des prêtres âgés et en rende l'usage plus rare pour les fidèles, je demande si le mal que dénonce M. Michelet sera guéri. Cette seule question ferait sourire assurément le hardi et spirituel écrivain. Ce n'est pas la première fois, en effet, qu'il s'explique sur le célibat des prêtres. Il écrivait il y a peu d'années, dans son *Histoire de France,* cette éloquente page :

« Certes, ce n'est pas moi qui parlerai contre le mariage; cette vie aussi a sa sainteté. Toutefois, ce virginal hymen du prêtre et de l'église n'est-il pas quelque peu troublé par un hymen moins pur? Se souviendra-t-il du peuple qu'il a adopté selon l'esprit, celui à qui la nature donne des enfants selon la chair? La paternité mystique tiendra-t-elle contre l'autre? Le prêtre pourrait se priver pour donner aux pauvres, mais il ne privera pas ses enfants!... Et quand il résisterait, quand le prêtre vaincrait le père, quand il accomplirait toutes les œuvres du sacerdoce, je craindrais encore qu'il n'en conservât pas l'esprit. Non, il y a dans le plus saint mariage, il y a dans la femme et dans la famille quelque chose de mol et d'énervant qui brise le fer et fléchit l'acier. Le plus ferme cœur y perd quelque chose de soi. C'était plus qu'un homme, ce n'est plus qu'un homme. Il dira comme Jésus, quand la femme a touché ses vêtemens : Je sens qu'une vertu est sortie de moi.

« Et cette poésie de la solitude, ces mâles voluptés de l'abstinence, cette plénitude de charité et de vie où l'âme embrasse Dieu et le monde, ne croyez pas qu'elle subsiste entière au lit conjugal. Sans doute, il y a aussi une émotion pieuse quand on se réveille et qu'on voit, d'une part, le petit berceau de ses enfants, et sur l'oreiller, à côté de soi, la chère et respectable tête de leur mère endormie; mais que sont devenus les méditations solitaires, les rêves mystérieux, les sublimes orages où combattaient en nous Dieu et l'homme? *Celui qui n'a jamais veillé dans les pleurs, qui n'a jamais trempé son lit de larmes, celui-là ne nous connaît pas, ô puissances célestes !* (Goethe, *Wilhem Meister.*) C'était fait du christianisme, si l'église, amollie et prosaïsée dans le mariage, se matérialisait dans l'hérédité féodale. Le sel de la terre s'évanouissait, et tout était dit. Dès-lors, plus de force intérieure, ni d'élan au ciel. Jamais une telle église n'aurait soulevé la voûte du chœur de Cologne, ni la flèche de Strasbourg; elle n'aurait enfanté ni l'âme de saint Bernard, ni le pénétrant génie de saint Thomas. »

Nous ne prétendons point mettre ici M. Michelet en contradiction avec lui-même. Si nous avions une difficulté à élever contre cette belle explication du célibat ecclésiastique, ce serait seulement que M. Michelet en exagère un peu trop les avantages et le lie trop étroitement avec les destinées de l'église. M. Michelet va jusqu'à dire que le salut du christianisme est attaché au maintien du célibat ecclésiastique; mais cette exagération même nous éclaire sur le but que poursuit M. Michelet, quand il réclame aujourd'hui avec énergie l'abolition du célibat.

Ce n'est pas seulement, en effet, parce qu'il n'a pas de famille, et qu'il dirige les âmes au moyen de la confession, que le prêtre catholique est un être essentiellement pernicieux, c'est parce qu'il enseigne dans le temple à nos mères, à nos femmes, à nos enfants des dogmes auxquels notre siècle ne croit plus; c'est parce qu'il répand ainsi au sein de la famille un esprit de mort, tandis que l'homme, l'époux, est animé d'un esprit de vie qu'il essaie en vain de faire pénétrer parmi les siens.

Par conséquent, tant que le prêtre enseignera la religion catholique, tant qu'il sera revêtu du caractère de ministre de l'autel et exercera à ce titre une certaine action sur les intelligences et les âmes, tant qu'il présentera aux fidèles les symboles révérés et puissants de la religion, le prêtre sera un germe de discorde pour les familles. Il ne suffit pas qu'il cesse de confesser nos femmes, il faut qu'il cesse de prêcher son Dieu. Il servira de peu de l'exclure de la famille, si on ne le chasse de l'autel. Vous ne demandez point qu'il se réforme, mais qu'il cesse d'être. A Dieu ne plaise que je prête ici à M. Michelet des pensées violentes, aussi éloignées de l'élévation de son esprit que de la noblesse de son caractère! si M. Michelet propose de supprimer le prêtre, c'est comme prêtre. Comme homme, il l'aime, le recueille, s'attendrit sur son sort, le convie aux joies de la famille, et s'écrie : « Oh! que je me sens un cœur immense pour tous ces infortunés! Que ne puis-je de mes mains relever, rallumer le foyer du pauvre prêtre, lui rendre le premier droit de l'homme, le replacer dans la vérité et la vie, lui dire : Viens t'asseoir avec nous, sors de cette ombre mortelle ; prends ta place, ô frère, au soleil de Dieu! »

Cependant, la logique ne s'attendrit pas, et quels que soient les sentiments personnels de l'auteur pour les prêtres, son livre a pour but évident de les représenter comme exerçant un ministère d'immoralité et d'anarchie, et d'en provoquer le plus promptement possible l'absolue suppression.

D'honnêtes lecteurs persisteront peut-être à penser qu'il s'agit ici d'une simple transformation des institutions catholiques. C'est à nos yeux bien mal comprendre M. Michelet, et amoindrir singulièrement le livre et l'auteur. Si ce livre n'a pour but que d'attaquer les abus de la confession et du célibat ecclésiastique, d'ajouter un chapitre à celui de la Bruyère sur la direction, si c'est là ce que M. Michelet veut dire quand il dénonce le prêtre comme *l'ennemi de la société moderne*[1], l'organe de l'esprit de mort,

---

[1] *Du Prêtre, de la Femme*, etc., page 7.

quand il demande avec l'affranchissement de la personne du prêtre *l'affranchissement de son esprit*[1], quand il le convie à reconnaître la papauté moderne non à Rome, mais à Paris, non dans les pontifes assis sur la chaire de saint Pierre, mais dans Voltaire et Napoléon[2], je déclare alors que le livre de M. Michelet est pour moi une énigme indéchiffrable, et que je renonce à comprendre pourquoi un homme d'un esprit si pénétrant a remué de si grandes machines pour atteindre un si mince résultat, et a réduit au récit de quelques particularités piquantes le dessein que je lui supposais de préparer une réforme religieuse, radicale et universelle.

Mais non ; nous sommes assurés de ne pas nous tromper. Quel est, en effet, le fond du livre de M. Michelet? En quelques mots, le voici : la direction spirituelle, dans l'église catholique, a pour but direct et pour effet nécessaire de diminuer, d'affaiblir dans les âmes, et d'y abolir enfin radicalement toute activité, toute volonté, toute liberté. L'âme, une fois endormie dans le mysticisme, est aux mains du prêtre, qui dispose d'elle à son gré, et par elle de tout le reste. Voilà la clé de tout l'ouvrage ; voilà le fil qui conduit l'auteur à travers mille anecdotes, mille digressions ingénieuses. M. Michelet consacre la première partie de son livre à l'histoire de la direction spirituelle au xviie siècle. Il nous entretient

[1] *Du Prêtre*, etc., page 325.
[2] *Du Prêtre, de la Femme*, etc., page 327.

tour à tour de saint François de Sales et de madame de Chantal, de Fénelon et de madame Guyon, de Bossuet et de la respectable sœur Cornuau; peut-être aurait-il mieux valu ne pas mettre en telle compagnie des personnages aussi suspects que Molinos et la mère Agueda, le père la Colombière et Marie Alacoque; mais quoi qu'il en soit, ce sont là des chapitres pleins d'agrément et d'intérêt. M. Michelet s'est plu à y répandre toute la finesse de son esprit, toutes les grâces de son imagination. A chaque instant, M. Michelet frappe de bons coups sur les jésuites, qui déjà lui sont si redevables, et comme autrefois il épuisait contre eux sa colère, il aiguise aujourd'hui à leurs dépens sa spirituelle malice. Ce n'est pas nous qui demanderons grâce pour eux.

Mais M. Michelet n'a pas voulu seulement continuer l'œuvre de Paul-Louis Courier; il poursuit un plus grand dessein, c'est de prouver que la direction spirituelle au xviie siècle s'est proposé pour but et a eu pour résultat nécessaire, non pas de régler, non pas d'épurer la volonté, mais de l'énerver, de l'assoupir, de la détruire. A plus forte raison en est-il de même à notre époque, et M. Michelet vérifie, dans sa seconde partie, sur le catholicisme du xixe siècle, ce qu'il a affirmé de celui du xviie. Il ne s'agit donc point à ses yeux d'un accident, d'un abus passager, d'une tendance particulière de la direction spirituelle; il s'agit de son invariable loi, de son caractère permanent et universel. M. Michelet est tellement convaincu de ce principe, qu'il n'hésite pas à l'appliquer à Bossuet. Quelles que soient les différences spéculatives qui peuvent se rencontrer entre Bossuet et les quiétistes, au fond, dans la pratique, Bossuet pousse au quiétisme comme les autres. Lui aussi donne à la direction pour objet propre et essentiel l'affaiblissement, la paralysie, l'extinction de la volonté, de la liberté. Voilà Bossuet disciple de Molinos; cela ne suffit pas aux desseins de l'auteur. Il ne lui suffit pas que Bossuet soit quiétiste, il faut que l'Église catholique le devienne. Si l'on en croit le hardi généralisateur, il est de l'essence de la religion catholique, (Et pourquoi même se limiter au catholicisme?) il est de l'essence de la religion chrétienne et de toute religion révélée d'abolir la liberté humaine et de l'étouffer sous la grâce[1]. Ce n'est point

---

[1] Citons les propres paroles de M. Michelet : « Qui peut nous sauver ?..... Le *théologien* d'une part, de l'autre, le *juriste* ou le philosophe, font à cette question des réponses opposées.

« Le *théologien*, s'il est vraiment tel, fait la part la plus grande au christianisme, et répond : « C'est la grâce du Christ qui nous tient lieu de justice (¹), et sauve qui elle veut. Quelques-uns sont prédestinés au salut, le grand nombre à la damnation. »

« Le *juriste* répond au contraire que nous sommes punis ou récompensés selon l'emploi bon ou mauvais que nous faisons librement de notre volonté; nous sommes payés selon nos œuvres, selon la justice.

[1] C'est, à des degrés différents, la réponse commune des défenseurs de la grâce, protestants, jansénistes, thomistes, etc. Mettez en face toutes les nuances du parti opposé : les jurisconsultes de l'antiquité et du moyen âge, les hérétiques pélagiens et semi-pélagiens, les philosophes modernes. (Note de M. Michelet.)

encore là un excès, un déréglement de la religion : c'est son principe d'action, son fond et sa vie.

L'âme humaine, inquiète de sa destinée, s'adresse à la religion, et lui demande comment se fait le salut. Le christianisme répond : « C'est la grâce du Christ qui nous tient lieu de justice, et sauve qui elle veut. Quelques-uns sont prédestinés au salut, le grand nombre à la damnation. »

Remarquez que M. Michelet ne distingue point ici entre catholicisme et christianisme; thomistes, protestants, jansénistes, ont beau subtiliser, ils sont d'accord au fond pour opprimer la liberté. Que l'âme humaine, au contraire, s'adresse à la philosophie, elle en recueillera une réponse bien différente. La philosophie lui dira : Ce qui sauve, c'est la pratique libre du bien. Nous serons payés selon nos œuvres… C'est ainsi que M. Michelet entend la lutte du christianisme et de la philosophie; voilà sa formule générale des religions, c'est que toutes, et singulièrement le christianisme, prêchent aux hommes le salut par la grâce divine à l'exclusion de l'œuvre et de la volonté. S'il en est ainsi, le livre de M. Michelet s'explique

« Voilà l'éternel procès du juriste et du théologien, de la justice et de la prédestination.

« Pour mieux se figurer l'opposition des deux principes, qu'on se représente une montagne a deux pentes, et la crête étroite et tranchante, un fil de rasoir; d'une part, la prédestination qui damne; de l'autre, la justice qui frappe..... deux terreurs.... au sommet, le pauvre homme, un pied sur une pente, un pied sur l'autre, toujours près de glisser. » *Du Prêtre, de la Femme*, etc., p. 61, 62, 63.

à merveille; tout s'y enchaîne, tout s'y rapporte à un principe commun. La religion détruit la liberté dans le dogme; le sacerdoce doit s'armer pour l'abolir dans la pratique. Or, quel est l'instrument le plus pénétrant et le plus fort du sacerdoce? C'est la confession. Le but de la confession sera donc la diminution, l'affaiblissement, la destruction graduelle de la volonté, l'ensevelissement de toute activité dans le sommeil du mysticisme.

Ne vous étonnez donc pas que tous les grands théologiens soient fatalistes, que les plus fermes esprits, les plus sobres, les plus sensés, aient été invinciblement conduits, par la logique du catholicisme, à une sorte de quiétisme pratique; que la robuste intelligence de Bossuet y ait succombé; qu'il y ait, en un mot, depuis dix-huit siècles, et aujourd'hui plus que jamais, une conspiration universelle, invisible, infinie, de tous les ministres de l'autel pour détruire chez les hommes le sentiment de leur liberté, de leur dignité morale, du prix de la vie et des œuvres. Ne vous étonnez pas enfin que le catholicisme et ses ministres, que le christianisme et toutes les églises qui le composent, que toute religion positive et tout sacerdoce soient des institutions essentiellement immorales et malfaisantes. Voilà le dernier mot de M. Michelet sur la religion; Voltaire l'avait prononcé avant lui : *Écrasons l'infâme*.

Je n'exagère rien, je n'ajoute rien, et je ne discute encore rien. J'essaie de comprendre, et, en vérité, je n'ai aucune peine ni aucun mérite à y réussir. Prémisses, conséquences, tout est clair, tout est explicite. M. Michelet marche à son but directement, ouvertement, le front levé. Nous n'avons pas prétendu deviner son livre, ni à plus forte raison le démasquer; nous n'avons fait que le raconter.

Considéré sous ce point de vue, le livre de M. Michelet et la curiosité universelle qu'il excite, le succès qu'il obtient au sein de la jeunesse, sont choses graves, qui méritent, qui appellent un examen sérieux, une discussion calme et approfondie. N'est-ce qu'un pamphlet contre les jésuites? N'est-ce même qu'une attaque spirituelle et passionnée contre la confession et le célibat ecclésiastique? Nous aurions peu de chose à dire. Nous détestons l'esprit jésuitique; nous croyons que la confession et le célibat ecclésiastique entraînent de grands abus, aujourd'hui plus que jamais; nous jugeons ces institutions avec la plus parfaite liberté, en observateur désintéressé, en critique impartial, et l'apologie de ces institutions, faite au point de vue de l'orthodoxie catholique, serait fort en péril entre nos mains; mais il s'agit ici de tout autre chose.

Le livre de M. Michelet est un manifeste violent contre le sacerdoce et la religion catholiques, contre tout sacerdoce et toute religion positive[1]. Son but

---

[1] Personne ne s'est mépris sur ce point, pas même au sein d'un parti visiblement intéressé au succès du livre *Du Prêtre*, le parti protestant. L'écrivain le plus éminent de ce respectable parti,

évident, ou du moins, son inévitable effet, c'est de représenter tout prêtre, toute religion comme choses pernicieuses dont on ne saurait trop dé-

M. Vinet, dont l'exquise pénétration et la parfaite loyauté ne seront contestées de personne, s'exprime ainsi dans un article du *Semeur*, très-favorable d'ailleurs à M. Michelet :

« M. Michelet paraît faire consister tout le bonheur de la famille dans la paix à tout prix. Il ne faut pas que le mari soit d'un côté de la table, la femme et la fille de l'autre. Que nul tiers ne s'interpose entre les différents membres de la famille, et tout ira bien. Or, le prêtre est ce tiers importun dans une famille où la femme est pieuse, je dis la femme, car l'auteur ne suppose pas que le mari puisse l'être. Il y a plus, il ne présente nulle part la piété du mari comme une chose désirable. Supprimons donc le prêtre. Mais s'il ne tient qu'à cela, supprimons tout d'un temps la piété, car la piété toujours introduit des tiers. Elle introduit le ministre. Point de ministre : elle introduit une amie chrétienne. Point d'amie de cette sorte; elle introduit Dieu..... Dirons-nous aussi : point de Dieu ? Ah ! c'est autre chose, me va dire l'auteur : Dieu n'est pas un tiers. Quoi donc ? Quand la femme est pieuse et que le mari ne l'est pas, Dieu n'est pas un tiers ? je vous garantis qu'il en est un, et le plus redoutable de tous, et que ce grand principe d'union va devenir un grand principe de division. Mais le devoir pur et simple, le devoir abstrait et impersonnel, ne l'est-il pas aussi ? et le vieil adage : *Amicus Plato, sed magis amica veritas*, ne le dit-il pas ? M. Michelet n'aurait-il jamais, pour l'amour du devoir et de la vérité, rompu avec d'anciens amis ? Il faut donc de deux choses l'une, ou que la vérité ne compte pour rien dans la vie, ou que l'on consente à la voir, sous une forme quelconque, s'interposer dans la famille, entre l'un des époux qui croit et l'autre qui ne croit point. A laquelle de ces deux conclusions le livre de M. Michelet conduira-t-il le plus grand nombre des lecteurs ? A la première, je le crains fort : et j'ai la conviction qu'un pareil résultat l'affligera plus que personne. *Il n'a pas voulu conclure au bannissement de la religion, mais tout son livre y conclut.* » *Semeur*, du 12 mars 1845.

sirer, trop provoquer l'immédiat renversement. La tendance manifeste du livre, que l'auteur le sache ou l'ignore, c'est de porter toute l'activité intellectuelle, toute la force philosophique de notre temps, vers la ruine des institutions religieuses. Si c'est là le caractère de l'entreprise de M. Michelet, à quoi nous servirait-il de le dissimuler? Les philosophes ont-ils des desseins cachés? conspirent-ils dans l'ombre? ont-ils un mot d'ordre qu'ils ne livrent qu'aux initiés? On abusera, dit-on, de nos paroles; prenez garde, si les philosophes se taisent, qu'on n'interprète leur silence.

La question est de savoir si la philosophie de notre temps s'engagera dans une voie nouvelle, où des esprits téméraires la convient à s'élancer. Jusqu'à ce jour, la polémique philosophique a suivi un drapeau, qui est celui du xix° siècle, et où les mots d'équité et de modération sont écrits à côté de ceux de liberté et de franchise. Une main hardie montre un autre drapeau, celui de l'Encyclopédie et de Voltaire, et les philosophes ne s'interrogeraient pas pour savoir s'ils le doivent suivre! Le seul moyen pour cela, c'est la controverse publique, ouverte, sérieuse, sans inutiles ménagements et sans vains détours. Le clergé est un corps; il a des chefs, une discipline; la force des philosophes n'est pas là : elle est dans la discussion loyale, mais sincère, sympathique pour les personnes, inflexible pour les idées fausses.

II.

Jetons un coup d'œil rapide sur l'histoire de la polémique passionnée, qui, depuis quatre années, occupe et divise la presse, les chambres, le gouvernement, la société tout entière. Nous apprécierons mieux ce qu'il y a de nouveau et de grave dans le manifeste que nous discutons.

Dans cette lutte, quels ont été les agresseurs? Un certain nombre de membres du clergé qui ont entraîné le corps tout entier. Pourquoi le clergé a-t-il quitté les soins du saint ministère pour se jeter dans les orages de la polémique, pour attaquer tout ensemble les droits de la philosophie et ceux de l'État? C'est que le clergé a des souvenirs, c'est qu'il a conçu des espérances. L'occasion s'est présentée pour lui de mettre la main sur l'éducation. Une si riche proie a excité si vivement sa convoitise, qu'il n'a pas hésité, pour l'atteindre, à tendre tous ses ressorts, à déployer toutes ses ressources. Il savait que, maître de l'éducation, il pouvait, avec de la persévérance et du temps, le devenir de tout le reste.

Nous sommes convaincu pour notre part que dès l'origine, si ces espérances n'avaient pas été encouragées, si la main de l'Etat, conduite par des yeux plus clairvoyants et dirigée par une volonté plus ferme, eût contenu le clergé, nous n'assisterions pas à ces tristes querelles ; mais le clergé a senti croître son ambition avec la faiblesse du gouvernement, et il n'a entrepris rien moins que d'ébranler à la fois le double principe sur lequel repose notre moderne société.

Deux choses ont donc été attaquées, l'indépendance absolue de la philosophie, l'indépendance absolue de l'État : la philosophie et l'État se sont défendus. Dans la presse, à la tribune politique, au Collége de France, à la Sorbonne, la philosophie a trouvé des interprètes habiles, éloquents, dévoués ; elle a rappelé ses droits éternels, ses travaux, ses services, elle a maintenu fermement son indépendance ; à son tour, elle a attaqué l'esprit jésuitique, l'esprit ultramontain ; elle a porté un regard sévère sur le clergé, montré la faiblesse de ses apologistes, les lacunes et les défauts de son organisation ; elle a soulevé d'une main aussi hardie que courageuse le voile qui couvrait l'enseignement des séminaires. Enfin, quand le jour d'une discussion publique est venu, la philosophie et l'État ont trouvé des défenseurs qui ont pu revendiquer leurs droits avec toute l'autorité que donnent des noms illustres, des talents éminents, et plus encore l'union d'une fermeté inébranlable et d'une modération à toute épreuve. On peut dire qu'à la chambre des pairs, par l'organe de M. Cousin ; à la chambre des députés, par l'organe de M. Thiers, la philosophie et l'État ont fait reconnaître et vu consacrer leurs droits par la raison publique. Voilà où en était la lutte du clergé et de la philosophie ; voici maintenant ce qu'on nous propose : c'est de compromettre une victoire à moitié gagnée par des violences qu'un grand péril n'explique plus. Est-il besoin de dire que nous n'accusons point ici M. Michelet? Il exerce de justes représailles. Violemment attaqué, il attaque violemment ; mais distinguons les questions de personnes des questions d'intérêt général, et voyons où l'on se trouve conduit quand on entreprend, sous l'inspiration d'une passion, même légitime, une chose aussi grave que la critique des institutions religieuses, et qui demande aussi impérieusement un esprit libre et maître de soi.

Osons-le dire à M. Michelet. Emporté par une indignation honorable, par de justes ressentiments, il n'a pu conserver cette haute impartialité si nécessaire au philosophe, et cette sérénité équitable qui seule imprime aux jugements de l'historien un caractère de solidité et de durée. Lui, l'historien sympathique du moyen âge, qui a concouru avec M. Guizot à tirer l'histoire de l'ornière des Dupuis, des Raynal, pour la faire entrer dans les larges voies d'une critique élevée et compréhensive, le voilà qui détruit son propre ouvrage, rompt avec son passé, retourne en arrière et emprunte au vieil esprit du xviii° siècle ses passions et ses haines, ses vues exclusives, ses aveugles préventions. Comment cette vive intelligence ne s'aperçoit-elle pas qu'elle est fourvoyée, et que loin de préparer les voies à la philosophie, elle travaille à en retarder les progrès?

Discutons en effet sérieusement le livre de M. Michelet; laissons de côté les accidents de la polémique, les anecdotes, les portraits; allons au fond des choses. Je réduis l'essentiel de l'ouvrage aux trois affirmations suivantes : 1° la direction spirituelle a pour objet propre et pour effet nécessaire d'affaiblir graduellement et de détruire la volonté; 2° les docteurs catholiques les plus opposés au quiétisme en théorie, notamment Bossuet, poussent, dans la pratique, à un mysticisme qui tue l'activité et la liberté morales; 3° il est de l'essence du catholicisme et en général du christianisme d'abolir le libre arbitre au profit de la grâce divine.

Tout le livre de M. Michelet, considéré comme œuvre sérieuse, est contenu dans ces trois affirmations. Eh bien! la vérité nous force à dire qu'il n'en est pas une qui tienne contre une discussion régulière

Soutenir qu'il est de l'essence du christianisme de détruire la liberté humaine, c'est en vérité tenir trop peu de compte de toutes les données de la théologie, de la philosophie et de l'histoire. Prétendre que l'opposition de la philosophie et de la religion représente celle du fatalisme et de la liberté, c'est confondre d'une manière étrange l'usage libre de la raison, qui constitue en effet l'essence de toute philosophie, avec la liberté morale, la responsabilité des œuvres, qui sont choses toutes différentes. Oui, sans doute, la religion parle au nom de Dieu et fait la part petite à la raison libre; mais la religion, comme la philosophie, reconnaît et ne peut pas ne pas reconnaître la liberté morale, ou, pour mieux dire, toute grande religion, comme toute grande philosophie, s'efforce d'expliquer la liberté morale et de la régler. Il arrive souvent sans doute que, pour l'expliquer, on la compromet et on la détruit; mais c'est un malheur qui arrive aux philosophes tout aussi souvent qu'aux théologiens. Jansénius, Calvin et Spinoza, l'un catholique, l'autre protestant, le troisième philosophe, ont été également conduits par leurs systèmes à méconnaître et à nier le libre arbitre. Pélage n'était-il pas un théologien? C'est au nom de la théologie qu'il a nié la grâce, comme c'est au nom de la philosophie que Hobbes et Collins ont nié le libre arbitre. Rien n'est donc plus artificiel que cette opposition qu'on imagine entre la philosophie et la religion; rien n'est plus évident, au contraire, que la distinction qu'on méconnaît entre le libre examen et la liberté morale.

Quel défenseur plus audacieux du libre examen que Luther? Et cependant M. Michelet sait fort bien que Luther a écrit le *de Servo arbitrio*, et qu'il a poussé, comme Calvin, la doctrine de saint Augustin jusqu'au fatalisme. Cent fois le pénétrant historien a signalé ce curieux contraste. Bien plus, M. Michelet, qui voit aujourd'hui dans le christianisme l'ennemi du libre arbitre, qui enseigne que la philosophie, en affranchissant la raison, a affermi la liberté morale, pensée solide et vraie, pourvu qu'on ne l'exagère pas; M. Michelet, qui porte cette conviction à un tel point qu'il annonce pour la moralité humaine une ère nouvelle, qu'il prodigue aux philosophes du dernier siècle le nom de saint, et se complaît à parler de la *sainteté de notre temps*[1]; M. Michelet écrivait, il y a quelques années, que, depuis que le christianisme s'est affaibli dans la société moderne, la liberté morale est en souffrance. Il disait alors :

« Certainement, la moralité est plus éclairée aujourd'hui; est-elle plus forte?... Je crains qu'en prenant un si juste sentiment de ses droits, l'homme n'ait perdu quelque chose du sentiment de ses devoirs.... La notion du libre arbitre et de la responsabilité morale semble s'obscurcir chaque jour[2]. »

La formule de notre époque était alors pour M. Michelet le mot sinistre que le poëte a inscrit de sa plume de bronze sur la vieille cathédrale : Ἀνάγκη. Et l'historien attristé exhalait sa douleur en ces pathétiques accents :

« Ainsi vacille la pauvre petite lumière de la liberté morale. Et cependant la tempête des opinions, le vent de la passion, soufflent des quatre coins du monde.... Elle brûle, elle, veuve et solitaire; chaque jour, chaque heure, elle scintille plus faiblement. Si faiblement scintille-t-elle, que dans certains moments

[1] *Du Prêtre, de la Femme*, page 12.
[2] *Histoire de France*, t. II, p. 622 et suiv.

je crois, comme celui qui se perdit aux catacombes, sentir déjà les ténèbres et la froide nuit…. Peut-elle manquer? Jamais, sans doute. Nous avons besoin de le croire et de nous le dire, sans quoi nous tomberions de découragement. Elle éteinte, grand Dieu! préservez-nous de vivre ici-bas [1]. »

Sans vouloir abuser de ce passage, nous demanderons à M. Michelet comment il se peut faire que depuis dix ans une époque d'abaissement pour la liberté morale soit devenue une époque de sainteté; nous dirons que ni l'histoire, ni la science ne s'accommodent de ces exagérations, et que la nature des choses ne dépend pas de la fantaisie d'un poëte, tantôt plongé dans la mélancolie, et tantôt aiguillonné par la colère. Nous dirons qu'il est également déraisonnable de représenter le moyen âge et les temps modernes, aujourd'hui comme l'abaissement, demain comme le triomphe de la liberté morale; qu'au moyen âge la moralité n'était pas aussi forte qu'on pourrait croire, et que le nom de saint y a été un peu prodigué; mais que ce n'est pas une raison pour en gratifier de notre temps, d'une manière qui fait sourire les gens sérieux, Voltaire et Rousseau, lesquels, pour être de grands esprits et de grands serviteurs du genre humain, n'en ressemblent pas davantage à des héros de sainteté; enfin qu'il est incontestable que la moralité s'est affermie de nos jours avec le progrès des lumières, sans pourtant que l'esprit de

[1] *Histoire de France*, t. II, p. 622.

pénitence et de mortification paraisse dominant, comme on se plaît à le répéter.

Mais ce que nous voulons surtout conclure des paroles que nous venons de citer, c'est qu'il y a une distinction essentielle à faire entre le libre examen et la liberté morale, et qu'il est complétement faux que la lutte du christianisme et de la philosophie soit celle de la grâce et du libre arbitre.

Que le christianisme, tout en maintenant avec force la doctrine de la grâce, laquelle, aux yeux d'un philosophe, a un sens très-profond et garde au sein même du rationalisme une valeur durable, ait toujours réservé les droits du libre arbitre, c'est ce qu'il est trop facile de prouver. Jésus-Christ, l'Homme-Dieu, n'est-il pas le type de la liberté morale? Son sacrifice, qui se renouvelle chaque jour sur l'autel, n'a-t-il pas été volontaire? Ne considérez Jésus-Christ que comme le type de l'humanité, est-ce un mystique? est-ce un quiétiste? est-ce même un contemplatif? Quoi! la religion du Christ, qui a affranchi la femme et l'esclave, et appelé à la dignité morale des millions de créatures dégradées, serait la religion de la fatalité! Mais tous ses dogmes la condamnent. Le dogme même du péché originel, loin d'exclure la liberté morale, l'implique et la suppose.

L'Église a-t-elle été sur ce point infidèle à l'exemple du Christ et à l'esprit de l'Évangile? a-t-elle jamais autorisé le fatalisme, le quiétisme? Pélage sans doute a été condamné pour avoir nié la grâce;

mais les manichéens, les prédestinatiens, les priscillianistes, qui niaient le libre arbitre, n'ont-ils pas été frappés en même temps des anathèmes de l'Église? On citera tel Père ou tel docteur; mais aucun Père n'est l'Église. Saint Augustin lui-même, si grand qu'il puisse être, n'est pas l'Église et ne l'engage pas par ses sentiments. Il a adopté dans toute leur terrible étendue les dogmes de la grâce et de la prédestination. Il a épuisé son ardent génie contre Pélage et Célestius, mais il a combattu Manichée. Eût-il incliné au fatalisme, incliner, pour un ferme génie, ce n'est pas tomber. Fût-il tombé, il n'a pas entraîné l'Église dans sa chute.

Quand l'augustianisme exagéré est devenu le calvinisme et le luthéranisme, l'Église l'a-t-elle épargné? Les conciles du ve siècle n'ont-ils pas eu leur écho dans le concile de Trente? La part du libre arbitre, celle du mérite des œuvres, n'ont-elles pas été faites d'une main ferme et prévoyante[1]? Un siècle plus tard,

---

[1] Qu'il nous suffise de transcrire ici quelques-uns des canons du concile de Trente sur cette délicate et profonde matière de la *justification* : pour peu qu'on les médite, on reconnaîtra tout ce qu'il y a de superficiel et de chimérique dans les assertions que nous combattons :

Si quis dixerit, liberum hominis arbitrium a Deo motum et excitatum, nihil cooperari assentiendo Deo excitanti, atque vocanti, quo ad obtinendam justificationis gratiam se disponat, ac præparet; neque posse dissentire, si velit, sed veluti inanime quoddam nihil omnino agere, mereque passive se habere : anathema sit.

Si quis liberum hominis arbitrium post Adæ peccatum amissum

nous retrouvons dans le jansénisme une sorte de calvinisme déguisé. L'Église n'a-t-elle pas fait encore et exstinctum esse dixerit, aut rem esse de solo titulo, imo titulum sine re, figmentum denique a Satana invectum in Ecclesiam : anathema sit.

Si quis dixerit, non esse in potestate hominis, vias suas malas facere, sed mala opera, ita ut bona, Deum operari, non permissive solum, sed etiam proprie, et per se, adeo ut sit proprium ejus opus non minus proditio Judæ, quam vocatio Pauli : anathema sit.

Si quis dixerit, opera omnia, quæ ante justificationem fiunt, quacumque ratione facta sint, vere esse peccata, vel odium Dei mereri; aut, quanto vehementius quis nititur se disponere ad gratiam, tanto eum gravius peccare : anathema sit.

Si quis dixerit, sola fide impium justificari, ita ut intelligat nihil aliud requiri, quod ad justificationis gratiam consequendam cooperetur, et nulla ex parte necesse esse eum suæ voluntatis motu præparari, atque disponi : anathema sit.

Si quis dixerit, homines, sine Christi justitia, per quam nobis meruit, justificari, aut per eam ipsam formaliter justos esse : anathema sit.

Si quis dixerit, justitiam acceptam non conservari, atque etiam augeri coram Deo per bona opera; sed opera ipsa fructus solummodo et signa esse justificationis adeptæ, non autem ipsius augendæ causam : anathema sit.

Si quis dixerit, justos non debere pro bonis operibus, quæ in Deo fuerint facta, exspectare et sperare æternam retributionem a Deo per ejus misericordiam, et Jesu Christi meritum, si bene agendo, et divina mandata custodiendo usque ad finem perseveraverint : anathema sit.

Si quis dixerit, hominis justificati bona opera ita esse dona Dei, ut non sint etiam bona ipsius justificati merita, aut, ipsum justificatum bonis operibus, quæ ab eo per Dei gratiam, et Jesu Christi meritum, cujus vivum membrum est, fiunt, non vere mereri augmentum gratiæ, vitam æternam, et ipsius vitæ æternæ, si tamen in gratia decesserit, consecutionem, atque etiam gloriæ augmen-

entendre sa voix[1]? Les motifs temporels, les intrigues des jésuites, ont eu leur influence : qui le conteste? Qui ne sait la part qu'a eue Louis XIV à la condamnation de Fénelon? Qu'importe? l'histoire impartiale constate ces influences diverses ; elle ne fait grâce à personne dans ses équitables arrêts ; elle flétrit l'intrigue

---

tum : anathema sit. (*Conc. Trid.* sess. VI, Canon. de justific., 4, 5, 6, 7; 9, 10; 24; 26; 32.)

[1] Voici le texte de la condamnation des cinq fameuses propositions de Jansénius, lesquelles portaient atteinte, comme on sait, à la plénitude du libre arbitre et au mérite des œuvres :

Primam prædictarum propositionum : *Aliqua Dei præcepta hominibus justis volentibus, et conantibus, secundum præsentes quas habent vires, sunt impossibilia; deest quoque illis gratia, qua possibilia fiant* : temerariam, impiam, blasphemam, anathemate damnatam, et hæreticam declaramus, et uti talem damnamus.

Secundam : *Interiori gratiæ in statu naturæ lapsæ numquam resistitur* : hæreticam declaramus, et uti talem damnamus.

Tertiam : *Ad merendum et demerendum in statu naturæ lapsæ, non requiritur in homine libertas a necessitate, sed sufficit libertas a coactione* : hæreticam declaramus, et uti talem damnamus.

Quartam : *Semipelagiani admittebant prævenientis gratiæ interioris necessitatem ad singulos actus, etiam ad initium fidei ; et in hoc erant hæretici, quod vellent eam gratiam talem esse, cui posset humana voluntas resistere, vel obtemperare* : falsam et hæreticam declaramus, et uti talem damnamus.

Quintam : *Semipelagianum est dicere*, Christum pro omnibus omnino hominibus mortuum esse, *aut sanguinem fudisse* : falsam, temerariam, scandalosam ; et intellectam eo sensu, ut Christus pro salute duntaxat prædestinatorum mortuus sit, impiam, blasphemam, contumeliosam, divinæ pietati derogantem, et hæreticam declaramus, et uti talem damnamus. Innocentii Papæ X Constitutio. Vid. *Acta Concil.* tom. XI, p. 143.

partout où elle la rencontre, même dans les conseils de la papauté ; mais aussi elle doit reconnaître la sagesse de l'Église, qui, pendant une longue suite de siècles, et à travers mille orages et mille révolutions, a su, par les écrits de ses docteurs et les décisions de ses conciles, maintenir dans leur nécessaire équilibre les deux éléments de la vie, l'élément de la grâce et l'élément de la liberté[1]. Pourquoi la philosophie, pour-

[1] Je citerai ici une lettre de Bossuet à la sœur Cornuau sur la prédestination. On y trouvera au sein même du plus périlleux de tous les problèmes cet esprit de conciliation et de mesure qui caractérise la religion chrétienne :

« Quoiqu'il ne convienne guère, principalement à votre sexe, de sonder le secret de la prédestination, il est bon que vous sachiez, ma fille, ce qu'il en faut croire pour fonder l'humilité et la confiance chrétienne.

« Il y a beaucoup d'appelés et peu d'élus, dit Jésus-Christ. *Tous ceux qui sont appelés peuvent venir s'ils veulent : le libre arbitre leur est donné pour cela*, et la grâce est destinée à vaincre leur résistance et à soutenir leur faiblesse ; s'ils ne viennent pas, ils n'ont à l'imputer qu'à eux-mêmes ; mais s'ils viennent, c'est qu'ils ont reçu une touche particulière de Dieu, qui leur inspire un si bon usage de leur liberté. Ils doivent donc leur fidélité à une bonté spéciale, qui les oblige à une reconnaissance infinie, et leur apprend à s'humilier, en disant : Qu'as-tu que tu n'aies pas reçu ? Et si tu l'as reçu, de quoi peux-tu te glorifier ? (Saint Paul, I, *Cor.* IV, 7.)

« Tout ce que Dieu fait dans le temps, il le prévoit, il le prédestine de toute éternité : ainsi, de toute éternité, il a prévu et prédestiné tous les moyens particuliers par lesquels il devait inspirer à ses fidèles leur fidélité, leur obéissance, leur persévérance. Voilà ce que c'est que la prédestination.

« Le fruit de cette doctrine est de mettre notre volonté et notre liberté entre les mains de Dieu, de le prier de la diriger de manière qu'elle ne s'égare jamais, de lui rendre grâces de tout le bien qu'elle fait, et de croire que Dieu l'opère en elle sans l'affaiblir

quoi l'histoire ne rendraient-elles pas cet hommage à l'Église ? La sagesse de l'Église ne fait-elle pas honneur à l'esprit humain ? Ne représente-t-elle pas la raison même, devant qui expirent toutes les extravagances et toutes les folies des hommes, qui maintient contre tout faux système ces deux droits éternels de l'humanité, le droit d'être soutenu dans sa course pénible ici-bas par la main divine, le droit de participer libre-

ni la détruire, mais au contraire en l'élevant et la fortifiant, et en lui donnant le bon usage d'elle-même, qui est de tous les biens le plus désirable.

« Dieu est l'auteur de tout le bien que nous faisons ; c'est lui qui l'accomplit, comme c'est lui qui le commence. Son Saint-Esprit forme en nos cœurs les prières qu'il veut exaucer. Il a prévu et prédestiné tout cela : la prédestination n'est pas autre chose. *Il faut croire avec tout cela que nul ne périt, nul n'est réprouvé, nul n'est délaissé de Dieu ni de son secours que par sa faute.* Si le raisonnement humain trouve ici de la difficulté et ne peut pas concilier toutes les parties de cette sainte et inviolable doctrine, *la foi ne doit pas laisser de tout concilier, en attendant que Dieu nous fasse tout voir dans la source.*

« Quand vous dites tous les jours : Délivrez-nous du mal, vous en voulez tellement être délivrée que vous n'y retombiez jamais : vous croyez donc que Dieu a des moyens certains pour prévenir toutes vos chutes ; vous le priez d'en user ; et lorsqu'il vous exauce, il ne fait qu'exécuter ce qu'il a prédestiné avant tous les temps.

« Ce n'est donc pas à celui qui veut, ni à celui qui court, qu'il faut attribuer le salut, mais à Dieu qui exerce sa miséricorde (saint Paul, *Rom.* IX, 16) ; c'est-à-dire que ni leur course ni leur volonté ne sont la première cause, et encore moins la seule cause de leur salut ; mais la grâce qui les prévient, qui les accompagne, et qui les fortifie jusqu'à la fin, *laquelle néanmoins n'agit pas seule :* car il

ment à sa destinée et de lui imprimer le sacré caractère de la responsabilité morale? Aveugles ennemis, détracteurs indiscrets des institutions religieuses, ne voyez-vous pas qu'en les défigurant, c'est la raison même que vous insultez, c'est à l'humanité même que s'adressent vos outrages?

M. Michelet croit-il servir beaucoup la cause de la philosophie en nous représentant Bossuet comme un quiétiste, comme un disciple de Molinos, et cela contre toute vraisemblance, en présence des monuments où sont écrites en caractères éclatants les preuves du contraire? Je sais bien que M. Michelet ne parle pas des opinions spéculatives de l'auteur de la *Relation du Quiétisme*, de l'*Instruction sur les états d'oraison*, et de tant d'autres beaux écrits où les dangereuses tendresses du mysticisme, où les illusions et les égarements de la spiritualité sont jugés avec une force de raison, avec une profondeur

faut lui être fidèle: et pour cet effet, *elle nous donne de coopérer avec elle, afin de pouvoir dire avec saint Paul: Non pas moi, mais la grâce de Dieu qui est avec moi. (I Cor. xv, 10.)* » (Bossuet, *Lettres de piété et de direction*, tome XI de l'édit. Lefebvre ; pages 310, 311.)

Nous sommes loin de penser que dans cette lettre, et surtout dans son traité *Du libre arbitre*, où il adopte la doctrine de *la prédétermination physique*, Bossuet ait toujours tenu la balance parfaitement égale entre le libre arbitre et la grâce. Mais il nous suffit de prouver que l'Église, supérieure à tous les sentiments particuliers, n'exclut aucune des vérités essentielles, et que ses docteurs les plus autorisés s'efforcent de concilier et d'expliquer dans leurs systèmes ce qu'elle ordonne de croire dans ses décisions.

de bon sens, que nul homme n'a égalées; il s'agit de Bossuet, directeur spirituel. C'est aussi sous ce point de vue que je l'envisage. Je dois des remerciements à M. Michelet : son chapitre, aussi piquant qu'inexact, sur Bossuet, m'a fait relire le volume entier des *Lettres de Direction* de ce grand homme. Je ne crois pas qu'un ami de la philosophie et de l'humanité se puisse donner un plaisir plus relevé et plus pur que celui de méditer ce volume. Sur la foi de M. Michelet, j'y ai cherché des traces de quiétisme et de fatalisme; j'en demande bien pardon au brillant écrivain, mais tout cela est imaginaire : je n'ai trouvé dans les lettres de Bossuet à la sœur Cornuau qu'un mélange véritablement incomparable d'élan mystique et de mesure, de pureté et de tendresse, de sublimité et de simplicité, de noble assurance et de candeur. Nulle part Bossuet n'est plus grand, nulle part il n'est plus respectable et plus aimable. Je n'hésite point à dire que les lettres de Bossuet à cette humble sœur Cornuau sont un des chefs-d'œuvre de l'esprit humain.

N'est-ce point une chose touchante de voir ce puissant esprit, qui, pour converser avec des égaux, ne pouvait guère s'adresser qu'à saint Bernard et à saint Augustin, résoudre, avec une patience que rien ne rebute et dans un détail qui charme et qui confond, les cas de conscience d'une pauvre religieuse? Ce grand évêque, qui s'était donné la mission de combattre l'hérésie partout où elle pouvait paraître, et qui était, pour ainsi dire, à lui tout seul, un concile vivant, toujours assemblé, l'œil ouvert sur toute la chrétienté, combattant Luther et Calvin dans Claude et Jurieu, le mysticisme dans Fénelon, le quiétisme dans Molinos et Malaval, l'ultramontanisme au sein de l'assemblée du clergé, écrivant dans les intervalles des ouvrages immortels, ce même homme trouve du temps pour diriger d'humbles âmes, pour les affermir, pour les éclairer, pour les préserver d'elles-mêmes.

Une des choses les plus admirables que je rencontre dans ces lettres, ce sont les règles qu'y donne Bossuet pour la confession. M. Michelet attaque avec force cette institution catholique, et je laisse à d'autres le soin de la défendre ; mais ne peut-on signaler les abus très-réels, très-sérieux de la confession jésuitique, ne peut-on même discuter librement la valeur absolue de la confession sans en défigurer le caractère et sans attaquer Bossuet ? On reproche au prêtre de se substituer à Dieu dans le sacrement de la pénitence ; écoutons Bossuet : « Regardez ce que je vous dis comme venant de Dieu, et non de moi. Ce qui vient de l'homme ne touche point l'homme et n'entre point dans son cœur (p. 299)[1]. » On blâme, on flétrit la curiosité indiscrète du prêtre ; voici le sentiment de Bossuet : « Il n'improuvait pas, nous dit la sœur Cornuau, la

[1] « Il ne cessait, dit la sœur Cornuau, d'imprimer dans l'esprit de cette personne de recevoir ses instructions, non comme venant de lui, mais comme lui étant données d'en haut. » (Tome XI, p. 302.)

conduite de tant d'habiles directeurs qui règlent jusqu'aux moindres pensées et affections dans les retraites, et veulent qu'on leur rende compte jusqu'à un iota de tout ce que l'on a fait; mais pour lui il ne pouvait goûter cette pratique à l'égard des âmes qui aimaient Dieu, et un peu avancées dans la vie spirituelle (p. 300). » On signale avec raison le danger commun au pénitent et au confesseur de décrire certaines tentations. Écoutons encore la sœur Cornuau : « La maxime de ce saint prélat en fait de tentations, et particulièrement de celles qui regardent la pureté, c'était de ne faire jamais de questions gênantes, craignant d'échauffer l'imagination pour vouloir trop approfondir. » — « Il y a, disait-il encore, beaucoup de choses à traiter entre Dieu et soi, sans y admettre un tiers qui souvent fait un embarras (p. 557). » — Plusieurs écrivains, de nos jours, ont signalé avec une juste indignation et un courage digne d'éloges les dangereuses et immorales subtilités de la casuistique; que pensait Bossuet sur ce point? La sœur Cornuau va nous l'apprendre : « Ce saint prélat lui avait confié qu'il n'étudiait jamais ces matières. » Voilà Bossuet médiocrement partisan de la casuistique; c'est un illustre auxiliaire sur lequel on ne comptait pas [1].

---

[1] Il faut citer ce passage tout entier, devant lequel tombent toutes les insinuations qu'on pourrait faire contre la parfaite pureté de Bossuet :

« La maxime de ce saint prélat était, en fait de tentations, et

Le point sur lequel M. Michelet insiste, c'est le quiétisme pratique de Bossuet. On ne peut être embarrassé en contredisant ici M. Michelet que

particulièrement de celles qui regardent la pureté, de ne pas se laisser inquiéter, ni agiter par trop de réflexions, et de ne pas souffrir que les âmes que Dieu exerçait par ces sortes d'épreuves fissent trop de retour sur ces peines, quand particulièrement ces âmes avaient toute la fidélité qu'elles devaient pour ne donner aucune prise au tentateur. Lorsqu'on lui avait dit en peu de paroles, ou plutôt à demi-mot, ses peines, ses craintes, ses doutes et ses embarras là-dessus, c'était assez : Dieu lui donnait les lumières dont il avait besoin dans ces sortes d'humiliations, et *il ne faisait jamais de questions gênantes sur ce sujet* : au contraire, il aidait, il consolait et encourageait une âme peinée avec une douceur et une compassion qui charmaient. *Il gémissait au fond de son cœur de la torture où tant de gens mettent les âmes par trop de questions sur cet article;* il entendait les âmes timorées et à Dieu. Il n'a rien tant recommandé à cette personne que cette conduite ; parce qu'elle s'est trouvée avoir à instruire des personnes sur cette matière. *Il disait qu'il pouvait arriver qu'en pensant à guérir ces sortes de peines, et prévenir les suites qu'elles pouvaient attirer, on y faisait tomber les âmes, en leur échauffant l'imagination par tant de questions, et pour vouloir trop approfondir; qu'il fallait, quand on était obligé de parler de ces sortes de peines et de les entendre, ne tenir à la terre que du bout du pied.* Mais il ne voulait pas aussi que l'on fût trop craintif là-dessus ; il voulait au contraire que l'on gardât ce milieu que la charité et l'amour de Dieu sait faire trouver, qui fait dire les choses nécessaires et taire les inutiles dans cette matière si délicate. *Ce saint prélat a dit en confidence à cette personne, qu'il n'étudiait jamais ces matières;* que cependant Dieu lui donnait des lumières dont il avait besoin dans les cas où il était consulté, *qu'après cela, il ne savait plus rien.* Cette personne a remarqué, dans les entretiens qu'elle a été obligée d'avoir avec ce prélat sur ces articles, *qu'il était pur comme un ange.* » (*Second avertissement de la sœur Cornuau*, tome XI, p. 301 et suiv.)

pour le choix des preuves. Bossuet, partisan des voies passives, Bossuet, ennemi de l'action et de l'œuvre, Bossuet, molinosiste, c'est la plus étrange illusion qui ait jamais traversé l'esprit d'un historien. Premièrement, il faut considérer que Bossuet s'adresse à des religieuses vouées à la vie contemplative, à des âmes mystiques, d'autant plus agitées d'ordinaire qu'elles soupirent davantage après la paix. Que faire avec de pareilles âmes? Se proportionner à elles, pour les calmer et les affermir; c'est ce que pratique constamment Bossuet avec une sévérité et en même temps une douceur, une droiture et à la fois une finesse, une hauteur et une simplicité qui touchent et pénètrent, et font concevoir pour un si grand homme je ne sais quelle vénération mêlée de tendresse.

Voici quelques passages que je me permettrai de recommander à l'attention de M. Michelet :

« Les âmes mystiques doivent beaucoup modérer leur activité et vivacité naturelles, avec toute l'inquiétude qui les accompagne, et la tourner peu à peu en une action tranquille, ferme et persévérante. »

« Ne faites aucun effort de tête ni même de cœur pour vous unir à votre époux [1], p. 352. »

---

[1] On soutient que ce passage est éminemment quiétiste, sous prétexte que l'effort, l'action, y sont interdits. C'est s'arrêter à la lettre du passage pour n'en pas voir l'esprit; c'est abuser d'une phrase isolée qui demande, pour être entendue dans son vrai sens, qu'on ne la sépare pas de celles qui l'accompagnent et l'expliquent. Bossuet, après avoir dit à la sœur Cornuau : *Ne faites aucun effort,*

« Les oraisons passives et extraordinaires sont plus dangereuses qu'on ne pense.... Ces mouvements sont de pieuses extravagances d'un amour que sa violence rend insensé (p. 364). »

Est-ce là du quiétisme ? Veut-on un passage décisif ? Bossuet écrit sur l'oraison à une religieuse qui inclinait aux voies passives :

« Ce n'est pas là l'oraison ni la piété que Jésus-Christ nous a enseignée. La simplicité en est la marque ; la charité en est l'âme ; Jésus-Christ en est le soutien. N'allez pas contracter une habitude d'orgueilleuse et présomptueuse paresse qui mène à la langueur, et par la langueur à la mort (p. 395). »

ajoute deux lignes après: *Ne faites rien d'extraordinaire*, ce qui achève sa pensée et la caractérise d'une manière si claire que toute méprise, chez un lecteur de sang-froid, paraît impossible. Dans la même lettre, Bossuet revient encore sur ce point, et le touche avec la dernière précision. « Ce qu'on demande ordinairement, dit-il, quand on demande des moyens, c'est à quelles pratiques particulières, extérieures ou intérieures, il faut s'attacher, *ou quels efforts il faut faire* ; au lieu que très-souvent le moyen, c'est de ne faire aucun *effort violent*, et de ne faire dépendre son action d'aucune pratique particulière, etc. » (Lettre 86, p. 353 du t. XI. Je pourrais citer cent passages analogues ; en voici quelques-uns plus particulièrement remarquables et décisifs : « La seule règle est de *ne rien forcer*, parce que *cet effort trop vif et trop marqué*, ordinairement est un effet d'une imagination échauffée, qu'il faut bannir et tenir captive autant qu'on peut. » — « Il faut surtout observer de ne pas tourmenter sa tête, ni même de ne pas trop exciter son cœur ; mais de prendre ce qui se présente à la vue de l'âme ; *et sans ces efforts violents, qui sont plus imaginaires que véritables et*

Quels sont les inconvénients de la vie contemplative, du mysticisme pratique ? Le mépris des créatures, l'abus des austérités, les hallucinations de l'imagination. Écoutons Bossuet. Il écrit à des religieuses :

« La créature en elle-même n'est que mensonge et que péché; mais par rapport à Dieu, qui nous attache à le servir dans ses enfants, et à Jésus-Christ, qui veut que nous l'honorions dans ses membres, nous ne devons point mépriser les créatures, parce qu'on le trouve en elles (p. 378). »

« Donnez les heures nécessaires au sommeil, ce qui est d'une conséquence extrême dans la disposition que vous avez de vous échauffer le sang. L'obéissance, la discrétion et l'édification valent mieux

fonciers, se laisser doucement attirer à Dieu. » XI, page 305.) — « Prenez bien garde, ma fille, que je ne vous défends pas l'action; ce n'est pas là mon esprit.... » (Page 342.) — « J'approuve vos désirs, mais je blâme l'inquiétude et l'impatience : Je tolère l'empressement, mais je condamne absolument l'agitation. » Page 383. — « Calmez-vous, ne vous agitez pas davantage ; l'Époux bien assurément vous veut moins active.... nul mouvement irrégulier.... » Page 353.) — « Il faut modérer ces vivacités et ces empressements par une entière soumission à la volonté de Dieu.... Autant que je le puis penser, c'est là adorer Dieu en vérité, lorsqu'on joint à la vérité de ce désir la vérité de la pratique, c'est-à-dire, des œuvres qui soient véritablement selon Dieu. » Page 335.

Tout lecteur impartial décidera après avoir lu ces passages, qui mérite ici le reproche de ne pas entendre le quiétisme, et qui a confondu une règle de sagesse et de mesure donnée à l'activité exubérante d'une âme mystique avec cette proscription de l'action qui fait à des degrés divers l'erreur de Fénelon et de Molinos.

que les oraisons, les pénitences, et même, en un sens, que les communions (p. 316). »

« Laissez là toutes ces pensées d'une règle plus étroite. Ce n'est qu'amusement d'esprit. Accomplissez vos devoirs selon l'état où vous êtes (p. 396). »

« Cet effort qui fait qu'on voudrait mettre son corps en pièces est un excès et une illusion (p. 321). »

« Il ne faut rien désirer, ni ravissements, ni extases, mais seulement d'aimer Dieu (p. 466). »

« Souvenez-vous de ce que vous devez au prochain dans votre état; si vous y manquiez, tout le reste s'en irait en fumée (p. 324). »

Voilà l'homme que M. Michelet nous dépeint comme un quiétiste, un ennemi de l'activité et de la liberté morale[1], et tout cela pour soutenir cette thèse, que l'esprit de la direction spirituelle dans le catholicisme, c'est l'anéantissement de la volonté, et cette autre thèse non moins fausse, non moins contraire à l'histoire, que les institutions religieuses, et particulièrement celles du christianisme étouffent la liberté morale. Que conclure de ces erreurs d'un homme de science et d'esprit que la passion égare? Ce n'est point une petite conclusion que nous avons dessein d'en

---

[1] Peut-être paraîtra-t-il inutile de rien ajouter à ce qui précède pour réduire à sa juste valeur cette thèse étrange et inouïe du quiétisme pratique de Bossuet. Mais l'auteur du *Prêtre* ayant cru devoir insister et maintenir son premier sentiment, nous avons pensé que des éclaircissements étendus ne seraient pas dépourvus de quelque intérêt. On les trouvera à la fin du volume, note C.

tirer, et nous la croyons assez importante pour lui donner tout le développement nécessaire : cette conclusion, c'est que l'attitude que M. Michelet veut donner à la philosophie à l'égard des institutions religieuses est fausse et pleine de dangers, et qu'il en est une autre plus digne et plus forte, non moins libre, non moins sincère, mais mieux appropriée à la nature de la philosophie, à la destinée à venir des institutions religieuses, enfin à l'état actuel de la société. Caractériser cette attitude, c'est ce qui nous a mis la plume à la main, et décidé à combattre avec franchise un écrivain dont nous honorons le caractère et le talent.

III.

Nous concevons deux sortes de critique des institutions religieuses, l'une appuyée sur la philosophie et l'histoire, pesant dans ses impartiales mains le bien et le mal, le vrai et le faux, sincère, mais équitable; hardie, mais toujours maîtresse d'elle-même; libre, mais d'une liberté que la raison éclaire, que le seul amour de la vérité inspire, que la justice règle et conduit; l'autre, haineuse, violente, qui veut moins expliquer les institutions religieuses que les décrier et les abolir, ne cherchant dans l'histoire et dans la science que des armes pour le combat, peu scrupuleuse sur les moyens de détruire, ne respectant rien, n'épargnant rien, mêlant le vrai et le faux, le bien et le mal, féconde en assertions tranchantes, en inductions téméraires, en accusations passionnées.

Où peut conduire cette dernière sorte de critique? Tout au plus à l'ébranlement passager des institutions religieuses; mais elle est stérile pour la science. L'autre, au contraire, a des résultats positifs et un but assuré ; but lointain, il est vrai, mais dont elle se rapproche chaque jour. Nous la caractériserons d'un seul mot. Elle découvre partout dans les plus mystérieuses profondeurs des institutions religieuses la raison humaine et ses lois. Or, la raison, venant ainsi à reconnaître dans l'histoire ses propres développements, se comprend, s'absout elle-même, et se fortifie de plus en plus dans le sentiment de sa grandeur et de ses destinées. Le résultat de cette haute critique des institutions religieuses, c'est donc de les comprendre, de les expliquer, de les absoudre, et finalement d'y substituer par degrés l'action directe et immédiate de la raison, qui doit un jour appeler tous les hommes, même les plus humbles, à la comprendre en elle-même, et à savoir tout ce qu'elle est et tout ce qu'elle peut.

Quelle est celle de ces deux critiques dont le livre de M. Michelet nous donne l'exemple? On l'a vu. Nous croyons avoir démontré que le livre de M. Michelet, une fois dépouillé de sa brillante parure d'anecdotes et de portraits et réduit à l'essentiel, ne soutient pas le premier choc d'une discussion sérieuse. Ce sont en général des vues de détail, des aperçus ingénieux, mais partiels, généralisés sans mesure avec l'intempérance d'une imagination ardente et l'emportement d'une passion qui ne peut se contenir. C'est donc là un livre de colère et de haine [1], et non un livre de

[1] Nous avons cru reconnaître ce caractère dans le plan même de l'ouvrage, visiblement composé pour atteindre tour à tour par des soupçons habilement éveillés les personnages les plus vénérés et les plus purs dont s'honore le christianisme, saint François de Sales, madame de Chantal, Fénelon, Bossuet lui-même. Nous indiquerons aussi les passages suivants, où éclatent avec une particulière véhémence les sentiments dont l'auteur est animé :

« Allez, vantez-moi vos privations, vos macérations! J'en suis bien touché!... Croyez-vous qu'à travers cette robe sèche, ce maigre corps, et dans ce cœur pâle, je ne vois pas la profonde, exquise et délirante jouissance d'orgueil qui fait l'être même du prêtre? Ce qu'il emporte dans sa robe et couve si jalousement, c'est ce trésor d'orgueil terrible.... ses mains en tremblent, un feu jaune en luit dans ses yeux baissés..... oh! combien il hait tout ce qui lui fait obstacle, tout ce qui empêche son infini d'être infini! comme il en désire, d'un cœur infini, l'anéantissement.... oh! qu'il est diabolique de haïr en Dieu! » (*Du Prêtre*, page 261.)

En un autre endroit, l'auteur, quittant ce ton de véhémence, dit d'un édifice laid, froid et monotone, qu'il a *l'air prêtre*. Voici des passages plus sérieux :

« Il dira (le prêtre) à sa créature : « Dieu t'avait créée telle; autre je t'ai faite, en sorte que n'étant plus sienne, mais mienne, tu es *moi*, mon *moi* inférieur, qui ne se distingue plus de moi que pour m'adorer. »

« Créature dépendante, comment n'aurais-tu pas cédé? Dieu cède bien à ma parole, quand je le fais descendre à l'autel. Le Christ s'humilie, et, docile, vient, à mon heure, à mon signe, prendre la place du pain qui n'est plus. » *Du Prêtre*, page 259.

L'auteur ne se lasse pas de revenir sur cette pensée : « Homme orgueilleux, dit-il au prêtre, qui, tous les jours, sommez votre Créateur de descendre sur l'autel, etc.... Vous qui d'un grain de

science et de sérieuse critique. On dit autour de nous que ce livre est hardi; nullement, c'est faible et violent qu'il faut dire. J'appelle hardi un livre comme le *Traité théologico-politique*, où des idées vraiment neuves sur la religion sont appuyées sur une critique profonde des saintes Écritures ; j'appelle hardi un livre comme *la Vie de Jésus-Christ* du docteur Strauss, dont un éloquent écrivain rendait compte dans ce recueil d'une manière si brillante et avec de si justes réserves ; livre plein d'erreurs, mais où une érudition forte et solide est mise au service d'une conception originale : voilà des livres vraiment hardis ; mais qu'y a-t-il au monde de moins hardi qu'une attaque contre le célibat des prêtres et la confession? Cela était nouveau il y a trois siècles. Où est la hardiesse de soutenir qu'un prêtre qui fait Dieu avec du pain peut aussi bien faire que l'impair soit pair? Spinoza a dit cela hardiment au xviie siècle, mais le xviiie l'a rendu banal [1]. M. Michelet est fort plaisant sur Marie Alaco-

froment savez faire un Dieu, etc., etc. » (*Du Prêtre*, p. 277). On voit clairement d'après ces passages, qu'il serait aussi aisé qu'inutile de multiplier, que l'intention de l'auteur a été d'attaquer le sacerdoce catholique, non-seulement dans ses abus, mais dans son essence, non-seulement dans telle ou telle institution susceptible de réforme et de changement, mais dans celle qui fait le fond de toutes les autres, la messe. Au surplus, les protestants ne s'y sont pas plus trompés que les catholiques, et personne n'a pris au sérieux les protestations sentimentales de dévouement adressées aux prêtres par l'auteur à la fin de son livre. Il s'agit des *prêtres de l'avenir*.

[1] « Tout prêtre, dit M. Michelet (p. 260), pouvant faire Dieu,

que, mais peut-il espérer l'être plus que Voltaire? La hardiesse consisterait-elle à dire que le christianisme détruit la liberté morale, que les grands docteurs de l'Église sont fatalistes, que Bossuet et Molinos ne diffèrent pas dans la pratique? Ces hardiesses-là ont un autre nom.

Allons droit à la vraie question. M. Michelet pousse à la dissolution des institutions religieuses, cela n'est pas contestable. Que veut-il mettre à la place? Apparemment la philosophie, à moins que ce ne soit une religion nouvelle. Expliquons-nous amplement là-dessus.

S'il est un besoin essentiel, universel, de toute société humaine, c'est l'existence d'un ministère spirituel. L'homme ne vit pas seulement de pain; il

peut tout aussi bien faire que l'impair soit pair, que ce qui est dit n'ait point été dit.... »

Ce passage paraîtra faible à côté de ceux qu'il rappelle :

« Toutes ces énormités, écrit Spinoza à un catholique, seraient tolérables encore si vous adoriez un Dieu infini et éternel. Mais non : votre Dieu, c'est celui que Chastillon, à Tienen, donna impunément à manger à ses chevaux. Et c'est vous qui déplorez mon aveuglement! c'est vous qui ne voyez que chimères dans ma philosophie, dont vous ne savez pas le premier mot! Vous avez donc entièrement perdu le sens, bon jeune homme? et il faut que votre esprit ait été fasciné, puisque vous croyez maintenant que le Dieu suprême et éternel devient la pâture de votre corps et séjourne dans vos entrailles. » (*Œuvres de Spinoza*, trad. franç., tome II, p. 431).

On connaît le mot de Diderot : « Ce corps se moisit, ce sang s'aigrit. Ce Dieu est dévoré par les mites sur son autel. Peuple aveugle, Égyptien imbécile, ouvre donc les yeux! » (*Pensées philosoph.*, XXX.)

faut à son âme une nourriture qui le soutienne et le fortifie; en d'autres termes, il lui faut des idées religieuses et morales. Ce qui, dans une société, donne aux hommes l'aliment de l'âme, c'est ce que j'appelle le ministère spirituel.

Il y a deux grandes puissances capables d'exercer le ministère spirituel : la philosophie et la religion; toutes deux ont pour objet de donner à l'homme le pain de l'âme, je veux dire un système de croyances religieuses et morales. Il n'a jamais existé une société où le ministère spirituel n'ait été exercé, soit par la philosophie, soit par la religion, soit par toutes deux ensemble, tantôt unies, tantôt divisées, tantôt subordonnées l'une à l'autre. Une société sans religion et sans philosophie n'existerait pas une année; il faudrait la composer d'hommes qui pourraient se passer du ministère spirituel, c'est-à-dire d'hommes qui auraient un corps et des besoins physiques, et n'auraient point d'âme ni de besoins moraux.

En Europe, au moyen âge, le ministère spirituel a été exercé par la religion catholique à l'exclusion de toute autre puissance. Au xvie siècle, on voit apparaître, et au xviie se constituer un autre pouvoir spirituel, celui de la raison affranchie, celui de la philosophie. Les philosophes entrent en partage du ministère spirituel; ils répandent dans la société des idées religieuses et morales; ils parlent aux hommes de Dieu et du devoir. Depuis Descartes, ce droit des philosophes a toujours été sans doute plus ou moins contesté, et quel droit en ce monde a le privilége de ne pas l'être? mais grâce à la révolution française, la raison publique reconnaît aujourd'hui à la philosophie tout aussi bien qu'à la religion le droit d'exercer le ministère spirituel, le droit de répandre parmi les hommes des idées morales et religieuses.

Or, voici un écrivain qui déclare le christianisme impuissant désormais à parler aux hommes de leur destinée et de leur divin principe. Supposons que la religion chrétienne soit en effet reconnue incapable d'exercer cette fonction sublime, qui en sera investi à sa place? car enfin, il faut à la société un ministère spirituel qui ait le caractère de l'universalité, qui embrasse tous les membres qui la composent, les grands et les petits, les riches et les pauvres, les savants et les ignorants, les femmes comme les hommes, les enfants comme les vieillards. La religion chrétienne étant déchue, énervée, morte, si l'on en croit M. Michelet, elle ne remplit plus ce saint ministère. Qui le remplira? Il y a trois réponses à cette question.

On peut espérer remplacer la religion chrétienne et en général les religions positives par la philosophie, ou par une religion nouvelle, ou par la simple religion naturelle. Si absurdes que puissent paraître à des esprits sérieux, à des hommes d'expérience et de pratique, ces deux dernières solutions du problème, discutons-les rapidement.

Au XVIII° siècle, la religion naturelle était fort à

la mode. Cette chimère s'est évanouie au premier souffle de l'expérience. La religion naturelle, telle au moins qu'on l'entendait au xviii° siècle, a un malheur suprême, c'est qu'elle n'existe pas ; c'est un être d'imagination et de fantaisie. J'appellerais religion naturelle un certain corps de dogmes religieux et de règles morales qui seraient communs à tout le genre humain, qu'on trouverait identiques, permanents, éternels, chez tous les hommes, sauvages ou civilisés, anciens ou modernes. Un tel corps de doctrine ne se rencontre nulle part. Il n'y a qu'un seul point commun à tous les systèmes religieux, c'est l'idée de Dieu ; mais je défie d'articuler un dogme précis qui se trouve au sein de tous les cultes. La nature a placé en nous les germes sacrés de la religion et de la morale ; c'est l'ouvrage et c'est l'honneur de la civilisation de les développer d'âge en âge. L'histoire de l'humanité à son titre le plus relevé, c'est l'histoire de l'idée de Dieu parmi les hommes, ou, en d'autres termes, l'histoire des croyances religieuses et des systèmes philosophiques. Chaque religion, chaque système de philosophie est un développement particulier de l'idée de Dieu ; l'ordre, les lois, le progrès de ce développement, c'est l'ordre, ce sont les lois mêmes que la Providence divine a données à l'intelligence. Otez les religions et les philosophies, vous ôtez la civilisation. Otez la civilisation, vous n'ôtez pas sans doute le germe de l'idée religieuse et morale, mais vous le rendez stérile. Quand un éloquent écrivain du siècle dernier prétendit écrire le symbole de la religion naturelle sous l'inspiration de sa seule conscience, il l'écrivait, en effet, sous la dictée d'une philosophie préparée par le christianisme. Ce n'est pas l'homme de la nature qui parle dans la profession de foi du vicaire savoyard, c'est un prêtre devenu philosophe. L'homme de la nature est encore un être de fantaisie, créé par l'imagination des philosophes du xviiie siècle. Ce fantôme s'est évanoui ; que la religion naturelle aille le rejoindre.

Une religion nouvelle, est-ce là une pensée plus sérieuse ? Qu'on veuille bien s'entendre. Il ne peut être question ici que d'une religion positive, c'est l'hypothèse que nous discutons. Une religion positive a un dogme ; elle a une morale, un culte, des symboles, des ministres, des autels. La religion païenne avait tout cela. Quand la religion chrétienne est venue la détruire et s'y substituer, elle a offert aux hommes d'autres dogmes, d'autres symboles, une autre morale, d'autres autels. Est-ce une révolution de ce genre qu'on nous propose ? Allons-nous voir un nouveau Messie, des révélateurs comme Moïse ou Orphée, un conquérant-prophète comme Mahomet ? Faut-il discuter sérieusement de telles folies ? Songerait-on à une transformation du christianisme ? Autre chimère, autre folie qu'une expérience décisive a déjà plusieurs fois condamnée. Conserver les symboles d'une religion positive en y faisant pénétrer un esprit nouveau, telle a été l'entreprise, audacieuse et stérile, d'une école célèbre. Des hommes de génie y ont mis la main. Un empereur y a épuisé sa vie et les ressorts du gouvernement le plus puissant qui fut jamais. Cette tentative a échoué. Ce qui a été impossible au III° et au IV° siècle de l'ère chrétienne sera-t-il praticable aujourd'hui? Où sont les Plotin, les Porphyre, les Julien du XIX° siècle? Mais supposez qu'il se rencontrât de plus grands hommes encore pour entreprendre un tel dessein; ils ne détruiraient pas la nature des choses, et il resterait tout aussi impossible de conserver un symbole après en avoir changé l'esprit, que de faire passer une âme d'un corps dans un autre. Une révélation nouvelle, un christianisme nouveau, ce ne sont donc que des illusions et des chimères bonnes à repaître des imaginations malades, et qui ne peuvent séduire un instant un esprit raisonnable un peu versé dans l'histoire du genre humain.

Nous sommes persuadés d'avance que M. Michelet repousse également ces deux systèmes, et qu'il est au fond aussi éloigné de vouloir confier le ministère spirituel des sociétés modernes à une religion nouvelle, que de l'abandonner à la religion naturelle, ce qui revient, comme on l'a vu, à le supprimer. L'illusion de ceux qui espèrent une religion nouvelle est encore respectable, car enfin ils veulent un ministère spirituel; seulement ils n'en savent pas les conditions; mais ceux qui parlent de la religion de la nature et qui s'entendent eux-mêmes ne veulent pas de religion du tout.

Quelle que soit pourtant notre répugnance à ranger M. Michelet dans l'une quelconque de ces deux catégories, nous ne cacherons pas que certains passages de son livre nous ont causé une vive inquiétude. Ce n'est sans doute qu'un défaut de son style, où la solennité des formes, une sorte d'obscurité mystérieuse qui ne paraît pas déplaire à l'auteur, un certain air d'inspiration étranger à la gravité de l'histoire, à la précision sévère de la science, dénoteraient quelquefois un penchant assez marqué vers un nouveau dogmatisme religieux. M. Michelet parle souvent de la religion de l'avenir, du prêtre de l'avenir. Y aurait-il là-dessous quelque mystère que des déclarations plus précises éclairciront par la suite ? Nous en doutons. Nous nous souvenons que M. Michelet écrivait, il y a quelques années :

« J'ai baisé de bon cœur la croix de bois qui s'élève au milieu du Colysée.... Aujourd'hui encore, cette croix n'est-elle pas l'unique asile de l'âme religieuse? L'autel a perdu ses honneurs.... Mais, je vous en prie, oh! dites-le-moi, si vous le savez, s'est-il élevé un autre autel[1] ? »

Nous aimons à croire que M. Michelet est aussi embarrassé aujourd'hui qu'il y a quinze ans pour découvrir une religion nouvelle. Que penser toutefois de ce passage de son nouveau livre :

[1] *Introduction à l'histoire universelle*, p. 22.

« Homme, tu cherches Dieu du ciel à l'abîme.... mais il est à ton foyer.... L'homme, la femme et l'enfant, l'unité des trois personnes, leur médiation mutuelle, voilà le mystère des mystères [1]. »

Ce ton solennel, ce langage mystique, ces mots sacramentels de trinité, de mystère, de médiation, nous avaient un instant fait croire que M. Michelet nous promettait un symbole nouveau. Nous nous sommes rassuré en trouvant à la fin de son ouvrage, à titre de conclusion positive, une théorie de l'amour, familière à tous les grands docteurs du christianisme, celle-là même que l'Eglise opposait jadis à l'école d'Alexandrie par l'organe de ses conciles, et que Bossuet revendiquait au xviie siècle contre le mysticisme de Fénelon. Le fond de cette antique et sage théorie, c'est que l'amour n'a pas pour fin l'absorption de l'âme dans l'objet aimé, mais le développement, le perfectionnement de celui qui aime; en un mot, l'amour ne tend pas à la mort, mais à la vie. Nous faisons honneur de cette théorie au christianisme ; mais elle est beaucoup plus vieille encore, et M. Michelet, qui l'expose avec talent, a pu s'inspirer à la fois de l'Évangile et du *Banquet* [2].

[1] *Du Prêtre*, etc., p. 323.
[2] Il nous suffira de citer quelques passages de l'incomparable dialogue : « Quelle est la recherche et la poursuite particulière du bon à laquelle s'applique proprement le nom d'amour ? Pourrais-tu me le dire ? — Socrate : Non, Diotime : autrement je ne serais pas en admiration devant ta sagesse, et je ne viendrais pas vers toi pour que tu m'apprennes ces secrets. — Diotime : C'est donc à moi de

M. Michelet, en mille passages, est si éloigné de la chimère d'une religion nouvelle, que nous le

te le dire : c'est la production dans la beauté, selon le corps et selon l'esprit. — Socrate : Ceci demanderait un devin, lui dis-je : pour moi, je ne comprends point. — Diotime : Eh bien ! je vais m'expliquer. Oui, Socrate, tous les hommes sont féconds selon le corps et selon l'esprit : et à peine arrivés à un certain âge, notre nature demande à produire. Or, elle ne peut produire dans la laideur, mais dans la beauté ; l'union de l'homme et de la femme est production, et cette production est œuvre divine : fécondation, génération, voilà ce qui fait l'immortalité de l'animal mortel.... Voilà, Socrate, par quel arrangement l'être mortel participe de l'immortalité.... Pour l'être immortel, c'est autre chose.... Ceux qui sont féconds selon le corps, préfèrent s'adresser aux femmes, et leur manière d'être amoureux, c'est de procréer des enfants, pour s'assurer l'immortalité, la perpétuité de leur nom et le bonheur, à ce qu'ils s'imaginent, dans un avenir sans fin. Mais pour ceux qui sont féconds selon l'esprit.... et, ajouta Diotime en s'interrompant, il en est qui sont plus féconds d'esprit que de corps, pour les choses qu'il appartient à l'esprit de produire. Or, qu'appartient-il à l'esprit de produire ? La sagesse et les vertus, qui doivent leur naissance aux poëtes, et généralement à tous les artistes doués du génie de l'invention. Mais la plus haute et la plus belle de toutes les sagesses est celle qui établit l'ordre et les lois dans les cités et les sociétés humaines : elle se nomme prudence et justice. Quand donc un mortel divin porte en son âme dès l'enfance les nobles germes de ces vertus, et qu'arrivé à l'âge mûr il éprouve le désir d'engendrer et de produire, alors il s'en va cherchant de côté et d'autre la beauté dans laquelle il pourra exercer sa fécondité, ce qu'il ne pourrait jamais faire dans la laideur. Pressé de ce besoin, il aime les beaux corps de préférence aux laids, et s'il y rencontre une âme belle, généreuse et bien née, cette réunion en un même sujet lui plaît souverainement. Auprès d'un être pareil, il lui vient une foule d'éloquents discours sur la vertu, sur les devoirs et les occupations de l'homme de bien ; enfin, il se voue à l'instruire. Ainsi, par le

voyons incliner assez fortement vers la religion naturelle. On sait que le problème du xix⁰ siècle est pour lui la réconciliation spirituelle de l'épouse et de l'époux. « Cela ne peut aller ainsi, s'écrie M. Michelet ; il faut que le mariage redevienne le mariage. » Comment cela? M. Michelet nous le dit d'une manière sommaire, mais expressive :

contact et la fréquentation de la beauté, il développe et met au jour les fruits dont il portait le germe : absent ou présent il y pense sans cesse et les nourrit en commun avec son bien-aimé. Leur lien est bien plus intime que celui de la famille, et leur affection bien plus forte, puisque leurs enfants sont bien plus beaux et plus immortels.... J'ai bien pu, Socrate, t'initier jusque-là dans les mystères de l'amour ; mais pour les derniers degrés de ce mystère et les révélations les plus secrètes auxquelles tout ce que je viens de te dire n'est qu'une préparation, je ne sais trop si tu pourras suivre même un bon guide.... O mon cher Socrate, continua l'étrangère de Mantinée, ce qui peut donner du prix à cette vie, c'est le spectacle de la beauté éternelle.... Je le demande, quelle ne serait pas la destinée d'un mortel à qui il serait donné de contempler le beau sans mélange, dans sa pureté et sa simplicité, non plus revêtu de chairs et de couleurs humaines, et de tous ces vains agréments condamnés à périr ; à qui il serait donné de voir face à face sous sa forme unique, la beauté divine! Penses-tu qu'il eût à se plaindre de son partage celui qui, dirigeant ses regards sur un tel objet, s'attacherait à sa contemplation et à son commerce? Et n'est-ce pas seulement en contemplant la beauté éternelle avec le seul organe par lequel elle soit visible, qu'il pourra y enfanter et y produire, non des images de vertus, parce que ce n'est pas à des images qu'il s'attache, mais des vertus réelles et vraies, parce que c'est la vérité seule qu'il aime? Or, c'est à celui qui enfante la véritable vertu et qui la nourrit, qu'il appartient d'être chéri de Dieu : c'est à lui plus qu'à tout autre homme qu'il appartient d'être immortel. » Platon, *Banquet*, trad. de M. Cousin, tome VI, page 306 et suiv.

« Que cela n'arrive plus. Voyons, reprenez-vous la main. N'entendez-vous pas que votre enfant pleure? Le passé et l'avenir, vous l'alliez chercher dans des routes différentes; mais il est ici : vous trouverez l'un et l'autre tout ensemble au berceau de votre enfant [1]. »

Si je ne me trompe, voilà bien la religion de la nature. Le père, la mère, l'enfant, c'est à coup sûr un système extrêmement simple : c'est celui des sauvages; encore les sauvages ont-ils un culte, germe grossier, mais déjà sublime de la religion. M. Michelet ajoute, il est vrai, à son système un quatrième ressort, et c'est un prêtre, mais le prêtre de l'avenir, c'est-à-dire un vieillard [2], qui sera « l'homme de tous, l'homme qui appartient aux pauvres, l'arbitre conciliant qui empêche les procès, le *médecin hygiénique* qui prévient les maux [3]. » Avec tout le respect que mérite un homme du talent de M. Michelet, convenons que ce prêtre en cheveux blancs, juge et médecin, est un peu ridicule; c'est au moins un ressort inutile que la parfaite simplicité du système devait faire absolument supprimer.

Arrivons au point le plus sérieux de cette controverse. Il y a dans le monde moderne deux puissances spirituelles, la religion chrétienne et la philoso-

[1] *Du Prêtre*, préface, p. 14 et 15.
[2] *Du Prêtre, de la Femme*, etc., p. 331.
[3] Dans la nouvelle édition de son livre, l'auteur s'est radouci. Il ne demande plus que le prêtre de l'avenir soit un vieillard; il suffit qu'il soit veuf. Préface de la troisième édit., p. 5.

phie ; tout le reste n'existe que dans l'imagination des faiseurs d'utopies. La philosophie est-elle capable, à l'époque où nous sommes, d'exercer à elle seule le ministère spirituel? voilà la véritable question.

Nous nous adressons ici aux hommes pratiques, non pas aux hommes d'imagination qui s'exaltent dans la solitude du cabinet, non pas aux hommes à qui la haine du catholicisme ou simplement celle des jésuites ôte la faculté d'apprécier sainement les choses, mais aux hommes qui connaissent à la fois les limites de la spéculation et les nécessités de la vie pratique, et nous leur demandons ce qu'ils pensent du dessein de confier à la philosophie toute seule, réduite à ses seules ressources et dans l'hypothèse de la dissolution prochaine des institutions religieuses, l'exercice universel du ministère spirituel dans les sociétés modernes. Il ne s'agit pas ici d'avoir plus ou moins de courage, mais d'avoir plus ou moins de bon sens, de connaître ou de ne pas connaître la nature humaine, de savoir ou de ne pas savoir ce que peut la philosophie, et quelles sont les conditions de son développement parmi les hommes. Voilà les philosophes chargés de parler à leurs semblables de Dieu et de la vie future. Les voilà, en face de l'humanité, chargés de suffire à ce besoin religieux, honneur et tourment de la nature humaine, le plus universel, le plus impérieux de tous. Les âmes d'élite ne sont pas les seules où le sentiment religieux vive et se déploie. Nulle âme humaine n'y est étrangère. L'homme du peuple, courbé sur le sillon, s'arrête pour songer à Dieu, pour se fortifier et se relever dans cette pensée. Il sent peser sur lui et le fardeau de la responsabilité morale et le mystère de la destinée humaine. Qui lui parlera des choses divines? Seront-ce les philosophes? Les philosophes font des livres. Qu'importe au peuple, qui ne les peut lire, et qui, s'il les lisait, ne les comprendrait pas? Se représente-t-on Kant et Locke prédicateurs de morale et de religion? D'ailleurs, tout besoin universel de la nature humaine demande un développement régulier. Si ce besoin est laissé à lui-même, il se déprave, il s'égare. Supposez le peuple le plus éclairé de l'Europe moderne privé d'institutions religieuses; voilà la porte ouverte à toutes les folies. Les sectes vont naître par milliers. Les rues vont se remplir de prophètes et de messies. Chaque père de famille sera pontife d'une religion différente. Si donc la philosophie veut exercer le ministère spirituel, il faudra qu'elle lutte contre cette anarchie des croyances individuelles, qu'elle donne aux hommes un symbole de foi, un catéchisme. Car on ne fera pas lire apparemment aux ouvriers les *Méditations* de Descartes ou la *Théodicée* de Leibnitz. Or, ce catéchisme si nécessaire, qui le composera? un concile de philosophes? Qui leur déléguera leurs pouvoirs? Qui promulguera leurs décisions? Cette nouvelle Église se déclarera-t-elle infaillible? aura-t-elle un pape? Quel homme, sachant qu'il n'est qu'un homme, osera dire à ses semblables : Voici l'évangile, voici le livre de vie et de vérité? Et s'il en est un assez orgueilleux pour le dire, en trouvera-t-il un autre qui le veuille croire?

C'est donc une chose palpable, évidente à tout homme de bon sens, que la philosophie est incapable de se charger à elle seule du ministère spirituel dans les sociétés modernes.

Nous nous attendons à une objection : on se plaindra que nous voulions réduire la philosophie à l'inertie, en l'enfermant dans la région de la science et en lui interdisant la prédication universelle des idées morales et religieuses ; on nous reprochera notre timidité, notre indifférence, qui sait? peut-être notre hypocrisie. Si graves que soient ces reproches, nous nous sentons dans un calme profond devant ceux qui pourront nous les adresser, ayant en nous une invincible persuasion que nous ne les méritons pas. Expliquons-nous nettement.

On nous dira, et ce sont les modernes voltairiens qui tiendront ce langage : Vous proclamez que la philosophie est incapable de remplacer la religion ; vous admettez donc que la philosophie et la religion sont deux puissances également légitimes, également indépendantes, également immortelles. Il faut donc qu'il y ait entre elles une différence naturelle et absolue ; car comment expliquer autrement l'impossibilité de les fondre l'une dans l'autre, s'il est vrai qu'elles répondent aux mêmes besoins, agitent les mêmes problèmes, se proposent les mêmes objets? Il faut donc ramener de nos jours l'antique distinction des vérités naturelles et des vérités surnaturelles, donner à la religion et à la philosophie deux domaines parfaitement séparés, à l'une les vérités de la raison, à l'autre les vérités de la foi ; en un mot, il faut en revenir à Descartes et au xviie siècle. Or, premièrement, la distinction des vérités naturelles et des vérités surnaturelles est fausse. Il n'y a pas de vérités surnaturelles ; il n'y a d'autre source de vérité parmi les hommes que la raison. La raison est divine sans doute dans sa source éternelle, et en ce sens toute vérité est divine, ou, si l'on veut employer ce langage, surnaturelle ; mais la raison, dans ses manifestations, est toujours humaine ou naturelle, comme on voudra. Dans les deux cas périt l'artificielle distinction des vérités naturelles et surnaturelles. Serait-on reçu à distinguer de nos jours deux sortes de phénomènes, les phénomènes naturels et les phénomènes surnaturels? En un sens, toutes les causes secondes tirent leur force, leur être, leur vie, de la cause première, et, sous ce point de vue, le mouvement des astres, par exemple, est quelque chose de divin ; mais, après tout, chaque phénomène vient d'une cause seconde, comprise dans l'ample sein de la nature, et, sous ce point de vue, il n'y a de réel et de possible que des phénomènes naturels. Cela n'est pas contesté aujourd'hui dans la science. Serait-il digne de la philosophie d'être moins avancée que la physique, et de ressusciter une distinction, désormais détruite, sous le vain prétexte de mettre d'accord la philosophie et la religion en les séparant l'une de l'autre? Ce serait trop compter, en vérité, sur la puissance d'un pur artifice de langage. Rien de grand ne peut sortir d'une fiction, et la force de la philosophie est inséparable de sa sincérité. La distinction des vérités naturelles et des vérités surnaturelles est donc fausse scientifiquement ; dans la pratique, elle est inutile, puisqu'elle n'a jamais ni prévenu, ni arrêté la lutte de la philosophie et des institutions religieuses ; enfin, elle est dangereuse, parce qu'elle compromet à la fois la liberté et la dignité de la philosophie.

Nous acceptons toute l'objection. Nous tenons la distinction des vérités naturelles et des vérités surnaturelles pour une distinction parfaitement artificielle. Que l'homme politique, que l'État reconnaisse les religions positives comme enseignant un ordre de vérités distinctes, qu'il prévienne ainsi les conflits qui pourraient s'élever dans son sein entre l'enseignement officiel de la philosophie et celui de la religion, nous le comprenons à merveille ; mais dans l'ordre spéculatif, il n'y a pas deux sortes de vérités : il n'y a que des formes diverses de la vérité. La vérité se montre ici sous la forme d'une religion, là sous la forme d'une philosophie. A travers la variété de ces formes, la raison garde son identité; elle reste la source unique du vrai, immuable dans son fond, variable et progressive dans ses manifestations, divine par ses lois et par son essence, humaine par ses formes changeantes, ses mouvements divers, ses imperfections nécessaires. La philosophie, qui est la raison sous sa forme réfléchie, embrasse donc toute vérité. Aucune ne lui est étrangère. Sa mission est de tout comprendre, de tout expliquer. Systèmes religieux, systèmes philosophiques, théologie, sciences, symboles, cultes, elle ne laisse rien hors de soi. Son dernier terme, son idéal qui est dans l'infini, mais dont elle doit se rapprocher chaque jour, c'est de montrer à l'homme, à tous les hommes, dans tous les produits de leur activité les lois de la raison par lesquelles Dieu les appelle à se gouverner. S'il en est ainsi, si la philosophie et les religions positives ont au fond le même domaine, et un domaine universel, leur lutte est nécessaire, et il est impossible que chacune d'elles ne tende pas à absorber l'autre et à exercer toute seule le ministère spirituel dans son universalité. Nous accordons tout cela ; mais la question est maintenant de choisir entre ces deux méthodes : l'une qui consiste, par le mouvement régulier des idées, toujours proportionné à l'état changeant de la société, par le développement interne aussi bien que par l'active propagation des spéculations philosophiques, par la critique calme et approfondie des institutions religieuses, à étendre chaque jour l'exercice du ministère spirituel de la philosophie ; l'autre, qui veut engager une lutte violente, exciter les passions, provoquer le renversement d'institutions respectables, utiles, en harmonie avec les besoins et les idées d'une prodigieuse foule d'intelligences, sans savoir comment on contentera ensuite le besoin religieux qui les soutenait, comment on remplira l'immense lacune qu'on aura laissée dans les âmes.

La question philosophique ici et la question politique sont étroitement unies. N'est-il pas certain, pour tous les hommes éclairés, que les gouvernements doivent tendre à appeler un nombre de plus en plus grand de citoyens à jouir des droits politiques dans toute leur plénitude? La question est de savoir s'il convient d'arriver à ce résultat par une éducation politique de plus en plus étendue, par une expansion toujours croissante des lumières, en un mot par le mouvement régulier des idées et des institutions, ou bien s'il est plus sage d'enflammer les passions populaires, et de conduire le peuple à l'assaut de tout gouvernement qui ne réalisera pas l'idéal désiré. Il n'y a pas la moindre différence sérieuse entre cette question et la précédente ; c'est une question entre l'esprit de sagesse et de progrès d'une part, et l'esprit d'anarchie, de l'autre.

N'avons-nous pas des exemples récents bien propres à nous éclairer? N'a-t-on pas essayé d'appeler à la fois tous les hommes et à l'indépendance politique et à l'indépendance religieuse? Et pour ne parler que de celle-ci, n'a-t-on pas essayé, il y a cinquante ans, de se passer de religion, d'y substituer la philosophie? N'a-t-on pas inspiré aux classes populaires la haine du prêtre? Ne l'a-t-on pas chassé de la famille, du temple, de l'autel, du pays? N'a-t-on pas essayé du catéchisme philosophique, de la religion naturelle, de la théophilanthropie, et même de la déesse Raison? Il est triste, en vérité, d'être obligé de rappeler aujourd'hui de tels souvenirs. Non que nous craignions le retour de ces folies impies, mais elles ne sont impossibles qu'à une condition : c'est que les progrès de la raison publique servent de leçon aux philosophes; c'est qu'on ne suscite pas les mêmes passions, qu'on ne s'emporte pas aux mêmes excès. Qu'est-il arrivé, il y a quarante années, après une dissolution passagère des institutions religieuses ? un adversaire décidé des idéologues, qui n'en était pas moins un grand philosophe en politique, a rouvert les temples, ramené les ministres de l'autel, et l'œuvre du concordat subsiste comme un des monuments les plus solides et les plus durables de son génie. Or, n'a-t-on pas vu ce même peuple qu'un enthousiasme d'un jour avait conduit aux fêtes de l'Être suprême, saluer, dans le politique profond qui restaurait l'Église, le réparateur de la société elle-même [1] ?

---

[1] Pour établir le vrai caractère et la haute portée du concordat, nous citerons quelques pages d'un livre qui occupe en ce moment la France et l'Europe, l'*Histoire du Consulat et de l'Empire*, de M. Thiers. Un tel secours à l'appui de nos propres vues est

Pareille chose arriverait de nos jours, si une telle crise pouvait se renouveler. Sommes-nous donc de-
d'un trop grand prix pour que nous ne nous empressions pas de l'invoquer :

« Il faut, dit l'historien de Napoléon, une croyance religieuse, il faut un culte à toute association humaine. L'homme, jeté au milieu de cet univers, sans savoir d'où il vient, où il va, pourquoi il souffre, pourquoi même il existe, quelle récompense ou quelle peine recevront les longues agitations de sa vie ; assiégé des contradictions de ses semblables qui lui disent, les uns, qu'il y a un Dieu, auteur profond et conséquent de toutes choses, les autres, qu'il n'y en a pas ; ceux-ci qu'il y a un bien, un mal qui doivent servir de règle à sa conduite ; ceux-là qu'il n'y a ni bien, ni mal, que ce sont là les inventions intéressées des grands de la terre : l'homme, au milieu de ces contradictions, éprouve le besoin impérieux, irrésistible, de se faire sur tous ces objets une croyance arrêtée. Vraie ou fausse, sublime ou ridicule, il s'en fait une. Partout, en tout temps, en tout pays, dans l'antiquité comme dans les temps modernes, dans les pays civilisés comme dans les pays sauvages, on le trouve au pied des autels, les uns vénérables, les autres ignobles ou sanguinaires. Quand une croyance établie ne règne pas, mille sectes, acharnées à la dispute comme en Amérique, mille superstitions honteuses comme en Chine, agitent ou dégradent l'esprit humain. Ou bien, si, comme en France en 92, une commotion passagère a emporté l'antique religion du pays, l'homme, à l'instant même où il avait fait vœu de ne plus rien croire, se dément après quelques jours, et le culte insensé de la déesse Raison, inauguré à côté de l'échafaud, vient prouver que ce vœu était aussi vain qu'il était impie.

« A en juger donc par sa conduite ordinaire et constante, l'homme a besoin d'une croyance religieuse. Dès lors, que peut-on souhaiter de mieux à une société civilisée qu'une religion nationale fondée sur les vrais sentiments du cœur humain, conforme aux règles d'une morale pure, consacrée par le temps, et qui, sans intolérance et sans persécution, réunisse, sinon l'universalité, au moins la

puis quarante ans un peuple nouveau? le besoin
religieux a-t-il cessé d'être un besoin impérieux,

grande majorité des citoyens, au pied d'un autel antique et respecté ?

« Une telle croyance, on ne saurait l'inventer quand elle n'existe
pas depuis des siècles. Les philosophes même les plus sublimes peuvent créer une philosophie, agiter par leur science le siècle qu'ils
honorent : ils font penser, ils ne font pas croire. Un guerrier couvert de gloire peut fonder un empire ; il ne saurait fonder une religion. Que dans les temps anciens, des sages, des héros, s'attribuant des relations avec le ciel, aient pu soumettre l'esprit des
peuples et lui imposer une croyance, cela s'est vu ; mais, dans les
temps modernes, le créateur d'une religion serait tenu pour un imposteur, et, entouré de terreur comme Robespierre, ou de gloire
comme le jeune Bonaparte, il aboutirait uniquement au ridicule.

« On n'avait rien à inventer en 1800. Cette croyance pure,
morale, antique, existait : c'était la vieille religion du Christ, ouvrage de Dieu suivant les uns, ouvrage des hommes suivant les autres, mais, suivant tous, œuvre profonde d'un réformateur sublime:
réformateur commenté pendant dix-huit siècles par les conciles,
vastes assemblées des esprits éminents de chaque époque, discutant,
sous le titre d'hérésies, tous les systèmes de philosophie, adoptant
sur chacun des grands problèmes de la destinée humaine les opinions les plus plausibles, les plus sociales, les adoptant pour ainsi
dire à la majorité du genre humain, produisant enfin ce corps
de doctrine invariable qu'on appelle *unité catholique*, et au pied
duquel Bossuet, Leibnitz, après avoir pesé le dire de tous les philosophes, sont venus soumettre leur superbe génie. Elle existait
cette religion qui avait rangé sous son empire tous les peuples civilisés, formé leurs mœurs, inspiré leurs chants, fourni le sujet de
leurs poésies, de leurs tableaux, de leurs statues, empreint sa trace
dans tous les souvenirs nationaux, marqué de son signe leurs drapeaux tour à tour vaincus ou victorieux ! Elle avait disparu un
moment dans une grande tempête de l'esprit humain ; mais, la
tempête passée, le besoin de croire revenu, elle s'était retrouvée au

universel, salutaire? La philosophie est-elle devenue, par des découvertes ou des progrès extraordinaires, capable d'exercer le ministère spirituel dans sa nécessaire universalité? Illusions, rêveries que tout cela! ignorance inconcevable des vrais besoins de notre temps et du véritable esprit du xixe siècle! La philosophie ne retournera pas en arrière, et de même qu'elle ne consentira pas à s'abriter, comme au temps

fond des âmes comme la croyance naturelle et indispensable de la France et de l'Europe.

« Quoi de plus indiqué, de plus nécessaire en 1800, que de relever cet autel de saint Louis, de Charlemagne et de Clovis, un instant renversé? Le général Bonaparte, qui eût été ridicule s'il avait voulu se faire prophète ou révélateur, était dans le vrai rôle que lui assignait la Providence, en relevant de ses mains victorieuses cet autel vénérable, en y ramenant par son exemple les populations quelque temps égarées. Et il ne fallait pas moins que sa gloire pour une telle œuvre! De grands génies, non pas seulement parmi les philosophes, mais parmi les rois, Voltaire et Frédéric, avaient déversé le mépris sur la religion catholique, et donné le signal des railleries pendant cinquante années. Le général Bonaparte, qui avait autant d'esprit que Voltaire, plus de gloire que Frédéric, pouvait seul, par son exemple et ses respects, faire tomber les railleries du dernier siècle.

« Sur ce sujet, il ne s'était pas élevé le moindre doute dans sa pensée. Ce double motif de rétablir l'ordre dans l'État et la famille, et de satisfaire au besoin moral des âmes, lui avait inspiré la ferme résolution de remettre la religion catholique sur son ancien pied, sauf les attributions politiques qu'il regardait comme incompatibles avec l'état présent de la société française.

« Est-il besoin, avec des motifs tels que ceux qui le dirigeaient, de rechercher s'il agissait par une inspiration de la foi religieuse, ou bien par politique et par ambition? Il agissait par sagesse, c'est-

de Descartes, derrière la distinction des vérités naturelles et des vérités surnaturelles, elle n'essaiera pas, comme au temps de Voltaire, la téméraire entreprise de se substituer par la violence et la guerre aux institutions religieuses. Ramener Descartes et l'esprit du xvii⁰ siècle, ramener Voltaire et l'esprit du xviii⁰, ce sont là deux anachronismes. La philosophie a conquis dans les deux derniers siècles

a-dire par suite d'une profonde connaissance de la nature humaine, cela suffit. Le reste est un mystère que la curiosité, toujours naturelle quand il s'agit d'un grand homme, peut chercher à pénétrer, mais qui importe peu. Il faut dire cependant à cet égard que la constitution morale du général Bonaparte le portait aux idées religieuses. Une intelligence supérieure est saisie, à proportion de sa supériorité même, des beautés de la création. C'est l'intelligence qui découvre l'intelligence dans l'univers, et un grand esprit est plus capable qu'un petit de voir Dieu à travers ses œuvres. Le général Bonaparte controversait volontiers sur les questions philosophiques et religieuses avec Monge, Lagrange, Laplace, savants qu'il honorait et qu'il aimait, et les embarrassait souvent, dans leur incrédulité, par la netteté, la vigueur originale de ses arguments. A cela il faut ajouter encore que, nourri dans un pays inculte et religieux, sous les yeux d'une mère pieuse, la vue du vieil autel catholique éveillait chez lui les souvenirs de l'enfance, toujours si puissants sur une imagination sensible et grande. Quant à l'ambition, que certains détracteurs ont voulu donner comme unique motif de sa conduite en cette circonstance, il n'en avait pas d'autre alors que de faire le bien en toutes choses, et sans doute, s'il voyait, comme récompense de ce bien accompli une augmentation de pouvoir, il faut le lui pardonner. C'est la plus noble, la plus légitime ambition, que celle qui cherche à fonder son empire sur la satisfaction des vrais besoins des peuples. » (M. Thiers. *Histoire du Consulat et de l'Empire*, tome III, page 205 et suiv.

non-seulement le droit de s'exercer avec indépendance, mais le droit d'embrasser dans son domaine, aussi vaste que la raison et l'humanité, tous les besoins, tous les développements de la nature humaine. Abdiquer ce droit, ce serait faiblesse, mais en user comme Voltaire, ce serait imprévoyance et folie. La philosophie a montré sa force en renversant ce qui faisait obstacle à sa légitime existence : royauté, aristocratie, et avec les institutions politiques et sociales, des institutions religieuses à qui des siècles de durée semblaient assurer l'éternité ; elle a maintenant à montrer sa sagesse, en sachant comprendre et respecter ce qu'elle a vaincu, ce qu'elle n'a pas détruit. Qu'elle étende chaque jour ses conquêtes, qu'elle gagne incessamment des âmes, qu'elle plonge jusqu'au fond de la société, qu'elle se propose pour idéal suprême la conquête de l'humanité tout entière ; mais qu'elle sache connaître ses limites et les conditions de son développement et de son progrès ; surtout, qu'elle se dépouille de toute haine, qu'elle renonce à toute violence, qu'elle s'interdise toute exagération : plus libre, plus ample et dans ses desseins et dans ses résultats qu'elle ne le fut et qu'elle ne pouvait l'être au xviie siècle ; non moins sincère, non moins hardie qu'au xviiie, mais plus impartiale, plus juste, et par conséquent plus forte ; absolvant, comprenant et le cartésianisme et le voltairianisme, mais aspirant à les dépasser l'un et l'autre et à prendre un caractère qui soit le sien.

On s'effraie plus qu'il ne faudrait des attaques du clergé ; c'est qu'on ne connaît bien ni sa force, ni sa faiblesse. Sa force est dans le sentiment religieux qui lui communique une vitalité durable et lui donne dans le genre humain une assiette solide ; sa faiblesse est dans la vanité de ses entreprises contre l'ordre scientifique et contre l'ordre politique. Il y a, grâce à Dieu, dans le monde deux puissances d'une constitution assez vigoureuse pour résister à tout illégitime empiétement : la science et l'État. Que l'État soit respectueux, mais ferme ; que la science soit libre, mais impartiale, le sacerdoce se résignera. On accuse l'État d'être faible, le sacerdoce d'être violent. Si tout le monde oublie ses devoirs, est-ce à nous d'oublier que la philosophie en prescrit à ses interprètes ? En vérité, il ne manquerait plus à notre temps que de montrer au monde, avec un gouvernement faible et un clergé téméraire, une philosophie partiale, injuste, passionnée, destructive. Espérons, à l'honneur de notre génération, qu'il n'en sera pas ainsi. Pour nous philosophes, rappelons au clergé nos droits, à l'État ses devoirs, mais sachons aussi remplir les nôtres. N'imputons pas à crime à nos amis, surtout quand ils sont sincères non moins qu'éloquents, provoqués d'ailleurs par de cruelles injures, d'exercer de légitimes représailles ; mais ne les imitons pas. Ce serait trop faire, en vérité, pour le clergé que de lui sacrifier notre modération et notre sagesse.

Février 1845.

LE CHRISTIANISME

ET

LA PHILOSOPHIE.

LE CHRISTIANISME
ET
LA PHILOSOPHIE[1].

Mars 1845.

La question si haute et si grave de l'éducation publique, tant agitée depuis quelques années et qui semble aujourd'hui plus loin que jamais d'être résolue, l'attitude que le clergé de France a prise dans ce débat orageux et les prétentions extraordinaires élevées par le corps entier de l'épiscopat, ont fait renaître avec éclat deux problèmes qui occupent et passionnent en ce moment tous les esprits. L'un de ces problèmes est essentiellement politique, c'est celui des rapports de l'Église avec l'État; l'autre a un caractère plus général et une importance peut-être plus relevée, c'est le grand et éternel problème des rapports de la religion et de la philosophie. M. l'archevêque de Paris, qui, en 1843, dans un

[1] Ce morceau a été écrit pour la *Revue des Deux-Mondes* à l'occasion de l'ouvrage de M. l'archevêque de Paris intitulé : *Introduction philosophique à l'étude du christianisme*.

écrit justement remarqué ¹, s'était prononcé sur la question de la liberté d'enseignement, vient de s'expliquer aussi sur les deux autres problèmes que la force des choses a suscités. Outre son *Introduction philosophique à l'étude du christianisme*, M. l'archevêque nous donne sur les *Opinions controversées entre les ultramontains et les gallicans* une brochure qui n'est, dit-on, que le prélude d'un plus considérable ouvrage ². Il faut féliciter le public et louer M. l'archevêque de Paris de cette remarquable activité. Dans la haute position qu'occupe ce prélat, une grande part d'initiative lui appartient naturellement, et on doit ajouter que personne ne la peut exercer d'une manière plus salutaire. M. l'archevêque de Paris est un théologien de mérite, un savant jurisconsulte, un esprit politique et modéré, très-exercé aux affaires, connaissant bien et sachant accepter l'esprit de son temps. A tous ces titres, l'intervention du digne prélat dans les questions politiques et religieuses qui nous divisent ne peut qu'en éclairer et en faciliter l'heureuse solution.

Nous n'avons nullement dessein de toucher au problème épineux et compliqué des vrais rapports de la puissance temporelle avec l'Église. On sait qu'un magistrat éminent qui a traité à fond cette matière

---

[1] *Observations sur la controverse relative à la liberté d'enseignement.* 1843, in-8°; chez Adrien Le Clère.

[2] Cet ouvrage a paru en effet sous ce titre : *De l'appel comme d'abus, etc.* Avril 1845. in-8° ; chez Le Clère.

vient d'être l'objet d'une censure dont l'opinion s'est vivement émue, et qui a rendu nécessaire l'action de l'État. M. Dupin saura, au besoin, maintenir, de sa plume et de sa parole, les vrais principes d'un gallicanisme éclairé et continuer avec fermeté la tradition des d'Aguesseau, des Portalis, et de tous ces illustres parlementaires dont il fait revivre sous nos yeux l'éloquence et l'érudition.

Un peu moins incompétent peut-être pour aborder l'autre problème, celui des rapports du christianisme et de la philosophie, nous ne pouvons songer ici à l'embrasser dans sa vaste étendue ; nous ferons du moins connaître les vues de M. l'archevêque de Paris, auxquelles il sera quelquefois nécessaire de mêler les nôtres. Plus d'un faux préjugé ferme la porte aux idées saines ; plus d'une illusion dangereuse tourmente les imaginations ; plus d'une passion offusque et trouble les jeunes âmes. Calmer ces passions, dissiper ces illusions, déraciner ces faux préjugés, tel sera le but de la discussion où nous allons entrer.

Mais avant d'entamer aucune controverse, hâtons-nous de rendre hommage au caractère général du livre de M. l'archevêque de Paris. C'est l'ouvrage d'un esprit éclairé, d'un homme de bien, d'un véritable pasteur des âmes. Nous n'avons point affaire ici à un pamphlet où la passion et l'imagination viennent au secours de la raison absente ou égarée. M. l'archevêque de Paris sait d'où il part et où il va ; c'est un homme sérieux qui s'adresse à de sérieux lecteurs et qui s'efforce de les convaincre avec les seules ressources d'une haute et calme raison. Par la gravité du style, par l'excellent ton de la discussion, par la sagesse et la modération des pensées et des sentiments, ce livre rappelle les meilleurs modèles : un la Luzerne, un Bausset, un Frayssinous ne le désavoueraient pas.

On se souvient que M. l'archevêque de Paris éleva le premier la voix en 1843 pour blâmer avec force les indignes attaques qui venaient de partir du sein de la fraction brouillonne et remuante du clergé. Pourquoi ce noble exemple a-t-il rencontré si peu d'imitateurs ? pourquoi le prélat conciliateur qui l'avait donné n'y est-il pas lui-même inviolablement resté fidèle? Triste preuve de la force d'entraînement qu'exercent les partis ! On s'est fait un point d'honneur dans le clergé de ne point désavouer une agression dont on reconnaissait tout bas l'injustice et la témérité. Peu s'en faut que les évêques qui ont eu le courage de résister au torrent n'aient été accusés de trahir leur parti et de déserter pendant la bataille. Qu'est-il arrivé ? les téméraires ont entraîné les sages : la voix de la raison a été étouffée sous les clameurs de la colère et de la haine. Le clergé tout entier s'est laissé mener à la suite de quelques emportés, et l'on a vu M. l'archevêque de Paris lui-même donner des gages à la violence et accepter par faiblesse une solidarité qu'il avait d'abord courageusement repoussée. Félicitons hautement M. l'archevêque de Paris de revenir aujourd'hui à des sentiments de modération si dignes de ses lumières, si conformes à son caractère personnel et à toute sa carrière, si convenables à son éminente position. La force véritable et la véritable gloire d'un homme d'intelligence et de cœur au sein d'un grand parti, ce n'est pas de suivre tous ses mouvements, mais de les régler; ce n'est pas d'obéir à des entraînements d'un jour, mais de rester religieusement fidèle à des intérêts durables, et de savoir, en certains moments décisifs, préférer le salut de son parti à sa faveur.

I.

Ce qui frappe tout d'abord en ouvrant le livre de M. l'archevêque de Paris, c'est une déclaration d'une importance immense. M. l'archevêque n'hésite point à reconnaître que la raison humaine est capable par sa propre vertu, sans aucun secours extraordinaire, sans autre appui qu'elle-même et son union naturelle et permanente avec l'éternelle raison, non-seulement de comprendre et de démontrer, mais encore de découvrir toutes les vérités essentielles sur lesquelles repose la vie morale et religieuse du genre humain[1]. Une âme libre et spi-

[1] En quelques endroits de son livre (page 15. par exemple), M. l'archevêque ne semble accorder à la raison que la puissance de *démontrer*, et non celle de *découvrir* les vérités fondamentales de la religion naturelle; mais dans un passage étendu et décisif.

rituelle, faite à l'image de Dieu, capable de concevoir l'ordre et d'y conformer volontairement sa destinée ; une vie future où l'âme recevra le prix de ses œuvres ; un Dieu parfait, législateur du monde moral, providence invisible et toute-puissante qui conduit et conserve tous les êtres, mais qui aime d'un amour plus profond et soutient

le savant prélat n'hésite point à reconnaître avec saint Paul et saint Augustin, que l'homme est capable de découvrir en lui-même toutes les grandes notions morales et religieuses. Voici les propres paroles de M. l'archevêque :

« La raison et la révélation ne sont point deux sources opposées, desquelles découlent des pensées et des opinions contraires. Ce sont deux sources d'où viennent les mêmes vérités morales et religieuses.... L'homme possédait déjà, dit saint Augustin, la vérité dans son cœur (*Enarr. in ps.* LVII), mais il ne la lisait plus dans cette partie intime de lui-même ; Dieu l'a écrite en caractères matériels. Il n'entendait plus la voix de Dieu dans sa conscience ; Dieu lui a parlé extérieurement, afin de le frapper par le concert de ces deux voix. Il fuyait une vérité importune ; Dieu l'a environnée d'un plus grand éclat afin de la lui faire admirer ; Dieu a incliné son cœur à l'aimer, a rendu sa volonté plus forte pour l'y attacher, et la lui faire réaliser dans sa vie.

Saint Paul ne dit pas aux philosophes païens : Vous n'avez pu connaître Dieu ; il leur dit au contraire : *Vous avez connu Dieu, et vous ne l'avez pas glorifié* (*Rom.* I, 21).

Il ne leur dit pas : Vous avez ignoré sa loi, et vous étiez à ce sujet dans une ignorance invincible ; mais il leur dit : Les païens, qui n'ont point de loi révélée, font naturellement ce que cette loi prescrit ; ils en trouvent les règles au dedans d'eux-mêmes ; elle est gravée dans leur cœur ; elle reçoit le témoignage de leur conscience. Dieu sera juste, quand il en vengera la violation (*Rom.* II, 14. 15). — *Introduction philosophique à l'étude du christianisme*, pages 17. 18. 19.)

d'une action plus pénétrante la créature faible et sublime qui réfléchit ses attributs les plus excellents ; Dieu terrible et bon, infaillible et juste, source et fin de tout amour, de toute perfection, de tout progrès, voilà les grandes vérités que la raison naturelle trouve dans son propre fonds et qu'elle est capable d'enseigner aux hommes. On aperçoit d'un coup d'œil la portée de cette déclaration. Elle sépare complétement M. l'archevêque de Paris de toute cette école exclusive qui se rallie aux noms de Joseph de Maistre et de Bonald ; et soutient depuis quarante années l'absolue impuissance de la philosophie et de la raison.

Qu'on ne vienne donc plus nous dire au nom de l'orthodoxie chrétienne que toute libre philosophie aboutit nécessairement au scepticisme ; qu'enfermée dans les bornes étroites d'un monde fini, la raison humaine est incapable de s'élever jusqu'à cet être des êtres dont l'infinité la surpasse ; qu'emportée au flot du temps, et traînant partout avec soi les conditions d'une individualité misérable, elle ne saurait ni poser ni maintenir l'immuable et universelle loi du devoir. Ce ne sont là que des déclamations vaines dont il faut laisser au scepticisme la responsabilité et les périls. Qu'on ne dise pas surtout que le développement indépendant de la raison favorise le panthéisme, puisqu'il n'y a rien de plus naturel pour la raison que de concevoir la providence de Dieu et la responsabilité des êtres libres. Panthéisme, fatalisme, scepticisme, aberrations passagères de quelques philosophes contre lesquels proteste la raison de tous, cette raison supérieure et incorruptible qui redresse tous les faux systèmes et ramène sans cesse les intelligences égarées à ses inviolables lois. Cette même raison, gardienne naturelle et vigilante de toutes les grandes vérités morales et religieuses, M. l'archevêque de Paris, sur les traces de saint Paul, la proclame aussi pure, aussi sainte, aussi infaillible que la révélation elle-même : « La raison et la révélation, dit-il [1], sont deux émanations *du même Père des lumières, duquel émane tout don parfait ;* deux paroles prononcées par le même *Dieu de vérité qui ne peut ni mentir ni se démentir.* » Nous recueillons avec une satisfaction sincère ces solennelles déclarations. Cependant il nous est impossible d'oublier entièrement que M. l'archevêque de Paris n'a pas toujours tenu le même langage ; il y a un an, à pareille époque, il adressait aux fidèles une instruction pastorale où la raison humaine était dénoncée comme radicalement stérile en matière de dogmes fondamentaux [2]. En 1843, dans un écrit sur la liberté d'enseignement, M. l'archevêque ne se montrait pas moins sévère pour la raison ; elle était à ses yeux frappée d'un caractère de variabilité et d'individualité qui la rendait incapable de fonder une loi mo-

[1] *Introduction philosophique,* p. 17.
[2] *Instruction pastorale sur l'union nécessaire des dogmes et de la morale,* p. 17.

rale[1]. C'est là une doctrine bien connue à laquelle reste attaché le grand nom de Pascal, doctrine excessive et funeste que M. Lamennais a ressuscitée, il y a vingt-cinq ans, avec un éclat extraordinaire, et qui, plus ou moins tempérée par l'inconséquence ou adoucie par une honorable docilité, survit dans M. Bautain, M. Lacordaire, M. Gerbet, et domine souvent à son insu presque tout le clergé de France. M. l'archevêque de Paris, qui penchait ouvertement de ce côté dans ces dernières années, revient-il une fois pour toutes à la grande école du gallicanisme, à celle des plus beaux génies qui aient honoré l'Église, Bossuet, Malebranche, Fénelon, et des plus sages esprits qui l'aient gouvernée, les Bérulle, les Gerdil[2], les la

---

[1] M. l'archevêque de Paris s'exprimait ainsi : « On conçoit que le chrétien, convaincu qu'il porte en lui-même des penchants mauvais, cherche sa règle dans une loi meilleure, et supérieure à l'homme; qu'il s'élève jusqu'à Dieu et à l'autorité dépositaire de ses commandements; mais si vous supposez que ces mêmes penchants sont légitimes, que la volonté ne s'égare que faute d'avoir appris de la raison à les bien diriger; si vous croyez en outre que cette raison investie d'une parfaite indépendance, est le seul juge compétent, supposition commune en effet à tous nos philosophes; il est évident que chaque individu pourra faire sa morale, ou plutôt il n'y aura plus de morale. La morale est essentiellement une loi; et toute loi, ainsi que le dit l'école et le bon sens, est une règle commune à tous, et non une règle particulière; une règle permanente et non variable à l'infini; une règle émanée d'un pouvoir supérieur, et non du sujet qui doit s'y soumettre. » (*Observations sur la controverse relative à la liberté d'enseignement*, p. 57, 58.

[2] Nous ne voyons aucune difficulté à associer ici le cardinal

Luzerne, les Frayssinous, les Eymery? ou bien faudrait-il supposer que le nouveau clergé a deux théories à son service, l'une qu'il tient en réserve pour les jours où la philosophie est humiliée, l'autre pour ceux où elle se relève dans l'estime publique? Il serait pénible de le croire, et toutefois on se souvient encore que dans des circonstances récentes où la philosophie était attaquée avec le dernier acharnement, où son plus illustre interprète était sous le poids de mille calomnies, M. l'archevêque de Paris crut le moment bien convenable pour adresser à la Chambre des pairs une brochure violente qui avait pour but avoué de représenter la philosophie comme une école de panthéisme et de scepticisme. Aujourd'hui, devinerait-on aisément à qui M. l'archevêque emprunte des armes pour combattre les faux systèmes? à ce même philosophe qu'il voulait accabler l'an dernier, et qu'il cite aujourd'hui avec complaisance.

Nous ne relèverions pas ces tristes contradictions, si le dernier livre de M. l'archevêque de Paris ne portait aucune trace de l'influence qu'a exercée sur la direction de ses sentiments l'esprit nouveau d'intolérance et d'exclusion qui anime le clergé depuis trente années. Nous venons d'entendre M. l'arche-

---

Gerdil à la glorieuse famille des théologiens gallicans. N'eût-il pas écrit en notre langue, le cardinal Gerdil nous appartient par la modération et la sagesse de ses principes. Si tous les ultramontains, par malheur, ne sont pas hors de France, il y a, grâce à Dieu, des gallicans en tout pays, même à Rome et à Turin.

vêque de Paris rendre un solennel hommage à la puissance de la raison ; tout à coup, par le plus étrange des retours, il lui refuse absolument toute vertu propre, toute initiative réelle en matière morale et religieuse.

Il y a ici une sorte d'évolution stratégique qui vaut la peine d'être remarquée. Dans le corps de son ouvrage, M. l'archevêque de Paris reconnaît avec l'anciennne Église de France une religion naturelle, indépendante de toute révélation, commune à Platon et à saint Augustin, à Socrate et à Bossuet ; mais comme s'il craignait de donner à la philosophie un trop grand sujet de triomphe ou de paraître suspect de rationalisme à nos modernes ultramontains, M. l'archevêque a soin de placer à la fin de son livre la note que voici : « Si nous avions à discuter l'origine de cette religion naturelle, nous n'aurions pas de peine à prouver qu'elle a été primitivement révélée. Nous l'appelons naturelle, non parce que la raison a pu la découvrir, mais parce qu'une fois connue, la raison suffit pour la comprendre et le raisonnement pour la démontrer [1]. » Cette note, discrètement placée dans le coin le plus obscur de l'ouvrage, ne cache rien moins qu'une théorie tout entière sur l'origine de ces grandes vérités morales et religieuses qui forment la foi naturelle du genre humain. C'est la théorie célèbre de Bonald et de Joseph de Maistre qui explique nos idées par une parole divine communiquée au premier

[1] *Introduction philosophique*, p. 256-257.

homme et transmise par la tradition. Ainsi la raison humaine séparée de la tradition, réduite à ses seules forces, est capable tout au plus de nous guider dans la satisfaction des instincts les plus grossiers de notre nature. Toute idée du devoir et du droit, toute notion de Dieu et de sa providence lui sont étrangères.

Est-on embarrassé de cette théorie? paraît-il extraordinaire qu'Anaxagore ait emprunté à la tradition l'idée d'une intelligence ordonnatrice inconnue à Thalès et à Anaximène, que Socrate ait reçu de sa mère Phénarète la foi en un Dieu unique et spirituel, ou qu'il ait recueilli cette haute notion au sein d'un peuple qui lui fit boire la ciguë, pour crime d'impiété envers les dieux; que Platon ait écrit la *République* et le *Banquet*, sous la dictée des traditions populaires? M. l'archevêque de Paris a une autre théorie toute prête; il nous assure que ces grandes découvertes de la philosophie ancienne sont tout simplement un emprunt fait aux saintes Écritures. Faut-il mettre Socrate en communication avec les Juifs? faut-il faire lire la Genèse à Pythagore? M. de Maistre n'hésitait pas. M. l'archevêque de Paris n'a guère moins de courage. Il irait jusqu'à mettre en relation Platon et le prophète Daniel, plutôt que d'accorder à la raison humaine le droit de s'élever à Dieu par la force naturelle qui est en elle. Voilà donc deux doctrines bien distinctes; or, il faut choisir entre M. de Bonald et Bossuet, entre saint Thomas et M. l'abbé Bautain. Il faut que M. l'archevêque de

Paris, qui enseigne alternativement les deux théories contraires, nous dise quelle est celle des deux à laquelle il faut se fier : est-ce à l'*Instruction pastorale* de 1844 qu'il faut donner la préférence, ou à l'*Introduction philosophique* de 1845 ? et dans cette introduction elle-même, est-ce au corps de l'ouvrage ou aux notes explicatives ?

Pour nous, nous croyons que M. l'archevêque de Paris est au fond, en philosophie comme en politique, un bon gallican que les circonstances extérieures ont de temps en temps un peu dévoyé. A prendre l'ensemble de ses écrits, et sauf quelques contradictions partielles, on voit bien que cet esprit éclairé et plein de mesure est disposé à reconnaître dans certaines limites l'autorité morale et religieuse de la philosophie. Tel est du moins l'esprit dominant de son dernier livre ; c'est même au point qu'en certains endroits, M. l'archevêque, chose merveilleuse, pourra paraître à plusieurs exagérer la puissance de la raison.

« Nous soutenons, dit-il, tout à la fois que la raison peut connaître la religion naturelle, et que cependant la révélation a été nécessaire, *sinon à chaque homme en particulier*, du moins aux hommes en général, et surtout aux sociétés païennes pour conserver les dogmes et la morale de cette religion primitive [1]. » Ce passage semble de nature à effaroucher les oreilles pieuses, et nous voilà, nous, philosophes, presque

---

[1] *Introduction philosophique*, p. 22.

tentés de nous plaindre qu'on nous accorde trop ; car enfin la révélation chrétienne est présentée ici comme ayant le caractère d'une nécessité plutôt relative qu'absolue. A quoi sert-elle, en effet ? à conserver, à maintenir dans sa pureté et son intégrité la religion naturelle, rien de plus. Est-elle même absolument nécessaire pour cela ? non, elle l'est seulement au peuple ; les esprits d'élite peuvent à la rigueur s'en passer : d'où il suit qu'à mesure que la société s'éclaire, la nécessité de la révélation se concentre dans une partie de plus en plus restreinte de la société.

On pourrait presser encore ces conséquences ; mais il serait injuste d'aller plus loin avant d'avoir bien entendu M. l'archevêque de Paris et de s'être formé une idée exacte de l'ensemble de ses vues sur les rapports de la philosophie avec le christianisme.

M. l'archevêque de Paris est un esprit essentiellement positif. Sans rester étranger aux spéculations de la haute théologie, sans méconnaître le rôle que la religion peut jouer dans le mouvement des sciences, M. l'archevêque de Paris aime à l'envisager sous le point de vue pratique, à en faire comprendre l'action conservatrice et sociale. D'ailleurs, M. l'archevêque n'écrit pas pour quelques spéculatifs ; il s'adresse à tous les hommes de bon sens, et il veut les ramener par le bon sens lui-même à la religion.

S'il est une condition fondamentale de vie pour les individus et les peuples, c'est l'existence d'une morale reconnue de tous, de ceux même qui en violent les prescriptions; voilà le solide principe sur lequel s'appuie M. l'archevêque de Paris. Or, point de morale sans religion. La morale la plus simple implique certains dogmes religieux. La morale, en effet, est une loi, et une loi demande un législateur et une sanction. Otez l'existence d'un Dieu juste, ôtez l'immortalité de l'âme, toute morale devient impossible ou stérile. Jusque-là nous ne pouvons qu'applaudir à l'exactitude des raisonnements de M. l'archevêque. Pourvu que l'étroit lien dont il enchaîne avec raison la loi du devoir et son divin principe n'ôte rien à l'indépendance parfaite des notions morales et au caractère intrinsèque d'obligation qu'elles imposent; pourvu que la loi du devoir, rattachée à Dieu législateur, comme les axiomes mathématiques le sont à Dieu vérité, ne dépende pas plus que ces axiomes eux-mêmes de la volonté arbitraire d'un être primitivement conçu sans règle et sans loi, nous accordons sans difficulté à M. l'archevêque de Paris que les croyances morales et religieuses sont unies par une étroite solidarité, et que dans un cœur bien fait et dans un esprit juste elles ne se séparent jamais [1].

[1] Cette union profonde et tout ensemble cette indépendance réciproque de la morale et de la religion, n'avaient point échappé à l'antiquité. Sous ce rapport, le petit dialogue intitulé *Euthyphron* a une grande importance. Laissons parler l'éloquent interprète de Platon :

« Dieu n'étant que le bien lui-même, l'ordre moral pris substantiellement, toutes les vérités morales s'y rapportent comme les rayons au centre, les modifications au sujet qui les fait être et

284 LE CHRISTIANISME

Ces deux points fortement établis, M. l'archevêque de Paris, tout en reconnaissant à la raison humaine une force assez grande pour s'élever aux vérités es-

qu'elles manifestent. Loin donc de se combattre, la morale et la religion se rattachent intimement l'une à l'autre, et dans l'unité de leur principe réel et dans celle de l'esprit humain, qui les conçoit et ne peut pas ne pas les concevoir simultanément. Mais quand l'anthropomorphisme, abaissant la théologie au drame, fait de l'Éternel un dieu de théâtre, tyrannique et passionné, qui du haut de sa toute-puissance décide arbitrairement de ce qui est bien et de ce qui est mal, c'est alors que la critique philosophique peut et doit, dans l'intérêt des vérités morales, s'autoriser de l'immédiate obligation qui les caractérise, pour les établir sur leur propre base, indépendamment de toute circonstance étrangère, indépendamment même de leur rapport à leur source primitive, se plaçant ainsi à dessein sur un terrain moins élevé, mais plus sûr; sachant perdre quelque chose pour ne pas tout perdre, et sauver au moins la morale du naufrage de la haute philosophie. Tel est le point de vue particulier sous lequel il faut envisager l'*Euthyphron*. Le devin *Euthyphron* représente une théologie insensée qui s'arroge le droit de constituer à son gré la morale: Socrate, la conscience qui réclame son indépendance.

« Socrate s'empresse de reconnaître qu'il y a une harmonie essentielle entre la morale et la religion, que tout ce qui est bien plaît à celui que nous devons concevoir comme le type et la substance de la raison éternelle; mais il demande pourquoi le bien plaît à Dieu, s'il pourrait ne pas lui plaire, et s'il serait possible que le mal lui plût? non. Pourquoi donc le bien ne peut-il pas ne pas plaire à Dieu? c'est, en dernière analyse, par cela seul qu'il est bien; toutes les autres raisons qu'on en peut donner supposent toujours celle-là et y reviennent. Il faut donc convenir que le bien n'est pas tel, parce qu'il plaît à Dieu, mais qu'il plaît à Dieu parce qu'il est bien, et que par conséquent, ce n'est pas dans les dogmes religieux qu'il faut chercher le titre primitif de la légitimité des vérités morales. » (M. Cousin. *Argument de l'Euthyphron*.)

sentielles de l'ordre moral et religieux, pour constituer en un mot une religion naturelle, soutient que cette religion est complétement insuffisante. La raison livrée à elle-même laisserait s'obscurcir et se perdre les vérités morales et religieuses ; il lui faut un secours étranger, surnaturel, le secours de la révélation. M. l'archevêque appelle ici à son aide l'expérience de l'histoire ; il soutient que dans l'antiquité, la philosophie, égarée par l'orgueil des faux systèmes, n'a pas su maintenir dans leur intégrité les grandes vérités nécessaires à la vie du genre humain. Dans les temps modernes, éclate à ses yeux avec la même force la profonde insuffisance de la raison ; loin d'épurer et de consolider les saintes idées du juste et du divin, elle semble s'attacher à les dissoudre et à les effacer du cœur des hommes. Chaque système est un coup mortel porté à une grande vérité religieuse : l'ensemble des systèmes, c'est la ruine et le chaos de toutes ces vérités.

Après ce sombre tableau des destinées et des agitations stériles de la pensée philosophique, M. l'archevêque de Paris nous montre l'influence du christianisme sur la civilisation du genre humain. Tandis que la philosophie détruit, le christianisme organise. Ce que la philosophie sépare, parce qu'elle ne le peut embrasser, le christianisme l'unit par la foi. Cette influence bienfaisante n'est pas seulement prouvée par l'expérience, elle résulte de la nature même des dogmes chrétiens et de cette philosophie profonde mille fois supérieure à tous les systèmes, qui se cache sous la profondeur des symboles et que l'Eglise conserve comme un inviolable dépôt contre tous les déréglements de l'hérésie, du schisme et de l'erreur. Voilà le tissu très-simple et très-fort du livre de M. l'archevêque de Paris.

On ne saurait nier que le plan n'en soit sagement conçu, suivi avec vigueur, exécuté avec une remarquable puissance de raisonnement et de bon sens. Les philosophes remarqueront le chapitre consacré à montrer l'action conservatrice exercée par les mystères du christianisme sur les dogmes fondamentaux de la religion naturelle. Cette partie de l'ouvrage est touchée avec une véritable supériorité. Le docte écrivain, qui en d'autres parties, pour se proportionner sans doute aux jeunes esprits, était quelquefois descendu aux humbles développements d'une dissertation de collége ou de séminaire, prend ici un vol plus hardi et se soutient sans trop d'effort au faîte des spéculations de la théologie.

Les autres parties de l'ouvrage, sans s'élever à la même hauteur, renferment d'importantes et solides vérités. Mais plus nous y attachons de prix, plus il est nécessaire de les dégager des graves erreurs qui s'y trouvent mêlées, afin que le mérite même du livre et la juste autorité de l'auteur ne servent pas à troubler ou à égarer les esprits.

Cette discussion sera plus claire et aboutira plus aisément à un résultat précis si nous faisons, dès le début, connaître nettement nos conclusions sur la doctrine générale de M. l'archevêque de Paris. Nous tombons d'accord avec lui sur deux points essentiels; le premier, c'est la radicale insuffisance de la religion naturelle, dont la cause, du reste, est parfaitement distincte à nos yeux de celle de la philosophie. Nous lui accordons en outre que le christianisme a été nécessaire, et l'est encore, pour conserver et répandre parmi les hommes les vérités essentielles de l'ordre moral et religieux ; mais nous croyons qu'il se trompe radicalement quand il refuse à la philosophie le droit d'exercer le ministère spirituel au même titre que le christianisme : voilà le point précis de notre dissentiment. Au surplus, comme nous n'entendons pas le christianisme ni la religion naturelle de la même manière que M. l'archevêque de Paris, nous sommes également tenu d'expliquer notre adhésion sur les deux premiers points et de justifier notre dissentiment sur le troisième. Commençons par nous entendre, s'il est possible, sur la religion naturelle et sur son rapport avec les religions positives, notamment avec le christianisme.

II.

Le mot célèbre de Diderot : *Toutes les religions du monde ne sont que des sectes de la religion naturelle*, caractérise à merveille l'opinion qui dominait au xviii° siècle sur la nature et la valeur des institutions religieuses. A en croire les philosophes de cette époque, les religions n'ont pas été pour la civilisation un instrument nécessaire et fécond, mais un obstacle ; elles ont corrompu la religion naturelle au lieu de la perfectionner, n'y ajoutant guère qu'un amas de superstitions et d'erreurs, ouvrage de la crédulité des faibles et de la politique des puissants. L'histoire des religions nous offre le triste spectacle des égarements de l'humanité, toujours crédule et toujours trompée. Car au fond, les religions n'ont point d'assiette solide dans la nature de l'homme ; ce sont des institutions tout artificielles, sans rapport intime avec la destinée morale du genre humain. Toutes les religions sont également fausses, sinon également malfaisantes. Moïse et Orphée, Zoroastre et Confucius, Mahomet et Jésus-Christ, sont des imposteurs ou des fous.

Voilà bien la philosophie des religions telle que le XVIII° siècle l'a conçue. Allez de Voltaire et de David Hume à Boulanger et à Dupuis, descendez du brillant *Essai sur les mœurs*, de l'ingénieuse esquisse sur l'*Histoire naturelle des religions*[1] à l'indigeste com-

---

[1] Voici un passage qui contient le fond de la pensée de David Hume sur les religions :

« Noble prérogative de la raison humaine ! elle peut atteindre à la connaissance du souverain Être : des objets que la nature expose à nos sens, elle remonte jusqu'au premier principe, jusqu'au créateur de l'univers. Mais voici bien un autre spectacle : promenez vos regards sur les nations et les temps ; examinez les maximes de religion qui ont eu vogue dans le monde ! vous aurez de la

pilation de l'*Origine des cultes* et à la rhétorique déclamatoire du *Christianisme dévoilé*, vous retrouverez partout les mêmes idées. Montesquieu et Rousseau font seuls peut-être exception à cette loi générale ; encore ne serait-il pas difficile d'en trouver de sensibles traces dans le célèbre dialogue du raisonneur et de l'inspiré[1], aussi bien que dans plus d'un endroit piquant des *Lettres persanes*; mais quel progrès de ce spirituel badinage à la profondeur, à la majesté de *l'Esprit des lois!* Dans ce livre immortel, le plus beau monument que le xviiie siècle nous ait laissé, l'influence éminemment bienfaisante et civilisatrice des religions, et entre toutes du christianisme, est marquée en traits pleins de force et d'éclat. Vous

peine à vous persuader que ce soit autre chose que des rêves d'un homme en délire; peut-être même les prendrez-vous plutôt pour des imaginations capricieuses de singes travestis, que pour des assertions sérieuses, positives et dogmatiques d'êtres qui s'honorent du beau nom d'êtres raisonnables....

« Tout est énigme et mystère : le doute, l'incertitude, l'irrésolution, voilà les seuls fruits de nos plus exactes recherches. Mais telle est la faiblesse de notre raison, tel est l'effet contagieux de l'opinion, que ce doute même, ce doute réfléchi, ne pourrait être de durée, si nous ne portions la vue plus loin, si en opposant superstition à superstition nous ne les faisions, pour ainsi dire, combattre ensemble; pendant qu'elles se font la guerre la plus furieuse, nous nous sauvons heureusement dans les régions obscures, mais tranquilles de la philosophie. » (Hume, *Hist. Nat. des Relig.*, dernières pages.)

[1] « Le Raisonneur : Homme de Dieu, vous ne seriez pas le premier fourbe qui donne son arrogance pour preuve de sa mission. » (*Emile*, tome III, Profession de foi du Vicaire savoyard.)

sentez à chaque page [1] les germes d'une philosophie des religions qui dépasse l'horizon du xviiie siècle, et fait de Montesquieu presque notre contemporain.

[1] « C'est mal raisonner contre la religion, de rassembler dans un grand ouvrage une longue énumération des maux qu'elle a produits, si l'on ne fait de même celle des biens qu'elle a faits. Si je voulais raconter tous les maux qu'ont produits dans le monde les lois civiles, la monarchie, le gouvernement républicain, je dirais des choses effroyables. Quand il serait inutile que les sujets eussent une religion, il ne le serait pas que les princes en eussent, et qu'ils blanchissent d'écume le seul frein que ceux qui ne craignent point les lois humaines puissent avoir....

« La question n'est pas de savoir s'il vaudrait mieux qu'un certain homme, ou qu'un certain peuple n'eût point de religion, que d'abuser de celle qu'il a ; mais de savoir quel est le moindre mal, que l'on abuse quelquefois de la religion, ou qu'il n'y en ait point parmi les hommes. » (*Esprit des lois*, livre XXIV, ch. 2.)

« Plutarque nous dit, dans la vie de Numa, que du temps de Saturne il n'y avait ni maître ni esclave. Dans nos climats, le christianisme a ramené cet âge. (*Esprit des lois*, livre XV, ch. 7.)

« Chose admirable ! la religion chrétienne, qui ne semble avoir d'objet que la félicité de l'autre vie, fait encore notre bonheur dans celle-ci.

« C'est la religion chrétienne, qui malgré la grandeur de l'empire et le vice du climat, a empêché le despotisme de s'établir en Éthiopie et a porté au milieu de l'Afrique les mœurs de l'Europe et ses lois....

« Que, d'un côté, l'on se mette devant les yeux les massacres continuels des rois et des chefs grecs et romains, et de l'autre la destruction des peuples et des villes par ces mêmes chefs, Thimur et Gengiskan, qui ont dévasté l'Asie, et nous verrons que nous devons au christianisme et dans le gouvernement un certain droit politique, et dans la guerre un certain droit des gens que la nature humaine ne saurait assez reconnaître. » (*Esprit des lois*, livre XXIV, ch. 3.)

Il est clair aujourd'hui pour tout esprit de quelque étendue que cette théorie du xviiie siècle sur les religions est radicalement fausse. Elle repose sur une des hypothèses les plus étranges qui jamais aient été conçues, l'hypothèse d'une religion parfaite, placée au berceau des sociétés, et qui se serait de plus en plus obscurcie et dépravée sous l'influence des religions positives. Cette hypothèse vaut bien celle qu'imaginait Rousseau quand il peignait l'homme de la nature, primitivement innocent et heureux, mais corrompu par la civilisation : théorie fantastique et creuse qui s'est condamnée elle-même en se formulant dans ce paradoxe fameux : « L'homme qui pense est un animal dépravé [1]. » Rousseau et Diderot, semblables aux poëtes qui chantèrent l'âge d'or, ont imaginé dans le passé du genre humain cette perfection qui est en effet dans ses destinées à venir, substituant ainsi un

---

[1] Ce ne sont point là les propres paroles de Jean-Jacques Rousseau. Voici le texte véritable : « La plupart de nos maux sont notre propre ouvrage, et nous les aurions presque tous évités, en conservant la manière de vivre simple, uniforme et salutaire qui nous était prescrite par la nature. Si elle nous a destinés à être sains, j'ose presque assurer que l'état de réflexion est un état contre nature, et que l'homme qui médite est un animal dépravé. » — Le *Discours sur l'inégalité* est plein d'exagérations aussi fortes. Rousseau va jusqu'à soutenir que la cause de tous les maux du genre humain, c'est sa perfectibilité. « Il serait triste pour nous, dit-il, de convenir que cette faculté distinctive et presque illimitée est la source de tous les malheurs de l'homme ; que c'est elle qui le tire, à force de temps, de cette condition originaire dans laquelle il coulerait des jours tranquilles et innocents ; que c'est elle qui, faisant éclore avec les siècles ses lumières et ses erreurs, ses vices et

souvenir stérile et un vain regret à de saintes et fécondes espérances.

L'hypothèse d'une religion parfaite, antérieure à la civilisation, ne soutient pas l'examen. Quels sont les dogmes de cette religion ? Un Dieu spirituel, unique, intelligent, libre et bon, qui aime également tous les hommes ? Or, il est clair qu'avant le christianisme, les hommes ne connaissaient pas ce Dieu. Nous ne trouvons partout que des dieux nationaux et limités. Le Jéhova du mosaïsme lui-même est à beaucoup d'égards un dieu national et local[1]. L'idée d'un

---

ses vertus, le rend à la longue le tyran de lui-même et de la nature. Il serait affreux de louer comme un être bienfaisant celui qui le premier suggéra à l'habitant des rives de l'Orénoque l'usage de ces ais qu'il applique sur la tempe de ses enfants, et qui leur assurent du moins une partie de leur imbécillité et de leur bonheur originel. (*Discours sur l'inégalité*, première partie.)

[1] Parmi un grand nombre de passages qu'il serait aisé de recueillir dans l'Ancien Testament, j'indiquerai celui-ci, comme particulièrement décisif : « Il n'y a point d'autre nation, dit Moïse aux Hébreux, si puissante qu'elle soit, qui ait des dieux aussi proche d'elle, comme notre Dieu est proche de nous, et présent à toutes nos prières. » (*Deutéronome*, ch. 4, vers. 7.) — Du reste, je ne conteste pas qu'on ne trouve dans la Bible, notamment dans le Psalmiste, plusieurs passages d'un caractère tout opposé, ceux-ci, par exemple : « Dieu est près de tous ceux qui l'invoquent, de tous ceux qui l'invoquent en vérité. » (*Psaume* 145, vers. 18.) — « Dieu est bon pour tous les hommes, et sa miséricorde éclate dans tous ses ouvrages. » (*Psaume* 145, vers. 9.) — Et dans *Amos* (IX, 7) : « Enfants d'Israël, vous êtes à moi, dit le Seigneur, mais les enfants des Éthiopiens ne m'appartiennent-ils pas aussi ? J'ai tiré Israël de l'Égypte, mais n'ai-je pas tiré aussi les Philistins de la Cappadoce et les Syriens de Syrène ? »

Dieu unique et universel est essentiellement chrétienne ; quelques sages avant Jésus-Christ l'avaient répandue parmi les esprits d'élite ; l'humanité ne la connaissait pas. A ce moment même, la plus grande partie des hommes l'ignore. Hors des peuples chrétiens, on chercherait vainement l'idée d'un Dieu unique et universel [1]. Au sein même du christianisme, quelle peine a-t-elle à pénétrer dans le peuple ? Supprimez un instant l'enseignement et la tradition chrétienne, et vous verrez ce que deviendra parmi les hommes le dogme d'un Dieu spirituel, leur père commun.

J'en dis autant de la morale ; l'idée de la fraternité humaine est une idée chrétienne [2] ; les stoïciens, il est vrai, s'étaient élevés jusque-là, de même que Platon, avant Jésus-Christ, avait atteint jusqu'au Dieu inconnu, au Dieu en esprit et en vérité de l'Évangile ; mais le christianisme seul a fait connaître au genre humain le dogme de la charité universelle, et j'ose affirmer que si les habitudes et les traditions chrétiennes pouvaient être aujourd'hui supprimées, les idées locales prévaudraient et le sentiment de la

[1] Je ne sépare point ici les peuples mahométans des nations chrétiennes proprement dites ; le Koran n'est-il pas en effet, comme on l'a si bien dit, une édition défectueuse de l'Évangile ?

[2] La racine de cette grande idée est dans l'Ancien Testament. Les deux grands préceptes : *Ne faites pas à autrui ce que vous ne voudriez pas qu'on vous fît à vous-même*, et : *Aimez votre prochain comme vous-même*, se rencontrent déjà dans Moïse et dans Tobie. « Ne maltraitez pas l'étranger, dit Moïse, aimez-le comme vous-même, vous souvenant que vous aussi, vous avez été étrangers sur la terre d'Égypte. » (*Exode*, XXIII, 9 ; *Deutéron.*, XXIV, 17 ; *Lévit.*, XIX, 34.

fraternité humaine s'évanouirait dans les âmes.

Quoi de plus naturel pourtant, quoi de plus raisonnable que de croire en un seul Dieu qui a fait tous les hommes frères? Oui, cela est naturel et raisonnable, c'est-à-dire cela est conforme aux plus pures inspirations de la nature et de la raison; mais ces instincts sublimes resteraient étouffés en nous sans une culture assidue et régulière. Cette culture, c'est la civilisation qui la donne; et les deux forces que la civilisation emploie à ce grand ouvrage, ce sont la religion et la philosophie.

Pour ne parler en ce moment que des religions, il est incontestable qu'elles ont rempli et remplissent encore aujourd'hui dans le monde une action éminemment civilisatrice. Qu'est-ce qui a fait la grandeur de la nation juive, si ce ne sont pas ses institutions religieuses? Où est la source de la vitalité indomptable de cette race que ni Babylone, ni la Grèce, ni Rome n'ont pu détruire, que vingt siècles de persécutions n'ont pas encore épuisée, si ce n'est dans la forte religion que Moïse recueillait au Sinaï sous la dictée de ce Jéhova, dont la voix tonne encore comme un écho lointain dans le terrible et sombre Dieu du juif Baruch Spinoza? Quel est le monument où la civilisation juive avec sa poésie, ses institutions, son histoire, ses mœurs, est gravée en caractères durables? C'est un monument religieux, la Bible. A qui la race arabe doit-elle son réveil, ses conquêtes, ses destinées merveilleuses? Au père de sa religion, à Mahomet.

Qui a donné à la Grèce ses arts, sa littérature, sa liberté, sa philosophie, sinon la religion d'Orphée et d'Hésiode? Sans la religion grecque, essayez de comprendre Eschyle et Sophocle, Ictinus et Phidias? Platon lui-même n'aurait plus de sens.

Combien la philosophie des religions du xviii° siècle paraîtra plus fausse encore si nous parlons du christianisme? Quel homme sérieux conteste aujourd'hui que le christianisme ait civilisé le monde moderne? Qu'était-ce du temps de Clovis et Charlemagne que la religion naturelle? Cherchez-en les principes parmi ces races, ces hordes barbares qui se pressaient sur le sol de l'Europe? Qui est-ce qui parlait alors aux hommes d'un Dieu spirituel, juste et bon, d'une âme libre et immortelle, de charité et d'amour? Était-ce le christianisme ou cette fantastique religion de la nature rêvée par la philosophie du xviii° siècle?

Le xviii° siècle ne s'est pas connu; il a maudit le christianisme, et il en est le fils légitime. Toutes ces idées épurées sur Dieu et sa providence, ces principes d'humanité, de justice universelle, que ce siècle réformateur a si glorieusement appliquées à l'organisation de la société moderne, de qui les avait-il héritées? De deux puissances qu'il a presque également méconnues : le christianisme d'abord, et la philosophie du xvii° siècle, la philosophie de Descartes et de Leibnitz. Si étrange que puisse paraître au premier abord ce résultat, il est certain que la religion naturelle telle que le xviii° siècle l'a conçue, la religion naturelle au nom de laquelle il a combattu le christianisme et les systèmes philosophiques, cette religion naturelle est un produit du christianisme. Expliquons ce rapport curieux de filiation avec l'étendue convenable.

L'homme naît avec deux besoins, distincts à la fois et inséparables, le besoin moral et le besoin religieux Être libre, il sent qu'il existe une loi qui doit régler sa volonté ; être capable d'intelligence et d'amour, il faut un objet infini à son esprit et à son cœur. Tout homme a donc l'instinct du bien et l'instinct de l'infini, d'un seul mot, l'instinct du divin ; c'est l'honneur de l'espèce humaine. Tout être qui peut vivre sans la foi au divin ou qui a étouffé cette foi sublime n'appartient pas à l'humanité.

L'instinct moral et religieux, l'instinct du divin, voilà ce qu'il y a de primordial dans l'homme, ce qui est antérieur et supérieur à toute religion et à toute philosophie, ce qui devient l'aliment et le fondement de toute croyance religieuse et de toute spéculation philosophique. Cela seul est commun à tous les hommes, sauvages ou civilisés, anciens ou modernes, de race mongole ou caucasienne ; cela seul constitue l'unité du genre humain.

Si l'homme se contentait de cet instinct confus, il resterait plongé dans une éternelle enfance, il manquerait sa destinée, et rendrait inutile le don le plus parfait que Dieu ait fait à la créature. La Providence y a pourvu. Il est dans la nature de l'instinct moral et religieux de se développer avec énergie. Le premier produit de ce développement, c'est ce qu'on appelle une religion. Point de peuple, point d'individu sans religion. L'athée est un être abâtardi, un produit accidentel et malheureux de la civilisation; et l'homme dans la pureté de sa nature est, suivant la forte parole d'un ancien, un animal religieux. Mais l'instinct du divin ne s'épuise pas dans l'enfantement des religions; il se développe sous d'autres formes. Après l'enthousiasme, la réflexion; après la foi, la curiosité, mère de la science; après la religion, la philosophie. Ici, même loi générale : point de civilisation un peu complète, sans un développement de réflexion et d'analyse, sans une moisson plus ou moins riche de systèmes philosophiques.

Le fond commun de toute religion comme de toute philosophie, c'est l'invincible besoin qui pousse l'homme à développer cet instinct de sa nature, l'instinct du divin. En ce sens, toutes les philosophies et toutes les religions sont unes; mais la nature humaine est diverse selon les temps et selon les lieux, et il y a dans la suite des générations humaines une transmission perpétuelle de croyances et d'idées, un développement, un progrès. De là, la diversité des philosophies et des religions; diversité régulière soumise à des lois qui sont les lois mêmes de la nature humaine. Or, un jour est venu, préparé par la divine providence, où toutes les religions du monde se sont connues, et se trouvant diverses et opposées, ont engagé une lutte et se sont brisées, pour ainsi dire, l'une contre l'autre, pour faire place à une religion nouvelle qui a recueilli et organisé leurs débris. Ce jour, on peut le signaler par une date que le genre humain n'oubliera jamais, la naissance de Jésus-Christ.

Quel avait été le but de toutes les religions antérieures à Jésus-Christ, de la religion égyptienne, de la religion persane, des religions de la Grèce et de Rome? Évidemment, c'avait été de satisfaire l'instinct moral et religieux, ou, en d'autres termes, de trouver les conditions de la vie morale et religieuse du genre humain. Or, c'est un fait qu'aucune de ces religions n'avait atteint ce but ; en ce sens, aucune n'était digne de l'homme. Voilà pourquoi toutes ces religions, après avoir fourni leur carrière, après avoir contribué chacune pour sa part au développement moral du genre humain, sont tombées pour ne jamais renaître ; voilà pourquoi tous les efforts de la philosophie d'Athènes et d'Alexandrie, réunis à la politique des empereurs, ont échoué pour maintenir les religions de l'antiquité. Tous les ressorts ont été tendus : on a essayé des moyens matériels : les persécutions, les supplices ; on a essayé des moyens spirituels : la transformation du paganisme par la philosophie, l'abrutissement systématique des chrétiens; on a invoqué le patriotisme, la superstition, la tradition, tout ce qui a une puissance parmi les hommes : tout a été inutile. Pourquoi cela? Pourquoi toutes les religions de l'antiquité portaient-elles au cœur un germe de mort inévitable? Parce qu'aucune religion avant le christianisme n'avait réussi à déterminer les conditions essentielles de la vie morale du genre humain. Pourquoi le christianisme a-t-il remplacé toutes les religions? Parce qu'il a résolu ce problème. Le christianisme contient en effet toutes les vérités essentielles ; il a hérité de toutes les religions et de tous les systèmes philosophiques ; il a fondu ensemble tous ces éléments en apparence discordants, Moïse et Platon, la sagesse de Memphis et de Delphes et la sagesse d'Athènes et d'Alexandrie ; il a emprunté à la Grèce sa métaphysique, au stoïcisme sa morale, à la Judée ses traditions, à l'Orient son souffle mystique, à Rome son esprit de gouvernement, et c'est ainsi qu'il est parvenu à réunir ensemble toutes les conditions de la vie morale de l'humanité dans un corps de doctrine durable. Cet enfantement merveilleux n'a pas été l'œuvre d'un jour : cinq siècles ont été nécessaires pour imprimer au christianisme le caractère d'une organisation définitive. Le dogme a été fixé sous le feu des hérésies par la sagesse des conciles. L'Église s'est constituée ; les dogmes ont été précisés, définis, coordonnés, enfermés dans d'exactes formules. Quiconque envisagera d'un œil impartial cette œuvre magnifique, ne pourra s'empêcher de reconnaître hautement que le christianisme a sauvé en effet le genre humain en lui donnant avec le sentiment de son unité l'ensemble des garanties morales qui assurent pour jamais ses destinées.

Ceux qui parlent d'une religion nouvelle ne s'aperçoivent pas que le christianisme n'est pas une religion comme les autres. Le christianisme a cela de propre et de distinct qu'il a déterminé d'une manière complète les conditions essentielles de la vie morale du genre humain. Il a donc résolu une fois pour toutes le problème des religions positives. Non point assurément que je veuille dire qu'il n'y ait désormais rien à découvrir dans l'ordre des questions religieuses. L'esprit humain, en effet, n'aspire pas seulement à recueillir les vérités essentielles, mais aussi à les expliquer, et en outre à découvrir sans cesse des vérités nouvelles. Aussi, le christianisme, en fermant la carrière des religions, ne ferme pas celle de l'esprit humain, qui est de soi sans limites et sans terme. Mais l'objet des religions est seulement de recueillir, de conserver, d'enseigner les vérités essentielles. Or, la religion chrétienne a fait cela. Elle est donc en un sens juste et profond la seule religion vraie, parce qu'elle est la seule parfaitement digne de l'homme; d'où il suit par une conséquence nécessaire qu'elle est la plus parfaite et la dernière des religions.

Le xviiie siècle s'est donc trompé sur la nature des religions, et sur la religion chrétienne en particulier. Il a cru que les religions étaient l'ouvrage de la crédulité et de l'imposture, tandis qu'elles sont le produit naturel et régulier de l'instinct moral et religieux du genre humain. Il s'est trompé sur le christianisme, parce qu'il a cru que c'était une religion comme une autre, et qu'elle était radicalement contraire à la religion naturelle et à la raison.

C'est une erreur capitale. Ce que le xviiie siècle a appelé religion naturelle, c'est le propre fond du christianisme. Il suffit pour s'en assurer de porter un regard attentif sur les trois grandes tentatives qui ont été faites au xviiie siècle pour systématiser la religion naturelle. Cette triple tentative se rattache aux trois principales écoles philosophiques du temps, l'école de Kant, l'école de Rousseau, l'école de Reid. Je laisse de côté l'*Encyclopédie*, les matérialistes et les athées, qui, après avoir célébré la religion et la loi naturelles, aboutissent à nous dire que la morale consiste à se conserver, et la religion à croire à la nature.

Les trois écoles dont je parle professent un grand mépris pour les systèmes philosophiques, et une grande indépendance à l'égard des croyances religieuses, laquelle se concilie avec une foi sincère chez les sages de l'Écosse, s'arrête au respect chez Kant, et va chez Rousseau plus d'une fois jusqu'à l'hostilité.

Or, recueillez dans la *Critique de la Raison pratique* de Kant, dans la *Profession de foi du Vicaire savoyard* et dans les *Essais* de Reid, les articles fondamentaux de la religion naturelle, qu'y trouverez-vous? Ces mêmes vérités que le christianisme a pour la première fois réunies en un système approprié au genre humain, et que la philosophie moderne, le génie des Descartes, des Malebranche, des Leibnitz, a assises sur le fond même de la raison, au-dessus de tous les systèmes théologiques et de toutes les hypothèses métaphysiques.

Examinez en effet les dogmes fondamentaux sur lesquels repose le christianisme ; on les peut réduire à trois : le dogme de la Trinité, le dogme de l'Incarnation, et le dogme de la Rédemption. Nous n'avons point à entrer ici dans toutes les profondeurs de ces dogmes ; nous n'en dirons que fort peu de chose, nous renfermant strictement dans ce qui se rapporte à notre sujet. Or, quel est le sens le plus évident de ces trois dogmes?

Le dogme de la Trinité établit d'abord l'unité absolue de Dieu, sa spiritualité, son incommunicable et absolue perfection. Ce Dieu considéré en soi n'est pourtant point un être inerte et sans vie, une force abstraite et indéterminée qui ne s'actualisera qu'en se développant et ne se réalisera que par ses œuvres. C'est un Dieu en qui s'unissent par un mélange inconcevable la perfection et la personnalité. Il se connaît, il s'aime, il vit en soi, d'une vie libre et indépendante, en dehors du temps et de l'espace. De la personnalité il n'exclut que les misères ; il en contient le principe, la vie dans l'intelligence et l'amour. Unité, personnalité, indépendance de Dieu, voilà le dogme de la Trinité.

Ce Dieu ne reste pas dans les muettes profondeurs de son existence éternelle. Il est amour, et l'amour lui conseille de répandre hors de soi sa perfection. Il crée, il remplit l'espace et le temps des merveilles de sa puissance. Il se réfléchit dans un être libre et intelligent comme lui, capable de comprendre et d'adorer l'Éternel.

Cette création suprême achève de combler l'intervalle qui sépare le fini de l'infini. Dieu se dérobe, pour ainsi dire, dans la nature, sous la fatalité de ses lois. Il se montre dans l'homme; il y habite, il s'y complaît. Bien plus, il veut s'unir à notre nature par le plus étroit et le plus incompréhensible des liens : il se fait homme, il s'incarne.

L'homme séparé de Dieu n'est guère qu'un animal plus perfectionné, fils du temps et fait pour en être dévoré, faible et chétive partie de ce cercle infini d'existences qui se produisent et se détruisent sans cesse. Par l'incarnation, il devient un être à part, un être capable de comprendre, d'aimer, de posséder les choses éternelles. Mais son intelligence est faible encore, sa volonté est sujette à faillir. L'homme connaît le mal, et le voilà séparé de son principe. Pour qu'il se rachète, pour qu'il se relève, il faut une miséricorde infinie qui donne un prix infini à son repentir. C'est le mystère de la Rédemption.

Dieu a revêtu la nature humaine. Il est mort pour tous les hommes, il les veut sauver tous, parce que tous les hommes sont ses enfants au même titre, pourvus des mêmes dons, soumis à une même loi d'amour et de charité. De là cette morale sublime qui a dépassé tout ce que la sagesse antique avait conçu de plus pur, et réglé pour jamais les rapports et les affections de l'homme. L'amour de soi-même, à titre d'image de Dieu, l'amour de ses semblables, à titre de membres du Christ, toutes ces affections, dirigées vers l'amour général de Dieu, voilà le code éternel de la morale fondé sur le code éternel de la religion.

Nous n'ignorons pas les mille objections qu'on peut élever ici, et nous ne pouvons les discuter en ce moment. Qu'il nous suffise de dire que nous n'avons pas prononcé une parole qui ne soit conforme au texte le plus exact de la plus sévère orthodoxie, et tout ensemble à la raison la plus éclairée.

Voilà cette religion naturelle que Rousseau développe si éloquemment dans la *Profession de foi du Vicaire savoyard*, dont Kant enchaîne les principes avec une vigueur supérieure dans sa *Critique de la Raison pratique*, que l'école écossaise, sous une forme moins sévère et moins éloquente, mais avec une force de bon sens et une droiture de conviction admirables, a promulguée à son tour au XVIIIe siècle. On a cru qu'en écrivant l'évangile de la religion naturelle, Rousseau avait détruit celui du christianisme. Nullement, il en traçait un beau commentaire; il ne détruisait pas le christianisme, il le transformait en philosophie.

III.

Nous espérons avoir fait clairement comprendre comment il se rencontre que, tout en ayant d'autres vues que M. l'archevêque de Paris sur la religion naturelle et sur le christianisme, nous tombions cependant pleinement d'accord avec lui sur deux conclusions essentielles de son livre : la première, que la religion naturelle est radicalement insuffisante pour le genre humain; la seconde, que le christianisme a été, depuis dix-huit siècles, et est encore nécessaire pour maintenir et pour répandre parmi les hommes les vérités morales et religieuses. Peut-être entrevoit-on déjà que les mêmes raisons qui nous font donner les mains à ces deux thèses de M. l'archevêque nous interdisent de lui accorder la troisième, celle pourtant à laquelle il tient le plus, savoir, que la philosophie est de sa nature impuissante en matière de morale et de religion.

M. l'archevêque de Paris s'efforce d'abord d'établir que la philosophie n'a pu sauver les dogmes de la religion naturelle au sein des nations païennes. Allons droit à l'erreur capitale sur laquelle est assise toute cette prétendue démonstration. M. l'archevêque de Paris se forme une sorte d'idéal de religion naturelle, et le confrontant tour à tour avec les divers systèmes de philosophie de l'antiquité, le platonisme, le stoïcisme, l'éclectisme d'Alexandrie, il ne voit partout que des images défigurées du modèle qu'il a pris soin de nous présenter. Or, comment M. l'archevêque de Paris a-t-il composé ce parfait modèle? En recueillant au sein du christianisme et de la philosophie moderne toutes ces vérités sublimes qui sont aujourd'hui tellement gravées dans nos âmes qu'elles nous paraissent toutes simples et toutes naturelles. Qui ne voit ce qu'il y a de factice dans cette démonstration? Au sein de cette longue élaboration d'idées morales et religieuses, où la philosophie ancienne a épuisé sa fécondité, et dont le christianisme a plus tard recueilli les fruits, qui pourrait s'étonner de ne rencontrer nulle part un corps de doctrine aussi homogène, aussi fortement lié que celui de l'Église? Tout grand ouvrage veut du temps. L'Église elle-même n'en a-t-elle pas mis à organiser sa foi, et s'imaginerait-on qu'on exposât au Didascalée d'Alexandrie, du temps de saint Pantène, un dogme aussi précis que celui qu'enseignent aujourd'hui les catéchistes de Notre-Dame? M. l'archevêque de Paris voudrait-il bien nous dire où était en Grèce, au viie siècle avant l'ère chrétienne, ce qu'il lui plaît d'appeler la religion naturelle? Est-ce dans les poëmes d'Homère ou dans la Théogonie d'Hésiode qu'était déposé le dogme d'un Dieu unique et spirituel? Est-ce à Delphes ou à Éleusis que s'enseignait la spiritualité de l'âme? Quelle voix s'est élevée pour la première fois au sein du paganisme pour attaquer les croyances polythéistes? C'est celle de Xénophane, un des pères de la philosophie grecque. L'auteur de *la Cité de Dieu* a consacré une grande partie de ce bel ouvrage à combattre les superstitions de l'anthropomorphisme païen; mais l'école d'Élée lui avait porté les premiers coups dix siècles avant saint Augustin. Tant le polythéisme avait de racines dans le genre humain! tant la philosophie grecque a eu de peine à les extirper! tant il est chimérique de croire que le dogme d'un Dieu unique et spirituel soit une donnée naturelle et primitive de la raison! Xénophane est peut-

être le premier en Grèce qui ait proclamé nettement
ce dogme essentiel dans deux vers immortels [1] que
nous a conservés saint Clément d'Alexandrie, et dont
voici le sens :

> Un seul Dieu supérieur aux dieux et aux hommes,
> Et qui ne ressemble aux mortels ni par la figure ni par l'esprit.

Le Dieu de l'école d'Élée est une conception déjà
admirable ; mais cette unité qui le caractérise est une
unité abstraite et immobile qui accable la pensée et
reste étrangère à la vie. Qui dans la Grèce antique a
conçu Dieu distinctement pour la première fois comme
une intelligence pure de tout mélange, source de
l'ordre et de l'harmonie de l'univers? C'est encore un
philosophe, c'est Anaxagore, à qui Aristote, saisi
d'admiration pour son glorieux devancier, accorde
ce magnifique éloge : « Quand un homme vint
dire qu'il y avait, dans la nature comme dans les
animaux, une intelligence qui est la cause de l'arrangement et de la beauté de la nature, cet homme
parut seul avoir conservé sa raison au milieu des folies de ses devanciers [2]. » Ce Dieu déjà si épuré est
encore bien éloigné de l'homme. Il est l'architecte de
l'univers physique ; il n'est point le législateur du
monde moral. Socrate vient annoncer à ses semblables
le Dieu de la conscience, le suprême et incorruptible
arbitre de nos destinées, le juge et le père de tous

---

[1] Clément d'Alex., *Stromates*, V. — Comp. Eusèbe, *Præpar. Evang.* XIII, 13.

[2] Aristote, *Métaph.*, livre I, ch. 3.

les hommes. Élève de Socrate, héritier d'Anaxagore et de Parménide, interprète accompli de la sagesse de l'antiquité, Platon en recueille tous les trésors et les assemble dans ces immortels dialogues, véritables évangiles de la philosophie, où toutes les grandes vérités morales et religieuses sont développées tour à tour dans des cadres merveilleux, enchaînées l'une à l'autre par leurs rapports les plus profonds, tantôt enlacées dans les nœuds d'une dialectique sévère, tantôt déployées dans la majesté d'une vaste et haute synthèse, voilées quelquefois sous les grâces d'une allégorie ingénieuse ou sous les amples développements d'un mythe épuré, revêtues enfin du plus beau langage qu'ait entendu l'oreille des hommes. Sans doute, ces grandes vérités sont engagées dans un système de philosophie destiné à périr; Aristote, après Platon, proposera un autre système, mais toutes les vérités essentielles sont dans le monde ; elles n'en sortiront plus. Qui a mieux connu qu'Aristote l'unité, la spiritualité, l'intelligence de Dieu, ce moteur immobile dont il caractérise l'essence par ces deux mots : Intelligible et Désirable, νοητὸν καὶ ὀρεκτόν[1]. L'école stoïcienne a hérité de cette profonde métaphysique, et quelquefois sans doute elle l'a altérée; mais qu'elle est grande dans l'ordre moral, l'école de Chrysippe et de Cléante, de Caton et de Brutus, d'Épictète et de Marc Aurèle! N'eût-elle découvert que le principe de la fraternité du genre

---

[1] Aristote, *Métaphys.*, I, ch. 3.

humain, cela suffirait à sa gloire. Or, c'est bien le stoïcisme, quelque silence discret que garde sur ce point M. l'archevêque de Paris, c'est le stoïcisme et non le christianisme qui a reconnu pour la première fois que les hommes sont frères et frères en Dieu. Le germe de cette conception admirable est déjà même dans Socrate : « Je ne suis, disait ce grand homme, ni Athénien, ni Grec, mais citoyen du monde [1]. » Noble parole, digne d'un chrétien, et qui n'empêchait pas Socrate de combattre en bon patriote à Délium, et d'emporter à Potidée sur ses robustes épaules Alcibiade blessé. Le stoïcisme a répandu dans le monde grec et romain pendant quatre siècles cette généreuse doctrine qui fut saluée par le peuple romain au théâtre dans le vers fameux de Térence :

Homo sum, humani nihil a me alienum puto [2].

Ainsi, c'est la philosophie grecque qui a mis au monde toutes les grandes vérités morales et religieuses. L'unité de Dieu, sa spiritualité, sa providence, fondement de ces lois *non écrites* que Socrate prêchait sur l'agora au peuple d'Athènes, la liberté, la responsabilité, l'immortalité de l'âme humaine,

[1] Ὁ δὲ Σωκράτης βέλτιον, οὐκ Ἀθηναῖος, οὐδὲ Ἕλλην, ἀλλὰ κόσμιος εἶναι φήσας, ὡς ἄν τις Ῥόδιος εἶπεν, ἢ Κορίνθιος. Plut., *De Exil.*, 5.

[2] Lucain, plus tard, exprima éloquemment l'idée stoïcienne dans ces vers :

Hi mores, haec duri immota Catonis
Secta fuit, servare modum, finemque tenere,
Naturamque sequi, patriaeque impendere vitam,
Nec sibi, sed toti genitum se credere mundo.

l'idée de la justice universelle et de la fraternité du genre humain, nous venons de voir tout sortir par degrés du développement progressif de la pensée humaine et du sein fécond de cette philosophie grecque dont on accuse la stérilité.

M. l'archevêque de Paris soutient que tous les systèmes de la philosophie grecque aboutissent, ou du moins inclinent au panthéisme ou au dualisme, et dans l'un et l'autre cas portent atteinte à quelqu'une des vérités de la religion naturelle. J'en tombe d'accord; mais il faut bien remarquer que les philosophes ne se proposent pas seulement de recueillir les vérités essentielles de l'ordre moral et religieux; ils veulent aussi les expliquer, et faut-il être surpris que pour les expliquer, il leur arrive souvent de les compromettre? C'est la loi de l'esprit humain, toujours exclusif, même quand il fait les plus grands efforts pour comprendre et pour embrasser toutes choses. Les théologiens n'ont pas le privilége d'échapper à cette commune loi, et je défie qu'on en cite un seul, saint Augustin [1] ou saint Thomas lui-

---

[1] Voici un passage de la *Cité de Dieu*, où saint Augustin explique la chute des mauvais anges et la persévérance des bons :

« Il faut croire que les bons anges n'ont jamais été sans la bonne volonté, c'est-à-dire sans l'amour de Dieu. Pour les autres qui après avoir été créés bons sont devenus méchants par leur mauvaise volonté, laquelle ne s'est corrompue que lorsque la nature, par sa propre défaillance, s'est séparée d'elle-même du souverain bien, en sorte que la cause du mal n'est pas le bien, mais l'abandon du bien, il faut dire qu'ils ont reçu un moindre amour que ceux qui

même, qui, une fois sorti de la stricte littéralité du dogme, ait essayé de résoudre une de ces terribles antinomies qui font le désespoir de la raison humaine, sans tomber dans quelque périlleuse extrémité. Qui oserait dire, par exemple, que la doctrine de saint Augustin sur la justification, ou celle de saint Thomas sur la prémotion physique, en faisant à la grâce et à la providence une si large part, laissent toujours toute la sienne au libre arbitre? Mais quoi? Pour empêcher l'esprit humain de jamais faire un faux pas dans sa course immortelle au travers des problèmes religieux et philosophiques, ne faudrait-il pas lui interdire le mouvement?

M. l'archevêque de Paris triomphe de cette fragilité de la raison humaine. La philosophie ancienne, dit-il, n'avait pour arrêter ses égarements aucune barrière sacrée et puissante. Le christianisme a élevé cette barrière. J'accorde cela sans difficulté. Oui, si la philosophie ancienne a découvert et mis au monde

---

y ont persévéré, ou que s'ils ont été créés également bons, tandis que ceux-ci sont tombés par leur mauvaise volonté, ceux-là ont reçu un plus grand secours pour arriver à ce comble de bonheur, d'où ils ont été assurés de ne pas déchoir, comme nous l'avons montré au livre précédent. » (*Cité de Dieu*, livre XIII, ch. 9.)

Il serait aisé de citer cent passages de saint Augustin, où le libre arbitre, toujours maintenu de nom, paraît au fond singulièrement restreint ou même absolument retranché. Qu'il me suffise de rappeler la phrase célèbre du *De Correptione et Gratia* (XII, 38) : « Subventum est igitur infirmitati voluntatis humanæ, ut divina gratia *indeclinabiliter* et *insuperabiliter* ageretur; et ideo, quamvis infirma, non tamen deficeret, neque adversitate aliqua vinceretur. »

toutes les grandes vérités morales et religieuses, le christianisme seul les a enchaînées dans un corps de doctrine complet et précis; seul il a pu les enseigner aux hommes au nom de Dieu; seul il a pu les mettre sous la garde d'une autorité permanente et réputée infaillible. Que ce soit son éternel honneur : mais il y aurait une ingratitude étrange de la part de l'Église à soutenir que le christianisme ne doit rien à la philosophie ancienne, rien à Socrate, rien à Platon, rien à Aristote, rien à Zénon et à Plotin ; et cela pour aboutir à ce résultat hautement démenti par l'histoire de la philosophie et par celle de la religion chrétienne elle-même, que la raison humaine est naturellement impuissante en matière de vérités morales et religieuses.

On ne saurait croire dans quels arguments désespérés se jette M. l'archevêque de Paris pour effacer les preuves éclatantes de l'influence exercée par la philosophie ancienne sur la formation du christianisme. Il défigure de la manière la plus étrange le système de Platon, lui attribuant tour à tour la théorie de l'émanation qui est panthéiste, et la théorie de deux principes coéternels qui est dualiste[1] ; con-

---

[1] M. l'archevêque de Paris s'exprime ainsi, page 82 : « Il ne faut pas oublier le principe de cette doctrine [la doctrine platonicienne] : les dieux inférieurs et les âmes humaines étaient émanés et non créés ; ils étaient à la divinité supérieure ce qu'est un corps à un autre corps dont il a été détaché. » Sans aller plus loin que la page suivante, je trouve un passage qui contredit formellement le précédent : « Pour être logique, dit M. l'archevêque de Paris, Platon

fondant les temps et les lieux, et ne paraissant pas distinguer les platoniciens qui, au IV⁰ siècle avant l'ère chrétienne, s'entretenaient à Athènes, sous les ombrages d'Académos, avec ces néo-platoniciens de Rome et d'Alexandrie, qui ont vécu du temps de saint Clément et de saint Athanase [1]. Nous sommes loin de faire un crime au savant auteur du *Traité de l'administration temporelle des Paroisses* d'avoir peu fréquenté Platon; mais nous dirons à ceux qui seraient tentés d'aller chercher dans le livre de M. l'archevêque de Paris une esquisse même imparfaite du plus beau système qu'ait produit l'antiquité : Ne lisez pas ce chapitre du docte prélat, lisez deux pages du *Phédon*.

M. l'archevêque de Paris n'est pas moins injuste pour l'école stoïcienne; il en supprime toutes les grandes parties. A quoi bon relever les imperfections de la physique de Zénon, quand tout le monde sait que la gloire du stoïcisme est dans sa morale? Je ne citerai pas Sénèque à M. l'archevêque de Paris, il

---

aurait dû aussi nier la liberté, dont l'idée est formellement exclue par toute doctrine qui suppose l'esprit et la matière éternels, quant à l'être, et contingents seulement quant à la forme et à l'organisation. » — Il est clair que d'après le premier passage, les dieux et les âmes humaines sont des émanations de la substance divine; d'après le second, tout cela est indépendant de Dieu, quant à l'être, et ne reçoit de lui que son organisation et sa forme. La contradiction est palpable.

[1] On remarquera que M. l'archevêque de Paris, dans son esquisse historique de la philosophie grecque, expose le système de Zénon et des stoïciens avant celui de Platon.

ne manquerait pas de me dire que Sénèque a connu saint Paul, lui qui n'hésite pas à faire connaître la Bible à Socrate, lequel ne sortit jamais d'Athènes que pour payer sa dette de citoyen à Potidée et à Délium. Mais ouvrez le *De Officiis* de Cicéron, qui apparemment n'a reçu de lettres d'aucun apôtre, et dites-moi si c'est un médiocre honneur pour une école de philosophie d'avoir inspiré, avant le christianisme, des pensées comme celles-ci :

« C'est la loi de la nature que tout homme fasse du bien à son semblable, quel qu'il soit, par cela seul qu'il est homme comme lui [1]. »

Cicéron n'est ici que l'interprète éloquent d'une morale qu'il avait empruntée aux écoles de la Grèce. En l'adoptant pour lui-même, il la rapporte à sa double origine, la philosophie de Platon et le stoïcisme :

« Non, dit-il, ce n'est pas seulement pour nous, suivant la belle parole de Platon, que nous sommes placés ici-bas; nous devons faire deux parts de notre vie, l'une pour la patrie, l'autre pour l'amitié. Disons mieux; disons avec les stoïciens que tout ce que produit la nature, elle le fait pour l'homme, pour tous les hommes; et que les hommes eux-mêmes n'ont été mis au monde que pour leurs semblables,

---

[1] « Hoc natura præscribit, ut homo homini, quicumque sit, ob eam ipsam causam quod is homo sit, consultum velit. » (Cicéron, *De Offic.*, III, 6.)

afin qu'ils puissent réciproquement se rendre utiles les uns aux autres [1]. »

Je trouve dans les *Lois* ce passage qui a peut-être encore un plus grand caractère : « La raison étant ce qu'il y a de plus excellent, et se rencontrant tout ensemble dans l'homme et en Dieu, il existe par elle entre Dieu et l'homme une société qui est la première de toutes. — Ce monde est donc comme la cité commune des hommes et des dieux [2]. »

« Réduire l'homme aux devoirs de la cité parti-

---

[1] « Sed quoniam (ut præclare scriptum est a Platone) non nobis solum nati sumus, ortusque nostri partem patria vindicat, partem amici; atque, ut placet stoicis, quæ in terris gignuntur, ad usum omnium omnia creari, homines autem hominum causa esse generatos, ut ipsi inter se aliis alii prodesse possint. » (*De Offic.*, I, 7.)

Cicéron dit encore : « In hoc naturam debemus sequi, communes utilitates in medium afferre, mutatione officiorum, dando, accipiendo, tum artibus, tum opera, tum facultatibus devincire hominum inter homines societatem. »

[2] « Est igitur, quoniam nihil est ratione melius, eaque et in homine et in Deo, prima homini cum Deo rationis societas. Inter quos autem ratio, inter eosdem etiam recta ratio communis est. Quæ cum sit lex, lege quoque consociati homines cum diis putandi sumus. Inter quos porro est communio legis, inter eos communio juris est. Quibus autem hæc sunt inter eos communia, et civitatis ejusdem habendi sunt.

« Si vero iisdem imperiis et potestatibus parent, multo etiam magis; parent autem huic cœlesti descriptioni mentique divinæ, et præpotenti Deo : ut jam universus hic mundus, una civitas communis deorum atque hominum existimanda ; et quod in civitatibus ratione quadam, agnationibus familiarum distinguuntur status, id in rerum natura tanto est magnificentius, tantoque præclarius, ut homines deorum agnatione et gente teneantur. » (*De Leg.*, I, 7.)

culière, disait encore le stoïcisme, et le dégager à l'égard des membres des autres cités, c'est rompre la société universelle du genre humain[1]. »

Après avoir entendu ces nobles accents de la sagesse philosophique, croirait-on que M. l'archevêque de Paris se laisse emporter par l'idée chimérique de la religion naturelle jusqu'à soutenir qu'à mesure qu'on remonte les âges de l'antiquité, on trouve des idées plus pures sur la divinité et la morale; qu'au contraire, plus on s'approche des temps chrétiens, plus on voit ces saintes idées s'obscurcir et se dépraver. Voilà une étrange philosophie de l'histoire. Quoi! Socrate a altéré les idées religieuses du polythéisme en donnant sa vie pour le dogme d'un seul Dieu? Platon s'est formé sur la divinité des notions moins épurées qu'Homère? Quoi! le Jupiter capricieux et libertin de l'Iliade est plus près du vrai Dieu que cet être dont Platon a écrit : « Disons la cause qui a porté le suprême ordonnateur à produire et à composer cet univers. Il était bon; et celui qui est bon n'a aucune espèce d'envie. Exempt d'envie, il a voulu que toutes choses fussent autant que possible semblables à lui-même. Quiconque, instruit par des hommes sages, admettra ceci comme la cause principale de l'origine et de la formation du monde, sera dans le vrai. Dieu, voulant que tout soit bon

[1] « Qui autem civium rationem dicunt habendam, internorum negant, hi dirimunt communem generis humani societatem. » (*De Offic.*, III. 6.)

et que rien ne soit mauvais, autant que cela est possible, prit la masse des choses visibles qui s'agitaient d'un mouvement sans frein et sans règle, et du désordre il fit sortir l'ordre, pensant que l'ordre était beaucoup meilleur. Or, celui qui est parfait en bonté n'a pu et ne peut rien faire qui ne soit très-bon [1]. »

C'est là sans doute une de ces grandes pensées de l'antiquité qui faisaient dire à saint Justin que le Verbe de Dieu s'était révélé aux sages du paganisme avant de s'incarner dans Jésus-Christ. M. l'archevêque de Paris ne veut voir dans l'admirable morceau que nous venons de citer que les traces de dualisme qui s'y font sentir. Quant aux vérités sublimes qu'il faut bien aussi y reconnaître, M. l'archevêque de Paris a recours à son expédient obligé, l'origine orientale et judaïque du platonisme, oubliant que, deux pages après, il reproche avec une assurance triomphante à Platon d'avoir ignoré l'idée de la création, idée que M. l'archevêque de Paris trouve écrite dans la Bible en caractères éclatants. En vérité, ce pauvre Platon a été bien maladroit de lire si légèrement les premiers versets de la Genèse.

Le dernier argument de M. l'archevêque de Paris est encore une contradiction. D'un côté, il soutient que la religion naturelle a été transmise par tradi-

---

[1] Platon, *Timée*, trad. de M. Cousin, tome XII, p. 119.

tion aux sages de l'antiquité, lesquels d'ailleurs n'ont pas ignoré, à ce qu'il pense, la révélation mosaïque ; de l'autre, il soutient qu'entre le christianisme et la philosophie ancienne, il y a contradiction absolue, et, se faisant une arme de cette contradiction imaginaire, il s'écrie : Comment le christianisme viendrait-il de la philosophie ancienne, puisqu'il enseigne des dogmes tout opposés? Nous répondrons que, d'après M. l'archevêque de Paris lui-même, il y a différence et non contradiction entre Platon et saint Augustin, entre Socrate et Jésus-Christ, entre la morale d'Épictète et celle de saint Paul. D'ailleurs, personne ne soutient que la philosophie grecque soit le seul élément dont le christianisme s'est formé. Le christianisme a recueilli un triple héritage. La Grèce, Rome, l'Orient, ont concouru à son organisation. Mysticisme oriental, haute et profonde métaphysique d'Athènes et d'Alexandrie, sens pratique, esprit de discipline et de gouvernement des Romains, il a tout pris et tout fondu au creuset d'un vaste éclectisme. On a beaucoup déclamé, de nos jours, contre l'éclectisme des alexandrins ; mais, en vérité, le tort d'Alexandrie, ce n'est pas d'avoir voulu être éclectique, mais de ne pas l'avoir été assez. Qu'est-ce qu'un système qui aspire à tout concilier et ne prétend à rien moins qu'au gouvernement moral du genre humain, et qui n'a rien de mieux à lui offrir qu'un dieu inaccessible, sans personnalité et sans vie, que la pensée ne peut comprendre, que le cœur ne peut sentir, sinon dans les chimériques ravissements de l'extase, achetés au prix de notre individualité même, le plus excellent de tous les dons de Dieu[1] ? Le vrai éclectisme, aux premiers siècles de notre ère, c'est celui de l'Église. Elle ne sacrifie ni le dogme de l'incompréhensibilité de la nature divine, ni celui de son intelligibilité, qui sert de contre-poids à l'autre. Elle maintient l'incommunicable perfection de l'Être suprême, sans lui immoler la dignité de l'homme. Cet abîme éternel qui sépare Dieu et sa créature, et que la théorie de l'émanation ne parvenait pas à combler, elle le remplit, elle, par l'idée sublime de l'Homme-Dieu. C'est ce que saint Augustin a compris d'une manière merveilleuse. « Platon, dit-il, m'enseigna le vrai Dieu ; mais il ne me dit pas la voie qui y mène, et cette voie, c'est Jésus-Christ. » Par le dogme de l'Homme-Dieu, l'Église en consacrant la liberté et la dignité de l'homme, marque tout ensemble sa faiblesse, son néant et la nécessité permanente du secours divin.

En général, l'Église ne repousse rien que les extrémités : elle veille sur les vérités essentielles et ne souffre pas qu'on en diminue le trésor. Elle maintient la grâce contre Pélage et la liberté contre Manès,

---

[1] C'est un point qui a été mis en pleine lumière par M. Jules Simon dans sa belle *Histoire de l'École d'Alexandrie*, dont le public attend la seconde partie. On consultera aussi avec fruit sur le mysticisme alexandrin le livre plein de science et d'intérêt que vient de nous donner M. Barthélemy Saint-Hilaire.

la divinité de Jésus-Christ contre Arius, son humanité contre Nestorius ; elle n'épargne personne, pas même ses plus chers enfants. Au IIe siècle, elle condamne Tertullien ; au XIIe, elle frappera Abélard ; au XVIIe, elle ne fera pas grâce à Fénelon. En même temps, elle laisse à l'ardeur naturelle de l'esprit humain une certaine liberté. Le stoïcisme quand il ne va pas jusqu'à Pélage, le mysticisme quand il ne s'emporte pas jusqu'à un quiétisme énervant, le sentiment du néant de l'homme quand il s'arrête en deçà de Jansénius, l'Église souffre et tolère tout cela. C'est du moins le rôle qu'elle a joué dans ses jours de puissance et de vie, depuis le concile de Nicée jusqu'au concile de Trente, inflexible pour tout excès, pour toute témérité, pour toute doctrine exclusive, gardienne vigilante et incorruptible des vérités essentielles.

Voilà pourquoi le christianisme est à nos yeux le chef-d'œuvre de la raison, l'honneur du genre humain, et, en un sens juste et profond, la règle éternelle des intelligences, je parle des plus hautes comme des plus humbles, de celle d'une pauvre femme agenouillée dans le temple comme de celle de Leibnitz. On s'est étonné d'entendre un ami de la philosophie plaider avec énergie la cause du christianisme, de l'Église et de ses docteurs les plus illustres. En vérité, je crois rêver. Sommes-nous en 1845 ou en 1792 ? L'horizon de Fréret, de Dupuis, de Volney est-il le nôtre ? Notre philosophie des religions serait-elle moins étendue que celle de Montesquieu, moins équitable pour le christianisme que celle de Jean-Jacques Rousseau? Ne savons-nous pas que le christianisme et l'Église, ce sont les témoignages les plus décisifs et les plus glorieux de la puissance de la raison et de la dignité du genre humain? Ne savons-nous pas que l'humanité ne compte pas de plus grands serviteurs que les Pères de l'Église, les Athanase, les Chrysostome, les saint Hilaire, les Augustin, les saint Bernard, et que jamais l'humaine raison, dans l'équilibre difficile et salutaire qu'elle doit garder entre mille tendances opposées, n'a trouvé de modérateur plus puissant et de modèle plus accompli que Bossuet. Abandonnons à une autre époque ces aveugles haines, ces préjugés indignes d'un siècle où la raison, libre désormais, doit trouver l'impartialité juste et facile après le triomphe. La raison, en étudiant de près le christianisme, s'est reconnue elle-même. Ce qu'elle voulait détruire, c'est son plus parfait ouvrage. Oui, l'idée chrétienne, l'idée de l'Homme-Dieu avec ses développements naturels, est la plus magnifique conquête du genre humain. Par elle, il s'est vraiment connu lui-même dans les conditions essentielles de sa vie morale; par elle, il a pris possession de ses destinées immortelles. Ce serait une philosophie bien étroite, que celle qui ferait remonter ses attaques jusqu'au principe même du christianisme, et croirait la raison intéressée à diminuer la gloire de ses plus profonds docteurs.

Ce serait aussi une bien injuste théologie que celle

qui, séparant le christianisme de tout ce qui a servi à le constituer, ne verrait dans la philosophie qu'une source d'erreur et de mal, et s'armerait de la grandeur du christianisme contre les droits de la raison. A nos yeux, la naissance du christianisme, son triomphe, sa durée, ne sont point un scandale pour la philosophie ; et le sentiment que nous inspire l'étude des merveilleuses destinées de cette auguste religion, c'est une foi profonde dans la force naturelle de la raison humaine, que Dieu n'abandonne jamais aux témérités et aux contradictions des individus, mais qu'il éclaire et gouverne sans cesse par des lois qui sont un reflet de sa nature éternelle. La raison a trouvé dans l'antiquité, par l'action de la philosophie, toutes les vérités essentielles ; par l'action du christianisme, elle les a systématisées dans un corps de doctrine admirable. De nos jours, enfin, la raison se reconnaissant elle-même sous les formes diverses de son développement, se retrouvant tour à tour dans la philosophie ancienne, dans le christianisme, comme aussi dans tous les systèmes religieux ou philosophiques qui ont servi à le préparer, aspire à prendre possession de toutes ses conquêtes, à recueillir à son tour toutes les grandes vérités morales et religieuses, à les accroître encore, et à les présenter à toutes les intelligences sous la forme la plus élevée, la plus digne d'une créature que Dieu a faite pour le comprendre aussi bien que pour l'aimer.

Nous concluons donc en repoussant avec la même force et la prétendue impuissance de la raison proclamée au nom du christianisme, et l'hostilité radicale, absolue, nécessaire, que certains esprits s'imaginent exister entre le christianisme et la philosophie. Quelques mots, en terminant, pour répondre à diverses objections qui se sont élevées de plusieurs points de l'horizon philosophique au sujet de l'attitude à la fois indépendante et conciliatrice que nous proposons à la philosophie à l'égard du christianisme. Nous croyons avoir répondu par avance aux trois principales, et il suffira presque de les indiquer pour les résoudre. Les uns nous disent : Vous respectez sincèrement le christianisme; vous désirez du fond de l'âme, non qu'il périsse, mais qu'il vive et répande partout ses bienfaits. Et cependant vous lui faites une condition basse et humiliante, en le reléguant dans une sphère inférieure, en élevant quelque chose au-dessus de lui. Je réponds que c'est une nécessité absolue de la philosophie, tout comme du christianisme, de ne rien reconnaître en dehors ni au-dessus de soi. Ce serait en vérité une chose étrange de soutenir que la philosophie fait au christianisme une trop petite part en lui disant : Vous êtes le chef-d'œuvre de la raison, l'honneur et le salut du genre humain, la règle impérissable, sinon la limite de toutes les intelligences, depuis le pâtre jusqu'à Newton. Pour en dire plus, il faut être le christianisme lui-même.

D'autres voix nous crient : Vous condamnez la philosophie à l'hypocrisie et à l'inertie. Nous sommes encore moins embarrassés de ces deux reproches que du premier. Quoi ! nous manquons de sincérité parce que nous proclamons pour le christianisme un respect, une admiration et une sympathie qui sont au fond de notre âme et s'y fortifient sans cesse par l'étude approfondie de cette grande et sainte religion? On suppose évidemment ici qu'il y a contradiction entre le christianisme et la philosophie ; que la philosophie est la vérité et la lumière, le christianisme l'imposture, les ténèbres et l'erreur ; que nous ne voulons du christianisme que comme d'un moyen de police bon pour contenir les masses populaires. Mais cette contradiction radicale, absolue du christianisme et de la philosophie, qui fait toute notre hypocrisie, on la suppose, on ne la prouve pas. On nous impute de la reconnaître, et nous la repoussons énergiquement au nom de l'histoire et de la raison. Oui, sans doute, il y a différence entre le christianisme et la philosophie, et cette différence suffit pour déterminer une rivalité, une lutte nécessaires ; mais d'une lutte généreuse et pacifique entre deux puissances spirituelles à une guerre acharnée, à un combat à mort où l'un des deux adversaires doit succomber, n'y a-t-il pas toute la différence qui sépare le tumulte et l'anarchie des principes de ce jeu régulier qui fait l'ordre et la vie ?

Le catholicisme et le protestantisme ne sont-ils pas

deux puissances diverses? Chacune d'elles n'aspire-t-elle pas à absorber l'autre? Et toutefois, ne vivent-elles pas régulièrement toutes les deux sous la protection légitime de l'État? C'est que le catholicisme, comme le protestantisme, comme cette autre religion qui s'appelle la philosophie, sont également dignes de l'homme, également capables d'exercer le ministère spirituel et de concourir par des moyens différents au maintien et au progrès de la civilisation. Voilà pourquoi l'État peut et doit les protéger également, et en même temps les contenir dans certaines limites, celles de la justice et de la raison universelles, pour l'intérêt commun de la société. Si le pasteur ne voit pas un ennemi dans le prêtre, pourquoi le philosophe verrait-il dans le prêtre et le pasteur de mortels adversaires? C'est au philosophe, au contraire, plus qu'à tout autre, de comprendre et de respecter toutes les puissances légitimes. Ce commun respect de la philosophie et de la religion l'une pour l'autre n'ôterait rien du reste à la liberté de leur action, et ceci nous amène à répondre d'un seul mot au dernier reproche qu'on nous adresse, celui de réduire la philosophie à l'inertie. Nous ne nous attendions pas, il faut l'avouer, à être accusés de marquer à la philosophie un but trop au-dessous d'elle; que lui proposons-nous en effet? rien de moins que ceci : la conquête progressive et pacifique du genre humain.

NOTES.

Note A.

Nous n'avons rien à répondre aux injures et aux calomnies que nous a values notre article sur le voltairianisme. Si le public se souvient encore de ces violences, c'est aux écrivains qui en ont donné le scandale à se justifier comme ils pourront. Pour nous, qu'il nous suffise de nous associer complétement à la note qu'on va lire, où les droits de la critique ont été énergiquement maintenus :

« L'article que nous avons récemment publié sur la *Renaissance du voltairianisme* a produit dans la presse, dans les écoles et dans les hautes parties du monde politique et littéraire, une impression qui n'est point encore effacée. Cette émotion générale, excitée par un acte de courage et de vigueur, les cris des blessés, la fureur de leurs amis, l'absence complète de toute réplique sérieuse, la substitution désespérée des outrages aux bonnes raisons, tout prouve que l'auteur de l'article avait visé juste et que le coup a porté. Un seul incident est regrettable dans cette lutte décisive, c'est qu'un écrivain dont les opinions avaient été discutées avec gravité et combattues avec mesure, ait entrepris sous l'inspiration d'une colère portée jusqu'à l'oubli de sa dignité, d'imprimer à un sérieux et loyal débat le triste caractère d'une discussion personnelle, et qu'il ait jeté dans la presse démocratique une lettre qui a affligé ses meilleurs amis[1], et dont les journaux les moins scrupuleux en fait de personnalités violentes ont rougi pour lui. Nous cherchons encore une explication spécieuse à ces déplorables emportements, de la part d'un écrivain qui aspire à l'honneur de défendre aux premiers rangs le droit illimité du libre examen. Dans l'approbation à peu près unanime qui a accueilli l'article de la *Revue des Deux-Mondes*, si quelques esprits exercés aux combinaisons de la stratégie politique ont fait leurs réserves sur la question d'opportunité, il n'en est pas un seul qui n'ait pleinement rendu hommage à la franchise de l'attaque, à la solidité, à la sincérité de la discussion, et par-dessus tout à l'esprit de mesure et de convenance qui s'y faisait partout sentir. Qu'a-t-on répondu à cette critique élevée, si décente dans sa vigueur même? rien, absolument rien, car les outrages ne comptent pas. Que M. Michelet considère d'un œil attentif l'attitude générale de la presse à l'égard de son livre. Sur toute cette immense ligne qui s'étend depuis les journaux honnêtes du parti religieux jusqu'à la presse démocratique, silence absolu ou approbation pleine de réserves. Dans les journaux du radicalisme, il est vrai, M. Michelet a rencontré des sympathies; mais une adhésion explicite et ferme, il ne l'a trouvée nulle part, pas même dans un recueil dévoué, qui, tout en affichant de grandes prétentions à la haute critique philosophique et religieuse, tient un écrivain pour suffisamment réfuté quand on lui a dit, en style du *Père Duchesne*. « qu'il n'a pas de sang

[1] J'ai répondu publiquement à cette lettre, sur laquelle il m'est pénible d'être obligé de revenir; mais une explication est ici absolument nécessaire. On m'a accusé d'ingratitude envers un ancien maître. La vérité est qu'élève de l'Ecole normale, en 1834, bien que déjà voué tout entier aux études philosophiques, j'ai suivi le cours d'histoire moderne de M. Michelet; mais il faut ajouter que je n'ai jamais eu aucune relation personnelle avec le célèbre professeur, soit à l'Ecole, soit depuis dix ans que j'en suis sorti. Je laisse aux plus délicats en matière de convenance le soin de décider si ma position à l'égard de M. Michelet m'ôtait le droit de dire sincèrement mon avis sur ses théories philosophiques et religieuses.

dans les veines, mais de la boue. » Que doit penser au fond l'auteur de l'*Histoire romaine*, de ses alliés de fraîche date? Dans quel monde, hélas! est-il allé commettre un talent si fin et si distingué? Qu'il y prenne garde : de pareilles sympathies engagent celui qui les inspire, surtout celui qui va les chercher, et on se flatterait en vain d'échapper à l'accablante solidarité de certaines apologies.

« Au surplus, et quoi qu'il arrive, l'objet essentiel de l'article sur la renaissance du voltairianisme aura été rempli. Ou bien, en effet, les nouveaux voltairiens prendront le parti de la prudence, nous ne voulons pas dire de l'hypocrisie, et s'empresseront de déclarer qu'ils n'ont pas entendu attaquer sans distinction les ministres de la religion chrétienne, qu'ils n'en veulent pas aux institutions du christianisme, mais seulement à certains abus, et alors nous nous féliciterons de conserver dans nos rangs, ou plutôt d'y voir rentrer des amis un instant égarés; ou bien, on arborera fièrement son drapeau, et l'on conviera la génération nouvelle à marcher, enseignes déployées, au renversement des institutions religieuses. La critique alors reprendra tous ses droits; elle frappera, sans scrupule désormais et sans ménagement, sur ces dangereuses folies. On aura beau dire qu'elle dénonce des professeurs aux rigueurs du pouvoir, la critique répondra qu'elle dénonce des doctrines insensées aux décisives rigueurs de la raison publique. Il serait trop étrange, en vérité, que l'on pût abriter ainsi les erreurs de l'écrivain derrière la robe du professeur, se décerner un brevet d'infaillibilité de ses propres mains, et lancer l'anathème à ses contradicteurs du haut d'une chaire inviolable; il serait trop étrange qu'il fût permis, dans un pays libre, sous le singulier prétexte qu'on est chargé par l'État d'enseigner la morale à la jeunesse de nos écoles, d'entasser impunément, dans des livres adressés au public, les violences et les énormités, à l'abri de toute critique indépendante, et sous la protection d'une sorte de terreur organisée de longue main dans la presse démocratique. Si les choses pouvaient en venir là, il faudrait renoncer à tout libre examen, il faudrait désespérer de la dignité et des droits de la critique ; mais non, l'opinion ne prendra pas le change : elle reconnaîtra qu'on ne s'attaque pas à des personnes et à des situations, mais à des doctrines ; qu'on ne demande pas que tel professeur perde sa chaire, mais qu'il recouvre la modération et le sens. La critique soutiendrait, au besoin, l'opinion publique incertaine ou abusée ; elle a les yeux ouverts sur toutes les témérités, et sans perdre de vue les ténébreuses menées et les desseins du jésuitisme un instant réduit au silence[1], elle continuera d'exercer sa vigilance sur d'autres excès non moins dangereux. Elle est fermement résolue à combattre les extravagances de toute espèce ; c'est son droit, elle le connaît ; c'est son devoir, rien ne l'empêchera de l'accomplir. Dans l'ordre philosophique et religieux, comme dans l'ordre littéraire, la *Revue des Deux-Mondes* maintiendra fermement sa ligne de conduite. Elle ne souillera pas, par des représailles indignes, des pages où elle entend faire régner le bon goût à côté du bon sens, et associer toujours la modération à l'énergie. En continuant de surveiller et de combattre tout déréglement d'imagination, toute entreprise violente sans portée comme sans avenir, elle restera fidèle à ses traditions. »

(*Revue des Deux-Mondes* du 15 février 1845.)

Note B.

DU CÉLIBAT ECCLÉSIASTIQUE DANS LES PREMIERS SIÈCLES DE L'ÉGLISE.

Nous ne voulons point traiter ici les questions délicates et compliquées qui se rattachent à l'histoire du célibat ecclésias-

---

[1] On se complait à dire que l'auteur de l'article sur le voltairianisme est l'objet des caresses et des embrassements du clergé. Les personnes qui connaissent les faits et qui lisent les articles et les brochures que le parti clérical écrit contre moi sauront réduire à leur juste valeur ces perfides insinuations.

tique ; notre dessein est simplement de justifier une assertion que nous avons émise, savoir, que, dans les premiers siècles de l'Église, il n'y avait pas incompatibilité absolue entre l'état de mariage et le ministère ecclésiastique.

Qu'un grand nombre de prêtres, et même d'évêques fussent mariés, c'est ce qui résulte du témoignage des historiens ecclésiastiques les plus autorisés et de plusieurs décisions expresses des conciles. On ne peut être embarrassé ici que pour le choix des preuves ; nous indiquerons seulement les plus frappantes.

1° On lit dans les Canons des apôtres : *Episcopus vel presbyter, vel diaconus uxorem suam ne ejiciat religionis prætextu ; sin autem ejecerit, segregetur ; et si perseveret, deponatur.* (Canon. apostol., V. — Voyez Labbe, *Concil.*, t. I, c. 2.)

2° Le concile d'Élibéry, d'Illiberis ou d'Elvire, *Concilium Eliberitanum* (v. 300) défend aux prêtres mariés de s'abstenir de leurs femmes. Voici le texte :

Placuit in totum prohiberi episcopis, presbyteris et diaconibus vel omnibus clericis positis in ministerio abstinere se a conjugibus suis, et non generare filios ; quicumque vero fecerit ab honore clericatus exterminetur.

On a contesté le sens de ce canon, et soutenu qu'il défendait aux prêtres, non pas de s'abstenir, mais d'user du mariage. En adoptant cette interprétation, diamétralement opposée au texte, et que les écrivains protestants ont généralement repoussée (Voyez Basnage, *Hist. de l'Église*, tome II, p. 1502), il n'en reste pas moins prouvé par les mots *conjugibus suis* qu'un grand nombre de prêtres et même d'évêques étaient mariés.

3° C'est ce qui résulte aussi de ces paroles que Jérôme, le grand promoteur du célibat des prêtres, adresse à Jovinien (*Hier. ad Jovin.* lib. I) :

« *Certe confiteris non posse esse episcopum qui in episcopatu filios faciat; alioqui, si deprehensus fuerit, non quasi vir tenebitur, sed quasi adulter damnabitur : adeo, inquam, alta radice in Ecclesia fixa erat continentia sacerdotum...... Conjugati episcopi abstinebant a conjugio.*»

4° Le X° canon du concile d'Ancyre (313-349) porte que les diacres qui déclareront au moment de l'ordination qu'ils ont l'intention de prendre femme, s'ils viennent par la suite à se marier avec la permission de leur évêque, conserveront les fonctions du saint ministère :

« *Diaconi quicumque, cum ordinantur, si in ipsa ordinatione protestati sunt, dicentes, velle se habere uxores, nec posse se continere; hi postea si ad nuptias venerint, maneant in ministerio, propterea quod his episcopus licentiam dederit. Quicumque sane tacuerunt, et susceperunt manus impositionem, professi continentiam, si postea ad nuptias venerint, a ministerio vel claro cessare debebunt, laicam tantum recipientes communionem.*» (Acta Concil. tom. I, p. 275.)

Voici le propre texte du X° canon :

Διάκονοι, ὅσοι καθίστανται, παρ' αὐτὴν τὴν κατάστασιν εἰ ἐμαρτύραντο καὶ ἔφασαν χρῆναι γαμῆσαι, μὴ δυνάμενοι οὕτως μένειν· οὗτοι μετὰ ταῦτα γαμήσαντες, ἔστωσαν ἐν τῇ ὑπηρεσίᾳ διὰ τὸ ἐπιτραπῆναι αὐτοὺς ὑπὸ τοῦ ἐπισκόπου· τοῦτο δὲ εἴ τινες σιωπήσαντες, καὶ καταδεξάμενοι ἐν τῇ χειροτονίᾳ μένειν οὕτως, μετὰ ταῦτα ἦλθον ἐπὶ γάμον, πεπαῦσθαι αὐτοὺς τῆς διακονίας. (Conc. Ancyr. Can. 1.)

5° Au concile de Nicée (325) on voulait porter une loi qui défendait aux évêques, aux prêtres et aux diacres d'habiter avec les femmes qu'ils avaient épousées étant laïques. Paphnuce, évêque dans la haute Thébaïde, se leva et dit (selon le témoignage formel et incontestable de Socrate, livre I, ch. 11) :

« Qu'il ne fallait point imposer un joug si pesant aux clercs sacrés; que le lit nuptial est honorable et le mariage sans tache; que cet excès de rigueur nuirait plutôt à l'Église; que tous ne pouvaient porter une continence si parfaite, et que la chasteté conjugale en serait peut-être moins gardée; qu'il suffisait que celui qui était une fois ordonné clerc n'eût plus la liberté de se marier, suivant l'ancienne tradition de l'Église, mais qu'il ne fallait pas séparer de sa femme celui qui l'avait épousée étant encore laïque. »

Ainsi parla saint Paphnuce, quoique lui-même eût gardé sa virginité ; car il avait été nourri dès l'enfance dans un monastère.... Tout le monde suivit son avis. On ne fit pas de loi nouvelle, c'est-à-dire que l'Église demeura dans son usage et dans sa liberté. (Voyez Fleury, *Hist. ecclés.*, t. III, p. 140.)

6° Suivant Sozomène (lib. III, cap. 14, p. 520), le concile de Gangres (325-341) anathématisa ceux qui s'éloignaient d'un prêtre marié ou qui ne recevaient pas les sacrements de sa main.

Εἴ τις διακρίνοιτο παρὰ πρεσβυτέρου γεγαμηκότος, ὡς μὴ χρῆναι λειτουργήσαντος αὐτοῦ προσφορᾶς μεταλαμβάνειν, ἀνάθεμα ἔστω.

(*Conc. Gangr.* Can. δ'— Voyez *Act. Concil.* I, p. 530.)

7° Le XI° canon du concile d'Angers (455) permet d'ordonner prêtre ou diacre un homme marié, à condition qu'il n'ait qu'une seule femme et qu'il en soit le premier mari : « *Non nisi unius uxoris viri, iidemque virginibus copulati, diaconi vel presbyteri ordinentur.* » —(Conc. Andeg. Canon XI; voyez *Act. Concil.* II, p. 778).

Ce canon s'accorde à merveille avec le témoignage de Clément d'Alexandrie : « *Jam vero unius quoque uxoris virum utique admittit seu sit presbyter, seu diaconus, seu laicus, utens matrimonio citra reprehensionem.* » (*Strom.* III, éd. de Paris, p. 150. — Voir *Maxim. Biblioth. vet. Patr.* éd. de Lyon, tome III, p. 129.)

8° Tout le monde sait que Synésius, élu comme évêque par le peuple de Ptolémaïs, fit une condition expresse de son acceptation qu'il continuerait de vivre avec sa femme et ses enfants. — Ce n'est point là un fait unique dans l'histoire de l'Église. Baronius n'hésite pas à convenir qu'un grand nombre d'évêques étaient mariés dans la primitive Église :

« *Accidebat et hoc olim frequenter ut moribus spectatissimi, quantumlibet uxorem haberent, in episcopos eligerentur, licet cœlibes non deessent.* » (*Annal. Eccles.*, tome I, p. 497.)

De cet ensemble de textes et de témoignages, que voulons-nous conclure? Une chose très-simple et que nul esprit impartial ne saurait contester : c'est que dans les premiers siècles de l'Église rien n'était réglé d'une manière uniforme et précise touchant le célibat ecclésiastique. Ni le mariage n'était expressément et universellement permis aux prêtres, ni le célibat ne leur était strictement imposé. En un mot, bien que la tendance et l'esprit de l'Église fussent de mettre en honneur la continence et d'encourager le célibat des ministres de l'autel, on peut dire que cette incompatibilité absolue qui se rencontre aujourd'hui entre l'état ecclésiastique et le mariage ne s'est établie dans l'Église qu'assez tard, et que du temps du concile de Nicée, par exemple, elle n'existait certainement pas. Au surplus, nous allons donner une preuve sensible de la sincérité et de la liberté d'esprit que nous portons dans ces matières tant controversées, en citant un passage étendu du savant *Manuel de Droit ecclésiastique* de Walter, où l'établissement du célibat des prêtres est traité avec une précision et une impartialité parfaites :

« Le renoncement à la vie conjugale, pour s'adonner sans partage aux choses divines, constitue évidemment un plus haut degré de perfection, et cette supériorité lui a aussi été reconnue par Jésus-Christ et les apôtres. Un tel renoncement paraissait particulièrement digne de ceux qui, célébrant journellement les saints mystères, devaient y attacher exclusivement leur pensée. En vue de ce noble but, l'Église travailla sans relâche à ériger graduellement en loi un précepte appuyé sur les paroles du Christ et de l'Apôtre, et déjà consacré par l'esprit de l'Église, l'exemple de tous ses illustres évêques et docteurs, et une pratique générale. C'est pourquoi, dès le IV⁰ siècle, divers conciles prononcèrent la destitution de l'office contre le prêtre et même contre le diacre qui se mariait après l'ordination, et enjoignirent aux ecclésiastiques, depuis l'évêque jusqu'au sous-diacre, qui recevaient l'ordination après avoir contracté mariage, de s'abstenir des relations conjugales. La dernière disposition fut même proposée au concile de Nicée, mais non encore adoptée, parce que dans la disette d'ecclésiastiques, on devait fréquemment fermer les yeux sur les clercs qui, ordonnés après mariage, continuaient la cohabitation [1]. Mais dès le quatrième siècle, les lois de l'Église d'Occident prirent une marche plus décidée ; elles exigèrent une continence absolue, non-seulement des prêtres, mais même des diacres, et ne permirent conséquemment de conférer ces ordres à des hommes mariés qu'autant qu'ils feraient vœu de chasteté. Enfin l'obligation du célibat fut étendue aux sous-diacres, et en recevant cet ordre, les hommes mariés durent également promettre la continence ou le renvoi de leur femme. La transgression de toutes ces lois n'entraînait pourtant pas l'annulation du mariage, mais seulement l'interdiction des fonctions ecclésiastiques. Dans l'Église d'Orient, on prohiba alors aussi, à partir du sous-diaconat, le mariage de ceux qui étaient entrés célibataires dans le clergé, et Justinien sanctionna cette défense en décidant qu'outre l'exclusion de l'état

[1] Walter cite ici un passage très-curieux de saint Épiphane : « Ita enim profecto sese res habet, ut post Christi in orbem terrarum adventum eos omnes, qui secundum priores nuptias mortua uxore alteri sese nuptiis illigarint, sanctissima Dei disciplina rejiciat; propterea quod incredibilis est sacerdotii honor et dignitas. Atque istud ipsum sacrosancta Dei Ecclesia cum omni provisione diligentiaque servat. Quin enim insuper, qui adhuc matrimonio degit, ac liberis dat operam, tametsi unius sit uxoris vir, nequaquam tamen ad diaconi, presbyteri, episcopi aut subdiaconi ordinem admittit : sed eum duntaxat qui ab unius uxoris consuetudine sese continuerit, aut ea sit orbatus ; quod in illis locis præcipue fit, ubi ecclesiastici canones accurate servantur. At enim non nullis adhuc in locis presbyteri, diaconi et subdiaconi liberos suscipiunt! Respondeo : non illud ex canonis authoritate fit, sed propter hominum ignaviam, quæ certis temporibus negligenter agere ac connivere solet : et ob nimiam populi multitudinem, cum scilicet qui ad eas se functiones applicent, non facile reperiuntur. » (Epiph. *Advers. Hæres.* libr. II, tome I, hær. 59, c. 24.)

ecclésiastique prononcée contre les infracteurs, les enfants seraient considérés comme illégitimes, et conséquemment le mariage comme nul. Du reste, on différait encore de l'Église latine en ce qu'on admettait sans aucune réserve les hommes mariés jusqu'à l'ordre de la prêtrise et qu'on n'exigeait leur séparation de leur femme qu'en les sacrant évêques. Plus tard même s'introduisit l'usage de permettre le mariage aux ecclésiastiques, non-seulement avant l'ordination, mais encore dans le cours des deux années suivantes ; mais l'empereur Léon rétablit l'ancien droit. Toutefois il apporta, sous un autre rapport, cet adoucissement que les ecclésiastiques qui contractaient mariage ultérieurement à l'ordination, ne devaient plus être exclus de l'état ecclésiastique, mais seulement destitués de leur office, et d'ailleurs conservés pour le service ecclésiastique conciliable avec le mariage. Dans l'Église latine on ne fit pendant ce temps que reproduire à plusieurs reprises, et d'une manière très-énergique, les anciennes dispositions contre le mariage des prêtres ; elles furent aussi corroborées par l'institution des chapitres. Mais lors de la cessation de la vie canoniale et de la décadence correspondante de la discipline ecclésiastique, ces dispositions conservèrent si peu d'influence, qu'il y eut de nouveau dans tous les pays, et même sous les yeux du pape, un grand nombre de prêtres mariés. Le clergé se trouva ainsi enchaîné au monde par des liens divers, et l'Église paralysée, rabaissée au-dessous des intérêts temporels par ses propres ministres, à l'époque même où il lui fallait pour combattre la barbarie du temps, les ressorts spirituels les plus actifs. Enfin, Grégoire VII, pour sauver la liberté de l'Église, rétablit l'ancienne discipline par un coup décisif : il fulmina l'excommunication (1074) tant contre les prêtres mariés que contre les laïques qui se confesseraient à eux ou entendraient leur messe. Le mariage demeurait pourtant valable, et n'entraînait, comme auparavant, que la destitution des fonctions ecclésiastiques. Mais bientôt il en fut comme en Orient sous

Justinien, et les mariages des clercs, à partir des sous-diacres, furent déclarés nuls. Quant aux grades inférieurs, ils ne tombèrent pas aussi absolument sous l'empire des lois anciennes, et à leur égard on se régla plutôt sur l'usage de chaque Église. C'est pourquoi il y eut longtemps encore en Occident des clercs mariés de cette dernière classe qui remplissaient des fonctions ecclésiastiques. Mais dès le douzième siècle la sévérité imprimée aux lois du célibat, s'étendit aux clercs inférieurs en ce sens que leur mariage, tout en demeurant valable, dut entraîner immédiatement et *ipso facto* la perte de l'office et des priviléges de l'état ecclésiastique. Plus tard cependant cette rigueur fut atténuée sous certaines conditions, et il fut permis de conférer, en cas de besoin, les fonctions des ordres mineurs à des hommes mariés. » (Walter, *Manuel du Droit ecclésiastique* trad. par M. de Roquemont, p. 277 et suiv.)

Note C.

DU PRÉTENDU QUIÉTISME DE BOSSUET.

Je m'empresse de dire que personne n'a jamais imputé à Bossuet les doctrines spéculatives du quiétisme. L'énormité serait trop forte et rendrait toute réfutation inutile. Tout le monde sait que Bossuet a composé plusieurs de ses plus beaux ouvrages contre le quiétisme, qu'il n'a pas plus épargné madame Guyon et son illustre défenseur qu'il ne faisait Claude et Jurieu; si ardent, si résolu, si inflexible dans cette longue lutte qu'il a paru porter quelquefois le zèle jusqu'à la passion et la sévérité jusqu'à l'injustice. C'était le génie le plus naturellement éloigné des molles douceurs de la mysticité, le plus ennemi des raffinements de l'amour pur, sobre, sensé, pratique, ami de l'œuvre, profondément versé dans la connaissance du cœur humain, pénétré de la nécessité de donner une règle à tous les penchants, à tous les sentiments de notre nature, aux plus sublimes comme aux plus grossiers.

Transformer un tel homme en quiétiste est une idée qui n'est encore venue à personne; mais on affirme avec insistance que ce même Bossuet, si solide, si profond, si sensé quand il combat le quiétisme dans l'ordre spéculatif, le professe ou du moins l'encourage dans la pratique.

Voilà une étrange contradiction, bien surprenante à coup sûr dans l'homme du monde qui a le moins séparé la pratique de la théorie, dans ce Bossuet dont l'esprit et le caractère étaient si bien faits l'un pour l'autre, et qui savait si merveilleusement assujettir toutes les parties de sa riche et forte nature à cette discipline exacte, à cette inflexible règle qu'il recommandait sans cesse aux autres. Quelque singulière toutefois que cette contradiction puisse paraître, il faut examiner si Bossuet y est tombé en effet.

On a cité des lettres, recueilli les déclarations de la sœur Cornuau, commenté les aveux d'une autre pénitente de l'illustre évêque, madame d'Albert, rapproché des phrases d'un caractère assez extraordinaire. Que résulte-t-il de tout cela? Selon nous, tout cet échafaudage croule devant une distinction très-simple qui se présentera le plus naturellement du monde à tout esprit un peu versé dans les matières de spiritualité.

Cette distinction est celle du faux et du vrai mysticisme, de ce mysticisme excessif, périlleux, déréglé, que, sous divers noms et à diverses époques, l'Église a toujours condamné, et de cet autre mysticisme pur et tempéré qu'elle souffre et même qu'elle protége. D'un côté, le mysticisme de Molinos et de madame Guyon, de l'autre, celui de saint Bonaventure, de Gerson et de sainte Thérèse. Bossuet, interprète toujours fidèle de l'esprit de l'Église, comprend, accepte, encourage le mysticisme réglé; il ne poursuit, il ne défend que le mysticisme corrompu, le quiétisme. Voilà une distinction assurément bien simple. Qu'on examine, à sa lumière, tous les passages incriminés de quiétisme, et l'on verra s'évanouir jusqu'au plus faible soupçon. Oui, Bossuet, dans ses lettres de piété et de direction, est plus d'une fois mystique; et non-seulement on peut en convenir sans dommage pour sa gloire; mais il en faut faire honneur à l'étendue et à l'élévation de son génie; il est mystique comme saint Bernard, mystique comme l'Église; mais quiétiste, mais partisan des voies passives, mais ennemi de l'action et du libre arbitre, jamais!

Un des traits les plus beaux de l'Église chrétienne, aux jours de sa force et de sa grandeur, c'était de ne rien exclure de tout ce qui peut être réglé, c'était d'embrasser dans son vaste sein tous les développements si riches, si variés de la nature humaine. Or, le mysticisme n'a de périlleux et de mauvais que ses excès; le principe en est excellent. Que dis-je? le fond du mysticisme, c'est le sentiment religieux lui-même, c'est le besoin ardent d'élever à Dieu son esprit et son cœur, d'entretenir avec lui je ne sais quel merveilleux commerce où les sens et le corps n'ont plus de part, de rapporter à l'Être des êtres tout ce que nous sommes, à sa lumière éternelle les faibles rayons qui éclairent notre intelligence, à ce foyer inépuisable d'amour, à cet objet aimable et désirable par excellence toutes nos affections, tous nos désirs, toutes nos espérances; c'est, en un mot, le désir de quitter la terre pour le ciel, le réel pour l'idéal, le temps pour l'éternité, de nous quitter nous-mêmes, pour ainsi dire, ou du moins tout ce qui en nous tient de la terre, pour aller à Dieu, pour vivre et habiter en lui. Si tel est le principe du mysticisme, demander à une religion de le proscrire, c'est lui demander de se détruire elle-même. La seule chose qu'elle ait à faire, c'est de le tempérer. Il ne faudrait point, en effet, que le mysticisme, en nous élevant de la terre au ciel, nous fît oublier que Dieu nous a mis dans ce monde pour y accomplir une destinée, pour y remplir des devoirs, pour y laisser des œuvres de justice et de charité.

Il ne faudrait pas surtout qu'en donnant à l'ardeur contemplative de l'âme une exaltation démesurée, le mysticisme établit dans les divers éléments de la nature humaine une sorte de séparation toujours périlleuse, et, laissant toute la partie active et sensible de notre être sans objet et sans discipline, préparât des désordres et des excès dont on n'a vu que trop de tristes exemples, et aboutit, par le goût exagéré d'une perfection ici-bas impossible, aux déréglements les plus bizarres ou les plus coupables de l'imagination et des sens. Ce sont là les deux écueils du mysticisme : par la substitution graduelle de la contemplation à l'action, il affaiblit, il énerve, il anéantit la personnalité humaine ; de là, le déréglement de l'imagination et des sens, et par une conséquence inévitable, le désordre des mœurs. Quand le mysticisme aboutit à ces deux extrémités, il change pour ainsi dire et d'essence et de nom ; il s'appelle le quiétisme.

C'est l'honneur de l'Église et de Bossuet d'absoudre, d'embrasser, de cultiver même le vrai mysticisme en le séparant de tout excès, en le purifiant par la discipline et la règle. Rien n'est plus grand et plus touchant à mes yeux que de voir Bossuet, ce sobre et pratique génie, si exercé et si propre aux affaires, si occupé de controverse, de gouvernement, retrouver dans le recueillement de son âme une source admirable de tendre et vive mysticité, un élan religieux d'une pureté et d'une énergie merveilleuse[1] ; et ce qui rend ce spectacle plus touchant encore, c'est que ces trésors de mystique tendresse sont mis au service d'une pauvre religieuse, et destinés, non à faire briller aux yeux du monde l'ima-

---

[1] Entre mille admirables traits de mystique éloquence que sème Bossuet avec la négligence du génie, je citerai ces paroles qu'il adresse à la sœur Cornuau : « Aimez-le, ma fille, ce bien unique et souverain ; brûlez sans cesse pour lui d'un éternel et insatiable amour ; mais ce n'est pas assez de brûler, il faut se laisser consumer par les flammes de l'amour divin, comme une torche qui se consume elle-même tout entière aux yeux de Dieu : il en saura bien retirer à lui la pure flamme, quand elle semblera s'éteindre et pousser les derniers élans. » (Tome XI, p. 302.)

gination de l'écrivain, mais à consoler dans l'ombre une humble femme, à lui rendre la vie du cloître plus douce et plus supportable, en nourrissant en elle l'espérance d'un autre séjour. C'est à ce point de vue, si je ne me trompe, qu'il faut lire et admirer ces lettres mystiques de Bossuet qu'une critique indiscrète vient de livrer au scandale des interprétations grossières, profanant ainsi, dans l'intérêt d'une passion bien mal inspirée, un des côtés les plus purs d'un noble génie.

« Je n'écris rien qui veuille être secret, disait Bossuet lui-même, comme s'il eût prévu la profanation dont il devait être l'objet; il faut seulement prendre garde de ne pas divulguer de tels écrits aux gens profanes et mondains qui prennent le mystère de la piété et de la communication avec Dieu pour un galimatias spirituel. » (Bossuet, t. XI, p. 328.)

On s'est scandalisé de ce que Bossuet conseille à des religieuses la lecture du *Cantique des Cantiques* et leur en développe lui-même avec complaisance le sens profond et mystérieux. Mais, en vérité, où le mysticisme sera-t-il de mise, si ce n'est pas dans les âmes spécialement vouées à Dieu? Voudrait-on que Bossuet se fût efforcé de l'arracher du cœur sincère et pur qui s'ouvrait à lui? Que serait-il donc resté à cette épouse de Jésus-Christ qui avait quitté les biens et les affections de la terre, si on lui eût interdit la jouissance des biens spirituels?

Je demande maintenant, le mysticisme chrétien une fois admis, avec les limites convenables, de quel droit on lui retrancherait l'un de ses monuments les plus respectés? Ne sait-on pas que l'interprétation du *Cantique des Cantiques* au sens spirituel est conforme à la tradition universelle de l'Église, depuis Origène jusqu'à saint Bernard, et depuis saint Bernard jusqu'à Bossuet? Ne sait-on pas que saint Thomas lui-même, le disciple assidu d'Aristote, l'exact théologien de l'école, ce subtil et sévère génie, que la logique semble parfois avoir desséché, saint Thomas a commenté le saint cantique dans le sens de la plus pure et la plus tendre spiritualité, et a célébré à son tour les chastes amours de l'Époux et de l'Épouse, de l'Église et de Jésus-Christ. Nul doute que ces interprétations n'aient leur danger ; mais qui a mieux tracé la limite que Bossuet, quand il dit à la sœur Cornuau :

« L'Époux et l'Épouse me ravissent ; c'est une matière sur laquelle on ne tarirait jamais, mais qui n'est pas propre à tout le monde. » (P. 441.)

On retrouvera ce caractère de haute mesure, dans toutes les lettres que nous allons citer. L'écrivain prévenu qui les accuse de quiétisme n'en a cité que des phrases détachées, par une réserve plus habile peut-être que sincère ; nous n'hésitons pas, quant à nous, à mettre sous les yeux du lecteur dans toute leur étendue les passages les plus vivement incriminés ; nous défions qu'on y trouve une phrase qui excède les limites d'un mysticisme pur et réglé.

« Le plus difficile à résoudre sur votre conduite serait de savoir si vous devez vous abandonner à ces transports ardents de l'amour divin, à cause de la crainte que vous avez qu'ils pourraient être quelquefois accompagnés de quelque mauvais effet ; mais comme je ne crois pas qu'il soit en votre pouvoir de les arrêter, Dieu même a décidé le cas, par la force du mouvement qu'il vous inspire. C'est d'ailleurs une maxime certaine dans la piété, que lorsque le tentateur mêle son ouvrage à celui de Dieu, et même que Dieu lui permet d'augmenter la tentation à mesure que Dieu agit de son côté, il n'en faut pas pour cela donner un cours moins libre à l'amour de Dieu ; mais se souvenir de ce qui fut dit à saint Paul : Ma grâce te suffit ; car la force prend sa perfection dans l'infirmité (II, *Cor.* XII, 2). Méditez bien ce passage, et ne laissez point gêner votre cœur par toutes ces anxiétés ; mais dans la sainte liberté des enfants de Dieu, et d'une épouse que son amour enhardit, livrez-vous aux opérations du Verbe, qui veut laisser couler sa vertu en vous.

« Tenez pour certain, quoi qu'on vous dise, que les mystiques se trompent ou ne s'entendent pas eux-mêmes, quand ils croient que les saintes délectations que Dieu répand dans les âmes sont un état de faiblesse, ou qu'il leur faut préférer les privations, ou enfin que ces délectations empêchent ou diminuent le mérite. La source du mérite, c'est la charité, c'est l'amour; et d'imaginer un amour qui ne porte point de délectation, c'est imaginer un amour sans amour, et une union avec Dieu sans goûter en lui le souverain bien, qui fait le fond de son être et de sa substance. Il est vrai qu'il ne faut pas s'arrêter aux vertus et aux dons de Dieu; et saint Augustin a dit que c'est de Dieu qu'il faut jouir; mais enfin, il ajoute aussi que c'est par ses dons qu'on l'aime, qu'on s'y unit, qu'on jouit de lui. Et s'imaginer des états où l'on jouisse de Dieu, par autre chose que par un don spécial de Dieu, c'est se repaître l'esprit de chimères et d'illusions.... On peut souhaiter l'attrait, comme on peut souhaiter l'amour où il porte; on peut souhaiter la délectation, comme une suite et comme un motif de l'amour, et un moyen de l'exercer avec plus de persévérance. Quand Dieu retire ce qu'il y a de sensible dans les délectations, il ne fait que les enfoncer plus avant, et il ne laisse non plus les âmes saintes sans cet attrait, que sans amour. Quand la douce plaie de l'amour commence une fois à se faire sentir à un cœur, il se retourne sans cesse, et comme naturellement, du côté d'où lui vient le coup, et à son tour il veut blesser l'époux, qui dans le saint cantique dit : Vous avez blessé mon cœur, ma sœur, mon épouse; encore un coup, vous avez blessé mon cœur par un seul cheveu qui flotte sur votre cou (*Cant.* IV, 9). Il ne faut rien pour blesser l'époux; il ne faut que laisser aller au doux vent de son inspiration le moindre cheveu, le moindre de ses désirs : car tout est dans le moindre et dans le seul : tout se réduit à la dernière simplicité.

« Soyez donc simple et sans retour, ma fille, et allez toujours en avant vers le chaste époux : suivez-le, soit qu'il vienne, soit qu'il fuie; car il ne fuit que pour être suivi. » (*Lettres de piété et de direction,* tome XI, livre XXXII, pag. 326, 327.)

En supposant que les pages qu'on vient de lire pussent exciter quelque surprise dans les esprits peu familiarisés avec le langage de la spiritualité, voici une lettre analogue qui fera tomber tous les scrupules par l'accord merveilleux qui s'y rencontre de la mysticité la plus tendre avec la plus chaste pureté :

« Le fond des dispositions que vous m'exposez, ma fille, dans votre lettre, est très-bon. L'épouse disait : Aussitôt que mon époux a fait entendre sa voix, je suis tombée en défaillance. L'original porte : Mon âme s'en est allée ; elle s'est échappée (*Cant.* v, 2, 6). Dieu vous fait sentir quelque chose de cette disposition. L'épouse s'échappait encore à peu près de cette manière, lorsqu'elle disait : Soutenez-moi par des fleurs et par des essences de fruits confortatifs, parce que je languis d'amour (*Cant.* II, 5). L'âme défaillante demande un soutien ; mais elle en reçoit un bien plus grand que celui qu'elle demande ; car l'époux approche lui-même au verset suivant, et la soutenant et l'embrassant en même temps, et par là lui faisant sentir toute la douceur et la force de la grâce.

« Les caresses intérieures que l'âme fait alors à l'époux céleste lui sont d'autant plus agréables, qu'elles sont plus libres et plus pleines de confiance ; *mais il faut s'en tenir là ; et l'épanchement où l'on se sent porté envers les personnes qu'on sait ou qu'on croit lui être unies, a quelque chose de délicat et même de dangereux*[1]. Ne voyez-vous pas que la chaste et fidèle épouse, en rencontrant ses compagnes et celles qui sont disposées à chercher l'époux avec elle, sans leur faire aucune caresse, leur donne seulement la commission d'annoncer à son bien-aimé ses transports et l'excès de son amour? (*Cant.* v, 8, 9, 17.) Cela veut dire qu'on peut quelquefois épancher son cœur, en confessant combien on est prise et éprise du céleste époux ; *mais il ne faut pas aller plus loin.* Et quand

---

[1] Bossuet écrivait à une autre religieuse : « Je n'aime point non plus ces témoignages si sensibles d'affection. La sainteté de la vocation chrétienne et religieuse ne souffre point ces tendresses toujours trop humaines » (p. 480).

l'époux sollicite sa fidèle épouse à chanter pour ses amis, elle lui dit : Fuyez, mon bien-aimé (*Cant.* VIII, 13, 14); ce n'est point à vos amis que je veux plaire; je ne me soucie pas même de les voir et de leur parler ; fuyez, fuyez en un lieu où je sois seule avec vous. *On doit être dans d'extrêmes réserves avec tout autre qu'avec l'époux, et c'est avec lui seul qu'il est permis de s'abandonner à ses désirs ; car il est le seul dont les baisers, les embrassements et les caresses sont chastes et inspirent la chasteté* » (lettre XXXVI, p. 328, 329).

Cette lettre met à découvert l'esprit qui anima Bossuet dans la conduite des âmes. Au lieu d'étouffer en elles le mysticisme, ce qui eût été à la fois imprudent, inutile et contraire à l'esprit de son ministère, il se monte lui-même au ton de la spiritualité, et tout en développant le sentiment mystique, il le règle et le purifie. J'en trouverais au besoin la preuve dans cette même lettre 242 dont on s'est vainement fait une arme contre le mysticisme de Bossuet. Je ne cite que les passages les plus saillants :

« Je ne m'étonne pas, si en recevant dans l'Eucharistie, par la sainte chair de Jésus, et par son humanité unie au Verbe, cette divine vertu, on fond en larmes. Cette vertu émeut, attendrit, amollit le cœur qu'elle touche et en fait couler comme le sang par les yeux. Ne vous arrêtez point à ceux qui accusent ces larmes de faiblesses ; il y a des larmes semblables à celles d'un David, à celles d'un Paul, à celles de Jésus-Christ même ; et s'opposer au cours de telles larmes, c'est s'opposer à la doctrine de tous les saints. C'est bien fait alors, avec l'épouse sacrée, de tirer l'époux dans le désert, dans la maison de notre mère, dans le secret des instructions de l'Église et de ses pasteurs, et de boire en sûreté sous leur conduite ces enivrantes douceurs....

« Ne vous étonnez pas quand vous trouverez en vous-mêmes des penchants contraires à la vertu, et ne concluez pas de là que vous deviez vous retirer de la communion, dont vous pourriez abuser. Gardez-vous bien de céder à cette prière, car c'est donner à la tentation ce qu'elle demande. Cherchez votre force dans l'Eucharistie, qui seule vous peut assujettir à la divine vertu qui sort de Jésus pour imprimer en vous sa ressemblance. *Laissez-vous heureusement enivrer du désir de cette union avec le plus beau et en même temps le plus pur des enfants des hommes* » (p. 543).

On s'est servi aussi contre Bossuet de cette phrase : « C'est dans la sainte Eucharistie qu'on jouit virginalement du corps de l'époux et qu'il s'approprie le nôtre. »

Il y a ici une étrange méprise ; cette phrase, d'ailleurs innocente en elle-même, est tirée d'une lettre dirigée contre les faux mystiques ; je citerai le passage entier d'où la phrase a été extraite, et qui lui rendra son vrai caractère :

« Je suis assuré que vous ne donnez aucune exclusion à Jésus-Christ homme dans la contemplation. Cette correspondance particulière avec la seconde personne la suppose incarnée et proche de vous. Vos retraites dans l'octave du saint sacrement sont de même esprit. Qui aime Jésus-Christ dans l'Eucharistie reconnaît son corps comme le moyen pour parvenir à son esprit. C'est dans la sainte Eucharistie qu'on jouit virginalement du corps de l'époux et qu'il s'approprie le nôtre » (p. 363).

Il est inutile de pousser plus loin ces citations. Quiconque lira ces lettres de Bossuet sans prévention et sans passion, n'y trouvera que des sujets d'admirer et de vénérer cette noble nature, la plus accomplie peut-être qui fût jamais. Nous nous bornerons en terminant à réduire à leur juste valeur les insinuations qu'on s'est permises sur les relations de Bossuet avec une noble religieuse de la maison de Jouarre, madame d'Albert de Luynes.

Il suffit de jeter un coup d'œil sur les lettres de cette personne pour reconnaître en elle une âme chagrine, maladive, assiégée de regrets et de scrupules. Parmi ces scrupules, il en est un plus remarquable que les autres, mais à coup sûr très-innocent. Madame d'Albert se défiait de l'affection que lui inspirait son directeur et, considérant le plaisir qu'elle trouvait à lui ouvrir son âme comme une tentation, elle songeait à prendre un directeur moins illustre et moins aimé[1]. Que fait Bossuet en cette circonstance ? Qu'on songe qu'il avait soixante ans, et que madame d'Albert en pouvait bien avoir cinquante au moins[2]. Bossuet fait ce que tout homme sage eût fait à sa place ; sans heurter de front le scrupule de madame d'Albert, il le dissipe doucement et passe outre. Voici sa lettre, d'où on a peine à comprendre qu'on ait pu songer à tirer quelque soupçon sur la parfaite pureté et la parfaite prudence de celui qui l'a écrite :

« L'autre point que vous m'expliquez ne doit non plus vous embarrasser, après les résolutions que vous avez eues sur cela de M. l'abbé de la Trappe et moi. A la vérité, je ne voudrais pas exciter ces tendresses de cœur directement ; mais quand elles viennent ou par elles-mêmes, ou à la suite d'autres dispositions qu'il est bon d'entretenir et d'exciter, comme la confiance et l'obéissance, et les autres de cette nature, qui sont nécessaires pour demeurer ferme, *et avec un chaste agrément sous une bonne conduite,* il ne faut nullement s'en émouvoir, ni s'efforcer à les combattre ou à les éteindre ; mais les laisser s'écouler et revenir comme elles voudront

« C'est une condition de l'humanité, de mêler les choses certainement bonnes avec d'autres qui peuvent être suspectes, douteuses, mauvaises même si l'on veut. Si par la crainte de ce mal on voulait ôter le bien, on renverserait tout, et on

---

[1] Bossuet a parfaitement caractérisé cette âme à la fois tendre et pure, innocente et agitée, dans ces derniers mots de l'épitaphe qu'il voulut composer lui-même pour honorer son tombeau :

« Elle joignit la paix de l'innocence
« Aux saintes frayeurs d'une conscience timorée. »

(Voir l'épitaphe tout entière, tom. XI, pag. 530.)

[2] Elle avait prononcé ses vœux le 8 mai 1664, et la lettre dont il s'agit est du 26 décembre 1691.

ferait aussi mal que celui qui, voulant faucher l'ivraie, emporterait le bon grain avec elle. Laissez donc passer tout cela, et tenez-vous l'esprit en repos dans votre abandon.

« Je vous défends d'adhérer à la tentation de quitter, ou à celle de croire qu'on soit fatigué ou lassé de votre conduite, puisqu'en effet on ne l'est pas, et on ne le sera jamais, s'il plaît à Dieu ; car il ne faut jamais abandonner, ni se relâcher dans son œuvre.

« Pour vous dire mes dispositions, autant qu'il est nécessaire pour vous rassurer, je vous dirai qu'elles sont fort simples dans la conduite spirituelle. Je suis conduit par le besoin : je ne suis pas insensible, Dieu merci, à une certaine correspondance de sentiments ou de goûts ; car cette indolence me déplaît beaucoup, et elle est tout à fait contraire à mon humeur ; elle ferait même dans la conduite une manière de sécheresse et de froideur, qui est fort mauvaise. Mais quoique je sente fort ces correspondances, je ne leur donne aucune part dans le sein de la direction, et le besoin règle tout. Au surplus, je suis si pauvre que je n'ai jamais rien de sûr, ni de présent. Il faut que je reçoive à chaque moment, et qu'un certain fond soit excité par des mouvements dont je ne suis pas le maître. Le besoin, le besoin, encore un coup, est ce qui me détermine. Ainsi tout ce qu'on sent par rapport à moi, en vérité ne m'est rien de ce côté-là, et il ne faut pas craindre de me l'exposer ; parce que cela n'entre en aucune sorte dans les conseils, dans les ordres, dans les décisions que j'ai à donner [1].

« Je vous ai tout dit ; profitez-en, et ne vous laissez point

---

[1] Bossuet écrivait à la sœur Cornuau : « Je n'ai rien de particulier à vous dire sur vos dispositions par rapport à moi. Il me semblerait seulement qu'il n'y faut pas prendre garde de si près, à cause de la liaison du ministère avec Dieu et ses plus vives opérations » (p. 459).

Quelque temps après : «Il faut beaucoup prier Dieu durant cette octave pour les âmes qui s'attachent trop à leur directeur. J'en ai ici un exemple qui me fait beaucoup de peine » (p. 478).

ébranler : ce serait une tentation trop dangereuse, à laquelle je vous défends d'adhérer pour peu que ce soit. Je prie Dieu, ma chère fille, qu'il soit avec vous. »

(26 déc. 1691 ; t. XI. p. 423.)

Ce qui achèverait au besoin de justifier Bossuet, c'est la fermeté avec laquelle il repousse un autre scrupule de la noble religieuse : elle voulait revenir sans cesse sur certaines fautes passées qui pesaient sur sa conscience.

« Ne vous inquiétez point de ces choses de votre vie passée, dont vous avez dessein de vous confesser de nouveau à moi : cela même n'est pas nécessaire (p. 470).

« Pour le passé, la revue que vous m'avez faite a été bien faite de votre part et très-bien entendue de la mienne. La répétition que vous en avez faite à votre dernière confession m'a suffisamment remis les choses que vous m'aviez dites, et assez pour donner matière à l'absolution. Ainsi je vous défends tout retour et toute inquiétude sur cela, et de vous en confesser de nouveau ni à moi, ni à d'autre » (p. 423).

Est-il bien possible qu'on ait cherché à ternir cette pureté ? Pour nous, nous nous sentons incapable, après avoir lu et relu les lettres de direction de Bossuet, de faire autre chose que nous incliner profondément devant cette merveilleuse alliance de la bonté et du génie, de la simplicité et de la grandeur.

TABLE DES MATIÈRES.

Avertissement de l'Éditeur. . . . . page   v
Préface. . . . .   vij
I.   Philosophie du Clergé.   1
II. De l'École d'Alexandrie.   83
III. Renaissance du Voltairianisme. 191
IV. Le Christianisme et la Philosophie. 267

Notes. — Note A. 327
       Note B du célibat ecclésiastique. 330
       Note C du prétendu quiétisme de Bossuet. 337

FIN DE LA TABLE.

www.ingramcontent.com/pod-product-compliance
Lightning Source LLC
Chambersburg PA
CBHW050433170426
43201CB00008B/650